最新500項目

経営学用語
ハンドブック

亀川雅人［編著］

創成社

はしがき

　本書は，経営学やビジネスに関する重要な項目や新しい事項を500項目選択して，いつでもどこでも参照できる文庫サイズのハンドブックで刊行したいと企画された用語集である。経営学の基礎をなす基本的概念から，経営のあり方を変えつつある情報技術の最新用語（GitHub，ディープラーニング），最新の研究成果（ティール組織，ナッジ）などを網羅する内容である。

　現代は，スマホの時代である。ネットのつながる環境であれば，どこでも簡単に検索し，経営やビジネスの専門用語を解説してくれる。それにもかかわらず，ハンドブックを作るというのは，単なる用語辞典ではないということだろう。本来，用語を解説する辞典は，経営学の関連書籍やビジネス書に興味を持ち，これを読んでいる最中に疑問を持って初めて辞書を引く。

　しかし，それでは，スマホと同じ競争になる。すでに，スマホを持っている人が，専門用語を調べるために，新たに本書を購入するというのは考えられない。そうであれば，本書は，まったく逆の発想で企画されたものとなる。わからない用語や疑問に思った用語を調べるのではなく，用語解説文を読みながら，その分野に興味を抱いてもらうことである。

　あいうえお順に並んでいるが，最初から読み進めてほしい。用語

解説なので，面白いストーリーや小説のような展開はない。あくまで勉強である。通勤や通学で，片道5ページを読むと，10項目の用語を勉強したことになる。往復で20項目となる。週5日の勤務であれば，25日で読了できる。

　もちろん，読み終わったからといって，経営やビジネスを理解できるわけではない。専門用語の解説に興味を持つテーマがあれば，そこから経営学やビジネス書を読み始めるのがお勧めである。少なくとも，ハンドブックを読んで，経営学が理解できたとか，ビジネスの方法を学んだと誤解しないでいただきたい。そうした誤解は，社会科学を学ぶ者として，最も危険な誤解である。

　経営に関する専門用語は，時代の変化を反映する。新しい専門用語は，経営環境が変化するたびに登場するが，その解説は書き手の専門領域によって多様であり，その重要度も異なってくる。したがって，あらゆる種類の用語解説をまる暗記したとしても，それは無意味であると同時に危険な社会認識につながる。本書の意図は，あくまでも経営学やビジネスを学ぶための契機を作ることにある。

2019年9月

亀川雅人

A-Z

ABC管理方式（ABC分析）（**ABC analysis**）　ABC分析は，管理する対象の特性に応じた管理方式を選定・実施するために行われる分析で「重点分析」とも呼ばれ適切な在庫管理を決める方法として原材料，製品等の管理に使われる手法であり，広く一般的に企業で活用されているものである。在庫品を品目別に価格と販売量によってABCの3グループに分類し管理の重点のかけ方を決める方法である。在庫管理のほか販売管理，顧客管理などにも広く活用されており，どのような商品に重点を置けばよいかを戦略的に考えるための分析手法として用いられる。例えば販売分析においては，総売上の70%は上位Aグループの5～20%の商品に依存しており，続く20%は，中位Bグループの20～30%の商品で，残りの10%の売上を下位Cグループの50～70%の商品で達成しているという経験則がみられる。取引先・顧客についても同じような傾向がみられることから，貢献度の高いAグループを重点的に販売の対象とするといった考え方ができる。この手法は品質管理におけるパレート分析に類似している。

（羽田）

AI（人工知能）(artificial interface)

AI（人工知能）とは，人間の知的作業の一部を計算機によって再現したもの。これまで計算機／ソフトウェアで実現可能であったのは，ルールが決まっている工程であった。一方，AIはデータを大量に読み込むことによってパターンを抽出し，自律的にルールを作り出す。これにより，パターン予測が難しい領域や人間の勘に頼って行われてきた作業を機械に置き換えることが可能となる。AIが出した判断結果は，あらかじめ定められたルールに則っていないため，メカニズムがブラックボックス化することがある。そのため，医療現場での画像診断において誤診があった場合や，自動運転車が事故を起こした場合，再発防止策を講じたり，責任の所在を明確化することが難しいというデメリットもある。AIの活用には，大量の学習データを読み込んでルールを抽出する工程が必要である。近年，ビッグデータ供給の加速，クラウドコンピューティングの普及による計算機資源の価格低下は，AI活用が経済的に合理的となる領域を拡張させている。ビジネスにおいてAIを活用するためには，学習データをどのようにして収集するか，AIの下した判断結果がもたらすリスクをどのようにヘッジするかについて，充分な検討がなされることが重要である。　(深見)

AISAS

AISAS（アイサス）とは，attention（注意喚起），interest（興味関心），search（検索），action（行動），share（共有）の頭文字を取り，消費者が製品・サービスを認知してから購買に至るまでの態度・行動変容を表した購買行動モデルのことを指す。主にネット上での購買行動モデルとして，日本の広告代理店である電通により提唱された。元々は1920年代にアメリカのホール（Hall, S.R.）が提唱したattention（注意喚起），interest（興味関心），desire（欲求），memory（記憶），action（行動）という購買行動が表現されたAIDMA（アイドマ）や，ルイス（Lewis, S.E.）が提唱したattention（注意喚起），interest（興味関心），desire（欲求），action（行動）で表されたAIDA（アイーダ）等のモデルが起源となっている。近年では，ソーシャルメディアに特化したsympathize（共感），identify（確認），participate（参加），share&spread（共有・拡散）という行動で表現されたSIPS（シップス）といったモデルも存在している。　(小具)

APIエコノミー （application programming interface）

APIとは，サービス間でデータをやり取りする際の技術仕様である。UBERのようなライドシェアサービスや，食べログのようなレストラン検索サービスでは，自社サイト／アプリにGoogle Mapsの地図データが埋め込まれている。このように，ウェブやスマートフォンアプリを通じて提供されるサービスにおいて，他社が提供するデータを組み込んでいる場合がある。サービス提供者は，他社が保有するAPIを活用することにより開発・運用コストを削減することができる。またデータ提供者は，利用量に応じた収益を得ることができるとともに，紐付けられる項目やサービスが増加することによって，運用するデータベースの価値向上を見込むことができる。APIエコノミーとは，このようなサービス間データ流通による価値創出，コスト構造の変革が盛んに行われる状況を指す。サービス開発では，どのような種類のデータを自社で供給／他社APIを活用するのか，どの企業が提供するAPIを活用するかの意思決定が，ユーザー体験の向上とコスト削減に大きく影響する。

(深見)

BMO法 （Bruce Merrifield & Ohe method）

新規事業のスクリーニングや事業参入・撤退を判断するための事業性評価手法のことである。大きく魅力度と適社度という2つの評価尺度により評価が行われる。ここでいう魅力度とは事業の魅力度のことであり，主に（1）市場規模・利益の可能性，（2）市場成長率（過去5年間の平均成長率），（3）競争力，（4）リスクの分散，（5）業界の再構築，（6）社会的優位性という6つの項目により評価する。適社度とは，事業の自社への適合度のことであり，自社資源適合度と呼ばれることもある。魅力度と同様に，企業や組織における（1）資金力や（2）マーケティング力，（3）製造力，（4）技術力，（5）原材料入手力，（6）事業推進力という6つの項目により評価を行う。それぞれの項目は10点満点であり，合計点が120点満点中80点を超える場合に，次の詳細検討へと進むことができる。なおBMO法とはBruce Merrifield & Oheの略であり，発案者であるBruce Merrifield氏と大江建氏の名字から命名されている。同様に事業性を段階的に評価していく方法としては，ステージゲート法などがある。

(小具)

BOPビジネス　BOP (base of the pyramid) ビジネスとは，途上国における貧困層を対象としたビジネスのことである。プラハラード (Prahalad, C.K.) によれば，貧困層から成るBOP市場は工夫によって魅力的な市場に変えることができ，そこでのビジネスによって企業の成長ばかりでなく現地の社会的課題の解決が可能になる。このBOPビジネスを成功させる鍵となるのが，現地で複数の企業や組織とパートナーシップを組み，互いの資源を生かしながら共存共栄していく経済エコシステムを構築することである。例えば，ユニリーバのインド子会社 (HUL：Hindustan Unilever Limited) は，現地で石鹸の販売を伸ばしながら，下痢性疾患で多くの人々が苦しんでいるという現地の社会的課題を解決してきた。インドの農村部で下痢性疾患が拡大していたのは，人々が石鹸を使って手洗いをしないためであった。HULは，ロンドン大学，米国疾病対策センター，現地の州政府，学校，診療所などと協力しながら，現地の人々に石鹸での手洗いの習慣をつけてもらい，下痢性疾患の拡大という社会的課題を解決するのと同時に，大衆向けの安価な石鹸の売上を伸ばし業績を向上させたのである。　〈金綱〉

CAM（コンピュータ支援製造） (computer aided manufacturing)　CAMとは，工作機械の制御コンピュータに入力する加工プログラムを作成するソフトウェアである。パソコン上でCAMを利用することで，加工形状が複雑であったり，多軸制御の複合加工機を利用したりする場合であっても，短時間で加工プログラムを作成することができる。また，パソコン上で工具の動きを視覚的に確認できることから，加工プログラムに問題があるかどうかを，工作機械を動かす前に確認し修正することができる。さらに，加工に必要とする予想時間を算出することができるため，見積りの作成，加工スケジュールの調整などが容易になる利点もある。通常は，CAD (computer aided design：コンピュータ設計支援) ソフトウェアで作成した設計データを，CAMソフトウェアへ入力することから，CADとCAMの双方を搭載したソフトウェアもある。このようなソフトウェアの利用においてはデータ互換の問題はないが，CADとCAMが異なるメーカーのものであった場合，精度の低下や形状情報の欠落など，データ互換の問題が発生する場合がある。そのため加工の受発注企業間では，情報の共有化と合理化を図るため，互換性のあるデータでのやりとりを行う。　〈米岡〉

CS（顧客満足度）(customer satisfaction)

顧客満足とは，顧客が製品やサービスを利用する際に感じる「満足」・「不満足」の水準である。これを比較可能なものとして数値化したり指標化したりしたものが顧客満足度である。顧客満足は，事前の期待と実際に体験したサービスや製品の使用経験に対する評価の差によって規定される。事前の期待を大きく上回る体験をすれば顧客満足は高まり，期待以下であれば不満を感じてしまう。そのため，事前期待が高すぎると顧客満足を高めることは困難になる。しかし，逆に事前期待が低すぎると，その製品やサービスそのものが選ばれなくなってしまうというジレンマをもたらすことになる。そのため顧客が感じる事前の期待を，製品・サービスの品質や性能に見合ったものにすることが重要となる。また顧客満足度の向上が特に重視されるものは，同一の顧客が繰り返し利用する製品やサービスである。顧客満足度が高まることにより，その製品やサービスについて第三者に対する発信が生まれ，これにより製品やサービスがクチコミを通じて評判となり新たな顧客の獲得につながるなど，顧客満足度を高めることは企業のマーケティング戦略における重要なテーマである。顧客満足度を測定するための調査は，質問票を用いたアンケート調査が一般的である。

(那須)

CSR (corporate social responsibility)

CSRとは，企業は社会の一員として，社会全体のサスティナビリティに配慮し行動するという考え方である。社会とは，従業員，株主，消費者，地域・社会，そして地球環境までも含めたステークホルダーのことである。ステークホルダーが企業に期待することに対し，企業が応答する経営行動がCSRである。また社会からの期待に先んじて企業が対応・説明するなども含まれる。CSRは，資源配分の優先順位の価値判断を行い，CSRに応える枠組みを作る概念である。したがって，企業倫理，経営哲学，経営理念等が大きく関係する。CSRに関する定義は多様であるが，国際標準化機構が2010年に営利企業のみでなく，あらゆる組織を対象に「社会的責任（social responsibility）」に関する規格ISO 26000を発行した。その目標は「持続可能な発展への貢献を最大化すること」，理念は「持続可能な発展」，SRは持続可能な発展の「手段」である。具体的に組織が負う責任は，健康および社会の繁栄を含む持続可能な発展への貢献，ステークホルダーの期待への配慮，関連法令の遵守，国際行動規範との整合，これらがその組織全体に統合され，その組織の関係の中で実践されることなどが挙げられている。

(粟屋)

CSV (creating shared value)

CSVとは,企業が社会的価値を創出することで,経済的価値を実現することを意味する。ポーターとクラマー(Porter, M.E. & M.R. Kramer)が2006年,2011年に提示した概念であり,日本語では「共有価値の創出」「共通価値の創出」と訳される。彼らの述べる共有価値とは,企業が事業を営む地域社会の経済条件や社会状況を改善しながら,みずからの競争力を高める方針とその実行のことである。CSVの実現には,社会的ニーズの発見が必要であり,①製品と市場を見直す,②バリューチェーンの生産性を再定義する,③地域を支援する産業クラスターを構築することが手段となる。ポーターとクラマーは,CSRの価値を,企業市民,フィランソロピー,社会的持続性を立ち位置とし,善い行いをすることと定義する。他方でCSVは,企業と地域社会の協働による価値創出を立ち位置とし,企業の目的は経済的便益と社会的便益であり,共有価値を創造することだとする。CSVの概念を明らかにするために,CSRが比較対照されるが,CSRの定義は画一ではなく,CSVの概念と重複する面もある。

(粟屋)

DCF法(ディスカウント・キャッシュフロー法)

企業評価方法の1つ。将来生み出すと予想されるキャッシュフローを,現在価値の合計をもとに企業の評価額を算出する方法。要するに,将来の収益見通しを,現時点での価値に置き直して企業評価額とする。広い意味で収益還元法の1つといえる。DCF法の本質は,ある収益資産を持ち続けたとき,それが生み出すキャッシュフローの割引現在価値をもって,その理論価格とすることにある。例えば株式ならば,企業の将来キャッシュフローを一定の割引率を適用して割り引いた割引現在価値をもって理論株価とする。評価方法の種類別では,インカムアプローチと呼ばれる方法に区分される。なお,企業価値(株式価値)の評価業務では,将来計画を含めた価値把握のため,DCF法が1980年代後半より次第に使われ始め,不動産鑑定においては,2002年の不動産鑑定基準の改訂の際に正式にDCF法が採用されるに至っている。将来キャッシュフローの予測を実施した後,そのキャッシュフローを適切な割引率を用いて現在価値に割り戻して合計することで企業価値を求める。このときの適用割引率を,割引ファクターと呼ぶことがある。DCF法では,割引ファクターが0.1%変わるだけで企業価値の変化額はきわめて大きいことから,割引率の決定は,DCF法による評価額決定の中でもきわめて大きな位置を占めるものとなる。

(馬場)

EDI (electronic data interchange)

EDIとは，商取引における企業間の連絡を専用の通信回線やインターネットを介して行うものであり，電子データ交換と訳される。取引先に発注を行う場合，発注元は作成した発注書をFAXまたは電子メールで送信し，発注書が受注者に届いたかどうかを電話等で確認していたが，EDIでは発注元が数量を入力するだけで発注作業と双方での確認が完了する。ビジネス文書の発行業務の省略や，在庫照会，納期照会などの確認がリアルタイムで行える。EDIには，特定の企業間でのみ通信が可能な個別EDIと，標準の規格を用いて同じ業界・業種内で通信を行う標準EDIがある。EDI導入のメリットは3点ある。1点目は業務の簡略化である。EDIの導入で，伝票の起票や文書の送付，確認作業を行う必要がなくなる。2点目はタイムラグがないことである。企業間の通信回線に異常がなければ，相互の連絡はただちに完了する。3点目はヒューマンエラーによるミスの軽減である。人手による作業ではミスをなくすことはできないが，EDIによって自動化が進むと手作業が軽減されるため，ヒューマンエラーによるミスが減少し，経営資源の有効活用につながる。 (青淵)

EDPシステム (electronic data processing)

EDPは，メインフレームが導入された1960年代の企業における電子的なデータ処理の総称である。企業は事務処理の効率化を図るため，給与計算や売上集計などの定型業務を，手作業からコンピュータ処理に置き換えた。EDPはコンピュータ会計と同義ともいわれる。EDPによる会計処理では，システムの信頼性の担保が必要である。手作業による時代には担当者に経理知識が要求されたが，EDPではそれに加え，データ入力に関する知識とEDPが正確に構成されているかを確認するための知識も要求される。財務諸表監査の際には，EDPが適切に機能しているかを監査することも必要となる。EDPは，1960年代から1980年代にかけて発展を続けた。その後，必要な時に経営情報を提供するシステムであるMIS (management information system；経営情報システム) へと発展した。DSS (decision support system；意思決定支援システム) はMISの発展形であり，経営者が直接，計算機を操作できる対話型インターフェイスである。さらにDSSの利用対象を一般社員向けに広げ，情報システムによる企業競争力の強化を目的としたのがSIS (strategic information system；戦略情報システム) である。 (青淵)

EMS

EMSとはElectronics Manufacturing Serviceの略で、自社で製造設備を有しない製品メーカーから製造を受託して商品を製造する業態を意味する。多くの製品メーカーから委託を受け入れ受託製造を行うことから、スケールメリットを活かした事業形態である。この背景には、従来垂直統合的にメーカーが保有していたブランド、部品、組み立てといった機能を分解し、強みに集中したほうが競争力は高まるという考え方がある。つまり、EMSは水平分業のコンセプトであるといえる。類似の概念に、OEM（Original Equipment Manufacturing）およびODM（Original Design Manufacturing）がある。OEMも設計は自社ブランドを持つ発注元が行い生産だけを受託する形態を指すが、製造専業ではない。OEMでも企画・設計は発注元が行うが、OEM企業は自社ブランドを持つことも多い。ODMは自社ブランドでの製造は一般に行わないが、製造だけでなく企画・設計も含めて受託する形態を意味する。これらに対して、EMS企業は自社ブランドの製造を行わず、また企画・設計を含めて行う場合もあるが、発注企業からの発注を製造するだけのケースもある。なお、OEMおよびODMを含めてEMSと呼ぶこともある。EMSにおける世界最大の企業が、2016年にシャープを買収したことで有名となった台湾の鴻海精密工業である。　（安田）

EOQモデル （economic order quantity model）

1回当たりの発注量を増やすと発注回数を抑制できるので、発注費用が減少する。一方、在庫の保管費用が増える。つまり、発注費用と保管費用にはトレードオフの関係がある。EOQモデルは、発注費用と保管費用の合計である在庫関連費用が最小となるような発注量（経済的発注量）を求めるモデルである。一期間の製品需要量をD、1回の発注費用をP、製品1個の保管費用をH、1回の経済的発注量をQとしよう。発注回数はD／Q、発注費用はP（D／Q）となる。Qは徐々に量を減らすので、平均在庫量はQ／2、保管費用はH（Q／2）となる。したがって在庫関連費用＝発注費用＋保管費用＝P（D／Q）＋H（Q／2）となる。この値が最小となるようなQは以下の式で求められる。一

$$Q = \sqrt{\frac{2DP}{H}}$$

期間の製品需要量Dが500個、1回の発注費用Pが1,000円、製品1個の保管費用Hが50円、発注単位を10個とすると、経済的発注量Qは141.42…となる。Qが140個の場合の在庫関連費用は7,500円、Qが150個の場合の在庫関連費用は7,750円となるので、経済的発注量は140個となる。　（青淵）

EPQモデル (economic production quantity model)

EPQモデル（経済生産数量モデル）は、EOQモデルの拡張版である。EOQモデルは製品の発注費用と保管費用の和の最小値を求めるのに対し、EPQモデルは製品の組立費用と販売までの保管費用の和の最小値を求める。一期間の製品需要量をD、1日の生産量をp、出荷量をd（p>dと仮定、需要量に達した時点で生産を停止）、製品1ロットの組立費用をS、一期間の保管費用をH、最適となる1ロットの生産量をQとする。Qの生産日数はQ/pである。1日につき在庫は（p-d）ずつ増加するが、生産停止後は在庫がdずつ減少する。製品在庫が最大量となるのは、Q/p（p-d）のときである。需要量DをQずつ生産するので、組立費用はS（D/Q）、出荷までの保管費用はHQ（1-d/p）/2である。生産関連費用は、組立費用＋保管費用＝S（D/Q）+HQ（1-d/p）/2となる。これが最小となるようなQは以下の式で求められる。

$$Q = \sqrt{\frac{2DS}{H\left(1-\dfrac{d}{p}\right)}}$$

(青淵)

ERP (enterprise resources planning)

ERPは、経営資源を適切に配分し有効活用する計画またはパッケージをいう。生産管理手法のMRP (material requirements planning, material resource planning) を基礎とし、1990年代より普及した。財務会計、生産管理、販売管理など企業内に点在する情報を一元管理する基幹系情報システムであり、経営管理の中枢システムである。ERPのメリットは3点ある。1つ目はデータベースの統合である。従前の業務システムでは部門別にデータ管理が行われていたが、ERPでは各部門のデータがリアルタイムに更新される。2つ目は情報の見える化である。企業内外の情報がタイムリーに入手できる。多店舗で商品を販売する会社では、店舗ごとの売れ行きを管理し、在庫の店舗間移動を行うことで売れ残りの防止が可能となる。経営資源の正確な情報は、経営者の意思決定を支援し、企業全体の最適化を促す。3つ目は費用対効果である。日本企業は、自社の業務に合わせた基幹業務システムをゼロから構築することが多く、多額の開発コストと長期の開発期間を要していたが、ERPでは企業の業務をパッケージに合わせることになり、開発コストの低減につながる。

(青淵)

ESG

EはEnvironmental（環境），SはSocial（社会），GはGovernance（企業統治）を示しており，この3つの要素に配慮して経営を行うことがESG経営である。ESG経営を実現できているかどうかは，以下のような基準で評価される。①環境への配慮。環境汚染や地球温暖化への影響を抑えたり生物多様性を確保したりするための目標の設定，目標達成に向けた組織体制の整備，環境に配慮した製品やサービスの提供がなされているかどうか。②社会への配慮。男女雇用機会均等やワーク・ライフ・バランスの実現，人権や労働安全といった観点からの労働環境の改善，地域社会への貢献が実現できているかどうか。③ガバナンス。委員会設置会社への移行，社外取締役の選任，適切な情報開示，コンプライアンスの徹底がなされているかどうか。こうした基準を満たすESG経営を行うことが，企業の長期的な成長にとって不可欠であると考えられるようになってきている。投資家の立場に立てば，ESGに配慮した経営を行う企業に投資を行うことで，投資した企業が不祥事を起こすリスクが減り，かつ長期的な利益が確保される可能性が高まる。投資の決定を，財務情報だけでなくESGも考慮に入れて行う手法はESG投資と呼ばれる。

(金綱)

EUC (end user computing)

EUCとは，情報処理の専門家ではない情報システムの利用者が，自身で業務遂行に必要な情報処理を行おうとするものである。市場環境の変化が速くなったことから，非構造的・非定型的な情報を処理するニーズが高まったことが背景にある。必要な情報処理は個人・部門によって異なるため，全社的な情報システムへの組み込みは困難である。コンピュータの小型・高性能・低価格化およびネットワーク技術の進展により，クライアント・サーバー・システム（client server system）での分散処理が一般的になったことでEUCが活用されるようになった。EUCを活用することで，情報利用者は自身の都合に合わせた運用を行い，迅速な意思決定，業務の生産性を向上させることが可能になる。現在ではPCだけでなくタブレットやスマートフォンなど，さまざまなデバイスが情報システムに組み込まれ，社外での利用も可能である。EUCは，情報利用者自身に情報を取り扱う上で必要な基本的知識・能力を必要とする。また，個人・部門レベルでのEUCと，全社レベルの基幹システムの間で，情報の不整合が生じないようしなければならない。そのため，情報リテラシーなどに対する教育・トレーニング，EUC開発の支援体制の構築，IT統制のしくみが必要とされる。

(米岡)

FA（ファクトリー・オートメーション） 通常，工場自動化のことをいうが，設計から工場での加工・組立，検査，製品搬出までといった一連の流れが自動的に行われることを意味する。これは究極的に無人化を図り，作業員による作業ミスの削減，作業能率の向上，作業員の安全性確保などがその主な目的である。実際に，このFAの進展によって，日本において1980年代に工場で働く従業員数が半減されるなど経営上目に見える成果もあったが，失業率上昇を恐れていた労働側からの強い反発を生じさせた。これは具体的には，CAD・CAM，溶接や搬送などを行う産業用ロボット，無人搬送車，無人倉庫などの手段によって実現された。日本でFAは，1960年代の高度成長期から始まり，電機産業や自動車産業といった基幹産業の分野において目まぐるしい発展を成し遂げたと評価されている。近年では，これらのFA市場をめぐって新興国を中心に需要が増加していることと，新たな分野での導入拡大により，さらなる成長が期待されている。かつては先進国で高付加価値製品を中心に発展してきたFA市場は，中国などの国では急激な賃金上昇を抑制するための手段として，それらの導入を急いでいる。その中でも産業用ロボットや制御機器などに対する市場規模は年々増加する傾向を見せている。このFAは後にFMC（flexible manufacturing cell）の形態へと発展していた。 〔文〕

GitHub 元はオープンソースソフトウェア（OSS）開発で用いられるプログラマの共同作業を支援するウェブサービスである。OSS開発者コミュニティのみならず，MicrosoftやGoogleといった企業の製品開発や，標準化団体の仕様策定にも活用されるなど，ソフトウェア技術者間のコラボレーションツールとして，デファクトスタンダードの地位を確立している。2018年にWindowsやOfficeといったプロプライエタリソフトウェアビジネスの覇者であったMicrosoftが買収手続きに入ったことによって大きな注目を集めた。IoTやクラウド環境が普及するに伴い，ソフトウェアプラットフォームの開発・運営が組織の垣根を超えたコラボレーションで進められる傾向が強まっている。そうした状況下で多くのプロジェクトにおいてGitHubが採用されたことは，コラボレーション環境の統一が進んでいることを意味する。つまり技術開発の手続きやルールが透明化・共通化されたことにより，共同開発プロセスの効率化が進み，分散して進められてきたプラットフォーム開発や標準仕様開発の一元化が進むと考えられる。技術進化や普及スピードにおける変化は，企業の研究開発戦略にも大きな影響を与えるであろう。〔深見〕

ICT (information and communication technology)

ICTは「情報通信技術」と訳されるものである。従来,日本では,IT(information technology)すなわち情報技術が広まっていた。世界的には通信手段の技術の向上のみならずコミュニケーション手段としての技術向上にウェイトが置かれたICTが一般的である。スマートフォンの普及率の拡大,IoTの活用発展,これに伴うビッグデータの収集とその活用が新たな課題として注目されている。例えば,フィンテック分野ではブロックチェーン技術を用いた仮想通貨や,電子決済はこれまでのシステムにとってかわる可能性を持っている。働く側からみれば,ICTの発達によって,テレワークによる労働参加が広がった点が重要である。これにより時間と場所を問わず仕事ができ,ワーク・ライフ・バランスやダイバーシティへの対応などに貢献するとみられている。また,オフィスに一堂に会する必要性が低下し,自宅やカフェで,本社や取引先と通信しながら働くノマドのようなスタイルもみられるようになった。消費者側から見ると消費者余剰など,ICTの非貨幣価値に注目が集まっている。

(小野瀬)

IMC (integrated marketing communication)

IMCとは,integrated marketing communication=統合型マーケティング・コミュニケーションの略であり,製品・サービスについて,テレビ・ラジオ・新聞・雑誌・インターネットなどの多数のコミュニケーション・チャネルを役割に合わせて調整・統合し,一貫して説得力あるメッセージを伝達することである。1990年代初頭に,米国の経営学者であるシュルツ(Schultz, D.E.)により提唱された概念である。IMCの視点で製品・サービスのことを伝えるマーケティング・コミュニケーションを考えた場合は,ただ単にコミュニケーション・チャネルを組み合わせてメッセージを伝達すればよいということではない。従来の方法と異なる点は,コミュニケーション・チャネル先行によるマーケティング・コミュニケーションに依存しないという点である。まず伝達したい一貫したメッセージがあり,伝達対象である既存顧客や潜在顧客との接点であるすべてのコンタクト・ポイントを明確に把握する。この接点に対して効果のあるコミュニケーション・チャネルを調整・統合し,一定の期間,集中的にメッセージを投下する。これにより,効果的かつ生産的なコミュニケーション活動が展開できる。

(小具)

IoT (Internet of Things)

IoTとは、あらゆるものをインターネットでつなぐことである。「モノのインターネット」と訳されることが多い。PCやタブレット、スマートフォンは当然ながら、家電、自動車といったものもインターネットにつながり、端末で操作することができる。自動車でいえば、コネクテッドカーが注目されている。世界中で開発されている自動運転技術にはIoTが活用されている。工場や都市などもインターネットへつながりビジネスの利便性を高めている。スマート工場では、製造ラインの把握から予測、全体の最適化を行うことでコストダウンが可能になる。都市のICTによるインフラストラクチャーの制御は、「スマートシティ」と呼ばれ、エネルギーの省力化とコストダウンにつながる。個人レベルでは、スマートフォンによって家電を操作することや、ウェアラブル端末によるヘルスケアなどが行われている。このようにあらゆるモノがインターネットにつながりビジネスのありようを変え、生活全般を変えようとしている。このIoTの発達には、回線の広域化、高速化、省電力化などが重要な課題となっている。

(小野瀬)

IPコア

ここでいうIPとはintellectual property、知的財産のこと。コアは、集積回路の設計における独立した一部分を指す。つまりIPコアとは、集積回路における特定部分の設計仕様を意味する。IoT時代にWindows OS等に匹敵する影響力を持つモジュールとして、注目を集めている。デスクトップコンピュータは、同一仕様のCPUが大量に消費される。そのため、IPコアを保有する企業が独占して最終製品（CPU）を製造・販売する垂直統合型のビジネスモデルが採用されてきた。一方、組み込み（特定機能を実現するために機器に組み込まれる）CPUは、必要とされる要件が多種多様であるために、CPUメーカーは必要な機能を満たすIPコアを外部調達し、組み合わせてカスタムチップを製造する。つまり、CPU自体が水平分業の構造となっているのである。IoTの導入は、これまで半導体制御がされていなかった製品へのCPU搭載を促進する。搭載されるCPUは組み込みシステム用となるため、エコシステムにおいて大きな影響力を持つプラットフォームは、OSではなく半導体の一部分の設計であるIPコアが担う構造となる。IPコアベンダであるARMが近年注目を集めているのは、IoT時代の到来がもたらした構造変化が要因である。

(深見)

I-Rグリッド

I-Rグリッドとはプラハラードとドーズ（Prahalad, C.K. & Y. Doz）によって示された多国籍企業のマネジメントに関するフレームワークである。Iはintegration（グローバル統合）の頭文字で、製品や事業をグローバル規模で標準化して効率性を追求することを意味する。一方のRはresponsiveness（ローカル適応）の頭文字で、現地特有の環境に合わせた展開の仕方、つまり現地適応の追求を意味する。多国籍企業の効果的な事業運営には複数の異なる圧力の中で実現可能な戦略を取ることが重要であり、主に経済的プレッシャーはグローバル統合、政治的プレッシャーは現地適応の方向に作用するとされている。このフレームワークに基づけば、多国籍企業の事業はグローバルビジネス、現地適応ビジネス、双方のプレッシャーを受けるマルチフォーカルビジネスに分けられる。I-Rグリッドはその後、産業、企業、機能などのさまざまな側面、さらには時間軸を取り入れた分析が行われるようになった。グローバル統合およびローカル適応の度合いは、産業、企業あるいはマーケティングや研究開発といった機能によっても異なり、さらにその程度は時間軸によって変化するということである。またバートレットとゴシャール（Bartlett, C.A. & S. Ghoshal）は、多国籍企業を全体として捉えて、組織をグローバル、インターナショナル、マルチナショナル、トランスナショナルの4つに類型化している。 （安田）

LBO（leveraged buyout）

LBOとは、買収資金の大部分を買収対象企業の資産や将来キャッシュフローを担保として調達する企業買収の手法。レバレッジ（leverage）とは梃子のことを意味しており、買収に必要な自己資金が不足していても大規模な買収が可能となることからこの名前がついた。LBOは、高金利で多額の負債を負うことになるのでリスクが高い。一方、買収に必要な投資資金を少額の自己資本と多額の借入金でまかなうので、買収後の業績が期待通りの場合、投下資本収益率が高くなることから、ハイリスクハイリターンの手法と考えられている。事業目的の買い手（ストラテジックバイヤー）の他に、プライベートエクイティ・ファンドなどの財務目的の買い手（ファイナンシャルバイヤー）が、LBO自体を収益性の高いビジネスとみなして積極的に活用するようになった。LBOの活用は、1970年代に米国で始まり、1980年代に活発化した。当初は製造業の買収に使用されていたが、担保の対象が事業資産からキャッシュフロー、成長性、経営者の能力などに広がったことや、弁済順位の低い劣後債による資金調達が容易になったことなどから、高額な買収が頻繁に行われるようになった。 （大野）

MBO (management buyout)

MBOとは，会社の経営陣が自社または事業部門を買収する手法のことをいう。経営陣が自己資金のみで買収資金を賄うケースは限られており，買収する資産や将来キャッシュフローを担保として金融機関，機関投資家，投資ファンド等から買収資金を調達するLBOが採用されることが多い。類似した手法として，経営陣と従業員が共同で買収する「MEBO」（management employee buyout），一般従業員が買収する「EBO」（employee buyout），買収後に外部から経営者を受け入れる「MBI」（management buy-in）がある。MBOの主要な目的は，企業価値の向上である。非公開化（上場廃止）により，親会社や株式市場から経営の独立性・自由度を確保し，中・長期的視点から業務改善や事業改革を効果的に進めることが可能となる。オーナー経営者からの事業継承や，上場維持のメリットよりコストが上回る場合に非公開化する手段として実施される場合もある。また，公開企業が買収防衛策として実施する場合がある。MBOは，買収側が買収金額を抑えるために意図的に株価を下げるなど株主に不利益をもたらすケースがあるため，経済産業省は，2007年8月に買収価格の妥当性を検討する第三者評価機関設置等のガイドラインを示した。（大野）

MIS（経営情報システム）(management information system)

MISは，企業内で利用されるさまざまな情報システムを包括的に指す場合と，管理者の意思決定を支援するシステムを指す場合がある。後者のシステムは，1960年代から1970年代にかけて提唱され，経営の意思決定に必要な情報を，必要なタイミングで必要な形式で提供する情報システムをめざして開発が行われた。それまで行われていた業務単位・部門単位でのデータ処理の自動化・統合化から，管理活動の代替を目的として開発が進められた。このシステムが考えられた背景には，情報技術の進展により，オンラインでリアルタイムに処理を行うシステムが構築されたこと，事業に関するさまざまなデータがデータベースに蓄積されたことが挙げられる。定期的に収集される企業内の情報を元にすることで，実績を元にした定型的な管理業務には活用が可能と考えられたが，当時のコンピュータ関連技術では，処理能力に限界があり，求められるアウトプットを出せなかった。さらに，市場動向に関する情報などを複合的に捉える，非定型的な意思決定には利用できない。このことから，意思決定の代替としてのMISは失敗したと評価され，意思決定の代替ではなく支援を主な目的として，情報システムはDSS（decision support system：意思決定支援システム）に発展した。　　　（米岡）

MOT (management of technology)

MOTとは,技術経営とも訳され,組織の戦略的かつ運用上の目的を達成するために技術能力を計画,開発,移行するプロセスにおいて工学,科学,経営学を結ぶ技術管理のことをいう。この定義は,ワシントンD. C. にある全米技術評議会(The U. S. National Research Council, 1987年)によるものである。技術管理は競争力を確保するために必要とされる重要なテーマではあるが,企業が採用する全体的な戦略を補完する面では最も注意を払わないといけない領域でもある。技術の戦略的管理は,技術的機会を企業戦略に組み込むことによって競争力を生み出すことができる。さらに,このMOTは,産業組織や政府組織における技術開発の管理,移行,普及と関連する。近年,MOTが企業経営において重要なテーマとなった背景には,特にベンチャー・ビジネスなどの分野における現実的要請が多かったからである。すなわち,ベンチャー企業の技術開発までのプロセスには成功したが,収益を生み出す事業化の段階までには至らず途中で倒産してしまったケースが多かった。実際に,このMOTの概念が世に普及した理由には,1982年に創設された米国マサチューセッツ工科大学(MIT)のロバーツ(Roberts, E.B.)教授が率いるMOTプロジェクトから多大な影響を受けたことなどがある。 (文)

MRP (material requirements planning)

MRPとは,資材所要量計画と訳される生産計画である。製品を組み立てるにはいくつかの部品が必要となる。いくつかの部品のうち1つでも欠けていれば製品は完成しないし,かといって部品を余剰に準備すると余計なコストになる。そこで,生産計画と部品表などの生産に必要な情報から,必要な部品はなにか,それがいくつ必要なのか,いつ必要とされるか,などを計算することが重要となる。MRPは,在庫をふまえつつ,この必要な部品を計算する方式であり,1964年にオルリッキー(Orlicky, J.A.)が開発したのが始まりといわれる。MRPはそれまでの手法よりも効果的なものであったが,複雑な計算を伴うという厄介なものでもあった。この時代からのコンピュータの発達と普及とによってMRPの複雑な計算が容易になったことが,MRPの広まった理由の1つである。市場環境の変化に伴い,生産計画は見直される。データ分析の進展に伴い,よりよいパフォーマンスのために見直しの頻度は多くなる。そのため,迅速なMRPを取り扱うソフトウェアが多く開発されている。現在MRPを応用して,企業のあらゆる部門の経営資源を一元的に管理するERP(Enterprise Resource Planning)が活用される事例が増えている。 (小野瀬)

OR（オペレーションズ・リサーチ）(operations research)

ORは，第二次世界大戦中に軍事戦略上の問題を解決するための研究から始まったとされる。戦後は，企業経営上の問題解決に導入されている。解決すべき課題はさまざまであり，ORは解決策提示のための技術群といえる。ORにおける代表的な手法として，線形計画法，在庫管理，ゲーム理論，待ち行列，輸送計画，ファジィ理論などがある。経営におけるさまざまな問題に対して，科学的アプローチによって解決策を見出す経営工学の領域において，物の数量，時間，人員数など多様な情報を扱い，最適値を導き出すための数理的アプローチをとるものがORである。ORはさまざまな経営情報を扱うことから，情報技術との親和性が高い。そのため，ORが経営工学の中心となってきている。ORは，経営上の問題を数理モデル化し，このモデル上での最適解を導く。この解を判断材料の１つとして，経営の意思決定に使用することになる。ただし，使用している数理モデルには，現実とのギャップがあるため，最終的には人間が判断することになる。今後，ビッグデータ分析などコンピュータサイエンスの分野が発展することで，より良い数理モデルで最適解が求められるようになることが期待される。

(米岡)

PER（株価収益率）(price earnings ratio)

PERとは，株価と利益の関係を示したものである。株価が割高であるのか，割安であるのかを判断する際に活用される指標の１つである。投資家は，PERの倍率により，利益水準の継続を観察することで，投資価値の判断を決定する。PERは，１株当たりの株価（時価）÷１株当たりの当期純利益により算出される。また，１株当たりの利益（EPS：earnings per share）は，当期純利益÷期中発行済株式総数で求められる。PERが高いときには，利益に対して株価が割高であることを，つまり成長性が高いことを示している。他方，PERが低い場合には，利益に対して株価が割安であることを，つまり，株式市場で第三者からまったく評価されていないことを意味している。しかし，算出された数値だけで投資価値の判断をすることは困難である。分母である１株当たりの当期純利益が前年度と比較して低い場合には，自ずとPERは高くなるため，分母である１株当たりの当期純利益についても時系列で把握する必要がある。一般的に，PERは15倍以下であると株価が割安であると評価されている。また20倍以上であると株価が割高であることを指している。PERは，時系列，もしくは同業他社間とで比較するのが望ましい。

(森谷)

PEST分析 (PEST analysis)

自社を取り巻く外部環境が現在および将来において，どのような影響を及ぼすかを分析するための手法である。P (politics：政治), E (economy：経済), S (social：社会), T (technology：技術) について分析をすることから，それぞれの頭文字をとってPEST分析と呼ばれている。Pは政治や法律に関する要因であり，主に自社が属する業界の規制や法改正等に関する動向である。Eは経済状況に関する要因であり，主に景気や経済動向である。Sは社会的な要因であり，主に人口動態の変化やさまざまな流行やトレンド，嗜好性の変化等，生活者のライフスタイルや意識の変化である。そしてTは技術的な要因であり，主に企業が製品・サービスを提供するプロセスにおける技術的な変化である。上記の網羅的な視点により，①現市場の正確な把握，②当該市場の変化が将来的に業界のプレーヤー（自社および競合事業者ら）に与える影響の明確化，③②の影響下において，当該市場における事業の成功要因（KFS：key factor for success）の明確化を行う。またPEST分析は，外部環境に関する分析結果であるため，主にSWOT分析の機会や脅威として整理される。

(小貝)

PPBS (planning-programming-budgeting system)

PPBSとは，主に行政において，プロジェクトの計画と予算を考えるために，プログラムを考察する制度のことである。計画と予算との間には乖離がある。そのため，あらゆるプロジェクトの費用対効果を測定するプログラムによって，企画の目標・目的を達成させようとすることが重要になる。プロセスはその名称の通り，計画（planning），プログラム化（programming），予算化（budgeting）の3つを行う。この中のプログラム化において，計画の目標・目的達成度合いが評価されるし，予算化する。これらの間をつなぐものとして，また長期計画と短期計画をつなぐものとしてPPBSは期待された。元々PPBSは，ケネディ政権下のアメリカ国防総省マクナマラ長官によって1961年に同省に導入されたもので，その後1965年に全米の州政府に導入されるほど広まった。しかしこの制度は，そもそもどのように計画を見るかという問題を伴うものであり，また省庁をまたいだ実行にも困難があった。さらに，費用対効果の計算方法の数値化の困難などの理由により1971年にPPBSは廃止された。2010年代のビッグデータ時代の到来により，再び注目する風潮もある。公共経営学や行政学の分野で論じられることが多く，日本語では企画計画予算制度と訳されることが多い。

(小野瀬)

PPM理論 (product portfolio management)

事業構造分析のために利用される手法の1つ。市場の成長性と自社の相対的マーケット・シェア比率の組み合わせの観点から自社の製品特性を分析し，今後の投資の基準を明確にしようとするものである。このPPMという分析手法によって，事業構造は基本的に，低い市場の成長率と高いマーケット・シェアを特徴とする「金のなる木」，市場での高い成長率と高いマーケット・シェアを占めている「花形」，市場の成長率とマーケット・シェアともに低い「問題児」，市場での成長率は高いがマーケット・シェアが低い「負け犬」という4つの形に大別できる。この分析手法の意義は，現在自社における事業構造を分析するという目的より，将来投資すべき事業分野が何で，いかなる方法で投資するのかという投資の方向性に重点が置かれている点である。しかし，米企業であるボストンコンサルティング・グループによって考案されたこの分析手法にも，以下のような限界がある。「製品には寿命がある」という前提である。すなわち，製品には基本的にライフサイクルがあるため，導入期・成長期・成熟期・衰退期を経て必然的に死を迎えるという前提があるが，実際に日本に多く見られる老舗の事業や，衰退期を迎えて再成長するケースもしばしば見つかっているからである。

(文)

QCサークル (quality control circle)

QCサークルは，職場の少人数のグループで自主的な運営でなされるのが一般的である。製品・サービスの品質の維持・向上および業務プロセスの改善をめざす。テーマ設定に始まるQCストーリーや管理図などQC七つ道具を駆使して科学的・統計的アプローチを取りながら問題解決に取り組む。グループで問題について話し合い，改善のためのアイデアを出し合う形式で進められ，自主性と創造性が育まれる。また，自己啓発・相互啓発の場所にもなる。さらにQCサークルによってコミュニケーションが促進され，人間関係の改善にも寄与するので職場のモラール向上につながる。日本科学技術連盟は，QCサークルの基本理念として，①人間の能力を発揮し，無限の可能性を引き出す，②人間性を尊重して，生きがいのある明るい職場をつくる，③企業の体質改善・発展に寄与する，を掲げている。時代とともに品質管理（QC）から総合的品質管理（TQC），そして総合的品質経営（TQM）へと取組みレベルが変わり，トップダウンで品質管理がなされるようになったが，ともすると形式主義に陥りやすいとの危惧もある。ボトムアップによる品質管理であるQCサークルの意義は決して色褪せていない。

(松村)

QCD

品質（quality），コスト（cost），納期（delivery）のことであり，Fのフレキシビリティ（flexibility）を加えてQCDFと呼ぶこともある。品質には，製品の機能，性能，デザインなどが含まれる。コストとは，製品を作る際の製品原価のことであり，固定費と変動費に区分される。生産量を拡大すると，製品1単位当たりの固定費が低減するため，変動費も含めた製品1単位当たりのコストも低減する。これが規模の経済である。また，累積生産量が拡大した場合にも，製品1単位当たりのコストが低減する。これは，経験や習熟によって生産効率が向上するためである。この効果は，経験効果と呼ばれている。納期とは，発注から納品までの期間のことである。フレキシビリティとは，外部環境が変化したときに，上記のQCDがマイナスの影響を受けない度合いを意味している。例えば，ある製品の需要が減少したときに，人員を再配分することでコスト増を吸収できれば，高いフレキシビリティを持つということになる。これらの要素の中には，品質を高めようとすると，コストが上昇するなど両立させることが難しいと考えられてきたものもある。トヨタは，トヨタ生産システムという独自の生産システムを作り上げることで，コスト削減と品質向上の両立を実現してきた。 (金綱)

QWL

1960年代，アメリカ社会は政治や社会経済の複雑かつ急激な変化を経験し，そうした変化はさまざまな労働問題をもたらした。労働生産性は一貫して低下し，大量生産技術の高度化と作業の標準化・単純化は労働者の「疎外」問題を一層深刻化した。こうした中で労働のあり方，特に自律的な人間にとってふさわしい労働のあり方とは何かという点が問われるにいたった。こうした問題提起は70年代に「労働生活の質（Quality of Working Life）」の向上あるいは「労働の人間化（Humanization of Work）」を目指す国際的な動向として展開された。QWLにおいては（1）労働者の疎外感克服と人間的満足の賦与，（2）労働環境の安全・快適化等の労働諸条件の改善への取組みとして，具体的には作業の遂行のみならず計画や決定を含むものとして職務を編成する職務充実や関連する異なる作業領域から職務を編成する職務拡大といった職務再設計，さらに半自律的作業集団の編成や小集団自主管理活動，労働者による経営参加といったさまざまな取組みが展開された。 (山中)

REIT（不動産投資信託）(real estate investment trust)

REIT（不動産投資信託）とは，多くの投資家から集めた資金でオフィスビルや商業施設，マンションなど複数の不動産への投資を行い，そこから得られる賃貸料収入や不動産の売買益を原資として投資者に配当する金融商品のことである。REITは，米国で1960年代に誕生し1990年代に急速に拡大している。日本の従来の投資信託は主に有価証券を対象としていたが，2000年11月「投資信託及び投資法人に関する法律」の改正により不動産等も運用対象とすることが解禁された。REITの頭にJAPANの「J」をつけたJ-REITは2001年9月に市場が創設されて，証券取引所に上場し株式と同じように株式市場で売買されている。REITは，法律に基づき，「不動産投資法人」の形態を取り，投資証券を発行し，投資家から預かった資金をもとに，不動産などに対して投資し，購入した物件の賃料収入や，物件の売買で得られた収益を投資家に分配している。REITの不動産投資法人は収益の90％超を分配する等一定の条件を満たせば実質的に法人税がかからず，内部留保もないため，投資家に分配金を出しやすい金融商品と捉えることもできる。

(羽田)

ROA (return on asset)

経営者は調達した資金で資産を取得し，それを用いて利益を獲得する。資産に対する利益の割合をROA（資産利益率）といい，利益を資産で除して求める。営業利益や経常利益，総資産や純資産など，利益や資産にはさまざまな概念が存在するが，ROAは使用総資本と事業利益を用いて計算する（使用総資本事業利益率）。使用総資本は事業活動に用いられる経営資本と金融資産からなり，それぞれ営業利益と受取利息配当金を獲得する。事業利益は営業利益と受取利息配当金の合計である。なお，総資産と経営資本は近似することが多く，営業利益に比べて受取利息配当金や支払利息は少額なので，実務では使用総資本に代えて総資産，事業利益に代えて営業利益や経常利益を用いることが多い。ROAは経営者の視点で見たものであるが，資産の原資は投資家たちの出資であることから，投資家の視点では，ROI（return on investment；資本利益率）と表現される。なお，他人資本（負債）には仕入債務などの無利子負債が含まれるため，それらを除いた投下資本（＝有利子負債＋株主資本）に対する税引後事業利益の割合であるROIC（return on invested capital；投下資本利益率）が，企業の稼ぐ力を見る指標として用いられる。

(青淵)

ROE (return on equity)

ROE（株主資本利益率）は株主持分に対する当期純利益の割合を示す。株主が投下した資本に対する株主に帰属する利益の割合を意味する。経営者が株主に対して果たすべき責務を表す指標といえることから，ROEは投資尺度としても重要である。外国人投資家は財務指標の中でも特にROEを重要視しており，外国人投資家の割合が高い日本企業では，以前から業績の説明や中長期計画の中でROEの目標値を掲げている。日本の上場企業のROEは平均で5％前後であり，欧米企業に比べると相対的に低い。経済産業省が2014年に発表した伊藤レポートでは，ROEを現場の経営指標に落とし込むことで高いモチベーションを引き出し，中長期的にROE向上をめざす日本型ROE経営が必要であることを示し，グローバルな投資家との対話におけるROEの最低ラインは8％と示された。ROEは売上高純利益率，総資産回転率，財務レバレッジの積で構成されることから，取引収益性，効率性，資本調達構造を高めればROEは向上する。ただし，目先のROEの向上をめざすあまり，企業価値や株主価値を毀損するような行動は慎むべきである。

（青淵）

SBU（戦略事業単位）

SBUとは，企業が戦略上設定する組織の単位のことを指す。表面的には事業部制組織のような形態をとるが，全社的な戦略に基づいて位置付けられる。SBUは，分権化の弊害が目立つ事業部制組織より，独立性・分解可能性をより強く意識して定義され，総合的管理のしくみを持っている。事業部制組織では，事業部同士で無用なセクショナリズムが生じたり，経営資源を二重三重に保有しなければならなかったり，全体の戦略的整合性が欠如してしまう傾向にあり，過度の細分化が生じても撤退の決断ができないなどの短所を持っている。SBUでは，どの事業にどの程度の経営資源を投入するかが，全体の事業（製品）のポートフォリオ（portfolio）に関する戦略の中で，一定基準（成長率と市場占有率）で決定される。その基準としては，プロダクト・ポートフォリオ・マネジメント（PPM：product portfolio management）が最もよく知られている。SBUの長所としては「事業やプロジェクトの戦略的調整が可能」，「資金や資源を有効活用できる」，「事業拡散・過剰投資の防止」，「撤退の決断ができる」などが挙げられる。短所としては「事業単位を決定しにくい」，「新事業機会の喪失」，「事業間シナジー効果の無視」，「分析マヒ症候群に陥る可能性がある」などが挙げられる。

（大杉）

SCM（サプライチェーン・マネジメント）(supply chain management)
資材調達，製品製造，流通販売などの一連の流れをサプライチェーン（供給連鎖）という。SCMは，供給業者から最終の消費者までの流れを統合的に見直し，プロセス全体の効率化と最適化を実現するための経営手法のことである。商品と情報を一体化しながら，リアルタイムで更新されるような在庫管理，配送管理が必要になることから，情報，生産，物流，市場に関する情報共有が不可欠となる。具体的には，POS（販売時点情報管理：point of sale）入力などIT（情報技術：information technology）を活用し，卸や小売，メーカーなどといった企業や組織が情報共有と，商品仕入れから販売までのビジネスプロセスの効率化を図ることである。それを行うことによって，それぞれの段階で発生していた無駄が排除され，在庫コスト・流通コストを最小限に抑えながらもビジネススピードを飛躍的（リードタイムの短縮）に向上させることで，顧客満足度を高めていくこととなる。小売店を主体にしたSCMは，DCM（デマンドチェーン・マネジメント：demand chain management）と呼ばれることもある。SCMが供給業者の視点であるのに対し，DCMは小売業視点のしくみであり，小売店頭を起点に効率的なサプライチェーン間に無駄な生産・在庫を発生させないことである。

(大杉)

SCP分析（SCPパラダイム／SCPモデル）
SCP分析とは，SCPパラダイムによって産業の魅力度を分析することをいう。SCPパラダイム（SCP paradigm）とは，産業における市場構造（structure）が企業の市場行動（conduct）を規定し，それが産業全体の収益性と産業内の個別企業の利益率等からなる市場成果（performance）を規定するという理論的枠組みである。SCPモデル（SCP model）ともいう。1960年代にメイスン（Mason, E. S.），ベイン（Bain, T. S.），シェアラー（Sherer, F.M.）らハーバード大学の研究者によって形成された産業組織論のパラダイムである。市場構造とは，企業間の競争状態を規定する構造的諸要因のことであり，売手集中度，買手集中度，製品差別化の程度，新規参入の条件等である。市場行動は，市場において企業が選択するさまざまな意思決定行動の総称である。企業のとる価格政策，製品政策，販売政策等の行動や競合企業間の協調行動としての協定や共謀，競争行動としての侵略的・排他的な戦略等である。これらの市場行動の結果の総体が市場成果であり，生産の技術的効率性，価格—費用の関係，技術進歩などにより達成度が測定される。

(大野)

SDGs SDGsとは，持続可能な開発目標（Sustainable Development Goals）のことである。SDGsは，MDGs（ミレニアム開発目標：Millennium Development Goals）の後継として，2015年の「国連持続可能な開発サミット」において193の加盟国により全会一致で採択された。この目標は，2030年までに達成すべきとされる17の目標と169のターゲットから構成されている。その内容は，貧困や飢餓をなくす，すべての人々の健康的生活や教育機会を確保する，ジェンダー平等を実現する，すべての人々に安全な水と衛生を提供する，すべての人々にエネルギーへのアクセスを確保する，経済成長を図りながら人間らしい雇用を促進する，産業と技術革新の基盤を構築する，人や国の不平等を是正する，住み続けられる安全な都市を実現する，持続可能な生産と消費を確保する，気候変動の影響を軽減するための対策を講じる，海洋資源を保全する，陸上の生態系を保護し生物多様性の損失を阻止する，平和で公正な社会を実現する，これらの目標をグローバルなパートナーシップで実現する，といったものとなっている。SDGsでは，すべての人々が役割を果たす中で地球規模の課題に対処すること，そして経済，社会，環境の３つの側面を調和させながら，持続可能な開発を実現することが目指されている。 (金綱)

SPA （specialty store retailer of private label apparel） SPAとは，製造から小売までを統合した最も垂直統合度の高い販売業態を指し，製造小売とも呼ばれる。1986年に，米国GAP社が自社の業務を定義したもので，素材調達，企画，開発，製造，物流，販売，在庫管理，店舗企画などすべての工程を１つの流れとして捉え，サプライチェーン全体のムダ，ロスを極小化するビジネスモデルである。SPAは，自社の小売店頭の情報から消費者のニーズを正確に把握し，商品の企画，開発に反映させることによって，不良在庫の発生を低減することができる。さらに，自社で製造を管理することによって，生産から販売までのリードタイムを短縮でき，機会ロスや在庫量を軽減することも可能となる。また，卸売業が途中に介在しないため，流通コストも削減される。一方で，SPAは自社企画，生産であることから，市場の需要の読みを誤った場合，在庫リスクが大きくなるというデメリットも存在する。また，市場のニーズを極端に反映させる商品企画は，市場の同質化を招き，コモディティ化を加速する危険もはらんでいる。そのため，ファーストリテイリングでは，顧客の情報を収集し，１人１人のニーズに合った商品を提案する「情報製造小売業」への進化をめざしている。 (馬場)

SPC (special purpose company)

SPCは，不動産や貸出債権などの固定資産を買い取り，この資産を担保に小口の有価証券（株式や債券）を投資家へ発行する会社のことである。SPCは，1998年に「特定目的会社による特定資産の流動化に関する法律」（SPC法）により設立が可能となった。さらに2000年に同法を改正・改題した「資産の流動化に関する法律」（改正SPC法）が施行され，SPCの最低資本金の引下げ（300万円から10万円）や登録制から届け出制への移行でより簡単にSPCを設立できるようになった。金融機関や不動産会社等はSPCへ資産を売却することで資金調達できるうえ，資産の流動化により貸借対照表から当該資産を切り離すことで資産の健全化を進められる。資産から得られる金利や賃貸料などは投資家へ配分されることで預金より利回りのよい金融商品の提供につながる。SPCの中心的な機能は，証券化に際して二重課税を回避できる役割を果たすことであり，一般企業と違って，配当金を損金算入することが認められ，不動産などを取得する際にかかる不動産取得税などの減免措置も受けられることに優位性がある。

(羽田)

SWOT分析（事業環境分析・予測）

企業が経営戦略を形成するプロセスとして，内部環境と外部環境の2つの次元から現状分析を行う手法のことをいう。内部環境については，自社の内部組織の「強み（strengths）」と「弱み（weaknesses）」について評価し，外部環境については，自社の事業環境における「機会（opportunities）」と「脅威（threats）」について評価する。これら4つの評価結果に基づき，組織目標達成に向けての強みの活用，弱みの克服，機会の利用，脅威の回避という4つの視点から，戦略の構築や代替案の評価などを行っていく。例えば，現在あるいは予測される市場機会に自社の強みをどのように活用するか，自社の弱みの影響で市場機会を逃さないためにどのような対策を取るべきか，現在あるいは予測される市場の脅威に対して自社の強みをどのように活用できるか，自社の弱みと市場の脅威が重なることで想定される事態をどのように回避するか，というような視点で，事業機会と独自能力の適合を検討し戦略を形成していく。この手法は，1920年代にハーバード・ビジネススクールのビジネスポリシー・コースで開発され，さまざまな組織やプロジェクトの戦略計画ツールとして広く活用されてきたが，環境変化が激しく不透明な状況においては，事後的な学習が反映されない計画的戦略形成の限界や問題点が指摘されている。

(大野)

TOB（テイク・オーバー・ビッド）(takeover bid)

TOBとは，大量の株式を短期間に取得するために，公告により買付期間・買付数量・買付価格等を提示し，株式市場外で対象企業の株主から直接，株式の買い付けを行う株式公開買付けのことをいう。英語圏では，"tender offer"あるいは"public tender offer"ともいう。TOBは，企業買収やグループ会社の子会社化など，対象企業の経営権を取得する目的で実施される場合が多い。対象企業の取締役会の合意が得られない場合の公開買い付けは，敵対的TOBという。自社が発行する自己株式を取得するために，TOBが活用される場合もある。TOBのメリットは，株式市場で買い付けるより取得対象株式が多いこと，買付け期間中の株価上昇リスクを回避できること，買付け予定株数に達しない場合，買付けを撤回できることなどが挙げられる。2006年6月に証券取引法の改定に伴いTOB制度の見直しが行われ，1）いわゆる1/3ルールの取扱い明確化（脱法行為への対応），2）買付者が競合する一定の場合についてのTOBの義務化，3）TOB条件の変更等の柔軟化，4）意見表明報告書等の義務化，5）全部買付義務の導入，が定められた。また金融商品取引法（2007年9月証券取引法から名称改題）第27条の2により，上場企業の株式を一定数以上，市場外で買い付ける場合は，原則として公開買付けが義務付けられている。

（大野）

TQC（総合的品質管理）(total quality control)

品質管理（QC：quality control）は，製品・サービスの品質（性能や機能，デザインなど）を維持・向上させるため，技術や技能を見直し，製造プロセスを改善する取組みのことをいう。日本にQCの概念・手法が導入されたのは戦後であるが，品質管理に関する職場レベルのグループによる取組み，ボトムアップによるQCサークルとして普及する。また，製品・サービスの品質は，必ずしも製造部門のみにて決まるものではなく，開発部門，流通部門，販売部門も関わるという観点から全社的な問題解決の取組みへと発展していく。総合的品質管理（TQC）である。背景には，プロダクトアウトからマーケットインへの転換があると考えられる。ISO9000シリーズやシックス・シグマの普及もあいまって経営管理全般にまで守備範囲を拡大し，トップダウンによる総合的品質経営（TQM：total quality management）として現在に至っている。日本科学技術連盟によれば，TQMは，製品・サービスの品質のみならず，組織・しくみの品質，業務・プロセス品質，人材・能力の品質の維持・向上をはかりながら経営目標を達成していく取組みであるという。

（松村）

TQM (total quality management)

TQMは経営管理手法の一種で，total quality managementの頭文字を取ったもので，「総合的品質管理」「総合的品質マネジメント」「総合的品質経営」と言われることもある。TQMは，企業活動における「品質」全般に対し，その維持・向上をはかっていくための考え方，取り組み，手法，しくみ，方法論などの集合体であり，それらの取り組みが，企業活動を経営目標の達成に向けて方向づける形になる。このTQMの源流は品質管理（QC：quality control）にある。戦後日本のものづくりの品質レベル向上のために，品質管理に統計的手法などによる「科学的アプローチ」を取り入れ，製造工程を改善することで日本製品の品質を格段に向上させることに成功した。この考え方を，全社的な取り組みに発展させたのがTQMである。TQMでは，企業の最小の構成要素である「ひと＝個人」レベルから，ひとが集まる実質的な事業レベルの「しごと＝業務プロセス」，それらを束ねる「しくみ＝組織・システム」までを対象としている。それぞれを対象にすることで，個人と組織が連動した，全体的な体質改善が可能になるのである。

（羽田）

VE（バリューエンジニアリング）(value engineering)

VEとは，最低のコストで必要な機能を達成するための研究活動である。VEは，機能本位の視点から問題解決をしていく。この体系を機能的研究法と呼んでいる。またVEには以下の5原則がある。①第一原則：使用者優先の原則，②第二原則：機能本位の原則，③第三原則：創造による変更の原則，④第四原則：チーム・デザインの原則，⑤第五原則：価値向上の原則，である。VEでは，顧客が求めているのは製品やサービスそのものではなく，モノやサービスが果たす機能であると考える。機能は，顧客が達成したい目的とその達成度によって測定することができる。また顧客は，モノやサービスが果たす機能を，それに必要なコストの視点から評価する。コストとは製品の購入等に必要な初期コストのみならず，購入〜使用〜廃棄に至るすべての費用を含むライフサイクルコストである。VEでは，機能とコストの関係から価値を考えるため，価値（value）＝機能（function）÷ライフサイクルコスト（cost）という算式で表す。VEでは価値を高めるために，ライフサイクルコストを変えずに機能を高めるか，機能はそのままでもライフサイクルコストを下げるか，機能，ライフサイクルコストともに高めるか，という視点から検討を行う。

（那須）

VMI（ベンダー管理在庫）（vendor managed inventory）

VMIは，商品の調達企業と供給企業の間において，供給企業が商品の所有権を持ち，在庫を管理するしくみである。ICTの発展に伴い，企業間での情報システムの構築が可能になった。そこで商品の調達企業と供給企業の間で，情報システムを通して調達企業の販売計画・生産計画，販売量などを把握できるようにし，供給企業が適正な在庫量を算出するとともに，適時に商品を提供するしくみを構築する。これにより，調達企業は発注処理や在庫管理を行う必要がなくなる。供給側においても，事前に販売計画や販売量を把握でき，需要予測を簡素化すること，供給をコントロールできることから，物流コストの最適化などのメリットがある。しかし供給企業にはデメリットもある。一般的に，供給企業は調達企業の近くに倉庫を用意し，その倉庫にある在庫を必要なタイミングで配送するしくみを作る。そのため，VMIを要求する取引先が増加した場合，供給企業は倉庫管理のコストが増大することになる。また，商品は使用されるまでは供給企業の資産とする契約がVMIでは一般的であるため，市場変化などで調達企業の計画通りに販売・生産が行われなかった場合など，供給企業は在庫リスクを考慮しなければならない。　（米岡）

VR（仮想現実）（virtual reality）

VRとは，上下左右に広がる仮想空間に自分が実在するような体験をできるようにしたもので，ヘッドマウントディスプレー（HMD）を使用したものが一般的である。HMDを装着した人物の動きに合わせて，ディスプレーに表示する映像を変化させることで，映像世界への没入感を高める。VR対応のコンテンツとしてはゲームが先行していたが，近年では多様なコンテンツが用意されはじめている。安価な全天球カメラが開発され，360度を見渡せる静止画・動画を撮影しやすくなり，さらにインターネット上の動画配信サービスにおいてもVR動画の対応が始まった。これらを，スマートフォンを利用した安価なHMDで利用できることから，認知度が高まり，普及が加速している。そして，VRをさまざまなビジネスで活用する動きが見られる。不動産ビジネスでは物件の内覧を遠隔地からVRで行う，観光ビジネスでは360度動画を用意することで観光スポットの様子を楽しむ，医療ビジネスでは手術のシミュレーションをVRで行うなどである。今後，VRはAR（augmented reality：拡張現実）と融合し，MR（mixed reality：複合現実）に進むと考えられている。また，複数人が同時に同じ仮想空間を共有・体験するようになると考えられている。　（米岡）

W/R比率 (wholesale sales/retail sales ratio)

W/R比率とは、卸売販売額を小売販売額で割った比率である。1つの商品についての小売取引は、その定義によって一度しかありえない。しかし、卸売段階では同一の商品が何度も取引されることがありうる。そして取引がなされるごとに販売額として計上される。実際の販売価格は、各卸売業者、小売業者の売買差益が付加していくため、一般的には小売取引に近づくほど上昇する。そこで、W/R比率を算出することによって、流通経路の段階性を判断することができる。つまり、W/R比率が大きいと卸の多段階化が進んでおり、逆にその数値が小さいと、流通経路の短絡化が進んでいるということになる。我が国のW/R比率は、食品などの消費財分野において、調査のたびに低下傾向にある。また、卸売企業の販売先を見ても、調査のたびに卸売業者向けの販売割合が減少し、逆に小売業者向けの販売割合が増加してきている。大手小売業の発展と、それに伴う卸機能の吸収によって卸売業が減少し、階層が減っていることがその要因である。それでも我が国のW/R比率は、他の先進国と比較して高く、流通の非合理性が論じられている。W/R比率＝(卸売販売額－産業使用者向け販売額－国外向け販売額)／小売業販売額

(馬場)

X理論／Y理論 (theory X／theory Y)

2つの対立的人間観に基づく組織の管理モデルのことである。X理論は、人間は生来怠け者で、命令や強制されなければ仕事をしないという人間観である。Y理論は、生まれながらに仕事が嫌いということはなく、条件次第では自ら責任を受け入れ、進んで責任を取ろうとする人間観である。これらは、動機づけ理論を構成する内容理論 (content theory) の1つの理論であり、マズローの欲求階層説をもとにマグレガー (McGregor, D.) によって提唱された。X理論は、欲求階層説の低次欲求 (生理的欲求・安全欲求) を比較的多く持つ人間観であり、命令や強制を前提に、従業員が目標を達成できなければ処罰するといったアメとムチによる管理手法となる。Y理論は、欲求段階説の高次欲求 (所属欲求・尊厳欲求・自己実現欲求) を比較的多く持つ人間観で、魅力ある目標と責任を与えることを前提に、従業員に機会を与える管理手法となる。社会の生活水準が上昇してきている今日では、X理論とされる低次欲求が充足されているため、対象となる人間の欲求と適合しないことからモチベーションの効果は期待できない。これに対して、Y理論に基づいた管理方法の必要性が高く、現代では主流となってきている。

(當間)

あ

アーキテクチャー もとは建築,建築様式を意味する語であったが,まずはコンピュータシステム開発の現場において,その後ウルリッヒ(Ulrich, K.T., 1995)によって製品の設計全般に適用された。経営学分野においてアーキテクチャーという単語は,単一企業におけるビジネスプロセスリエンジニアリング(BPR)のためのプロセス構造化として用いられる場合と,ビジネスエコシステムにおける協業構造という意味で用いられる。IoTの普及ならびに製品のサービス化が進展するにつれて,多くの製品がインターネットに接続され,複数事業者が提供する製品が連携して便益を提供するためにエコシステムを形成するようになった。価値を創出・提供するために,各事業者がどのような機能を受け持ち,どのような形で連携するかの形態,すなわちアーキテクチャーは,エコシステム間の競争優位に対し大きく影響する。エコシステムを主導して作り上げるプラットフォーマーは,自身と他事業者との役割分担,利益分配,事業者間の連携手法を設計する,つまりアーキテクチャーを決定することが求められる。一方,エコシステムに参加する事業者は,アーキテクチャーにおける差異を見極め,継続的な競争優位があり,自社の利益を確保することができるアーキテクチャーを有するエコシステムを選び取ることが求められる。

(深見)

アジャイル生産(agile manufacturing) アジャイル生産とは,速やかな顧客対応を主眼に置いた生産のアプローチである。これにより,高いニーズを持った製品をすぐ増産することが可能で,問題があればさまざまな対応をすることが可能となる。市場が変化する中で,リードタイムの長い製品が競争優位を維持することが重要となる。このためには,あらゆる情報を獲得するための組織間の情報交換や,生産それ自体のみではなく生産のリソース全体を考慮する必要がある。そのため,ラインを制御するシステムの向上はもとより,顧客からのフィードバック情報を吸い上げるシステムが必要とされる。アジャイル生産方式は,ソフトウェア開発の開発期間の短縮によって生産性を高めたアジャイル開発に近い考え方である。ソフトウェア業界が急速に発展したことから,他の業界がソフトウェア業界を参考にした。なお,過去の文献を探るうえでは,かつて日本では「アジャイル」が「アジル」表記もされていたことにも留意しておく必要がある。アジャイル生産に類似した概念にリーン生産方式がある。リーン生産方式がムダを省きコストを引き下げ問題に対応することに重点を置いているのに対し,アジャイル生産方式は速やかな顧客対応に重点を置いている。
(小野瀬)

アドテクノロジー(ad technology) 文字通り広告主,メディア(媒体社),ターゲットとの間で展開される「アド(広告)」の「テクノロジー(技術)」の総称である。この技術は,広告枠を持つメディアの集まりであるAd Network(アド・ネットワーク)を対象に,広告主が1インプレッション(1表示)単位で売買する取引市場であるAd Exchange(アド・エクスチェンジ)で展開される。主に広告配信や表現方法のための①広告主に関する技術,最適な広告効果と収入を得るための②メディアに関する技術,広告配信によるターゲットの反応や動きを把握・分析しマーケティングに活かす③ターゲットに関する技術の3つの技術に分類される。①の代表的なものは,広告の費用対効果を最大化する広告配信技術であるDSP(Demand Side Platform:デマンド・サイド・プラットフォーム)がある。②にはメディア自身が収益性の最も高い広告を自動で選定・配信し,収益を最大化するSSP(Supply Side Platform:サプライサイド・プラットフォーム)がある。また③には,自社や外部のデータを一元的に管理する技術であるDMP(Data Management Platform:データ・マネジメント・プラットフォーム)がある。
(小具)

アメーバ経営

アメーバ経営とは，「組織を小集団に分け，市場に直結した独立採算制により運営し，経営者意識を持ったリーダーを社内に育成すると同時に，全従業員が経営に参画する「全員参加経営」を実現する独自の経営管理手法」(『稲盛和夫OFFICIAL SITE』)のことをいう。京セラ(1954年設立)の創業者である稲盛和夫が，自身の経営実践の中で確立した「フィロソフィ」(「人間として何が正しいか」)という経営哲学と，それに基づく京セラの経営理念(「全従業員の物心両面の幸福を追求すると同時に人類，社会の進步発展に貢献すること」)を実現するために考案した「稲盛会計学」と称する管理会計制度を軸とした経営管理システムである。KDDIや日本航空など約700社に導入されている。アメーバ経営の基本となる組織単位は，「アメーバ」と呼ばれる独立採算の小集団である。アメーバのリーダーは，経営計画，実績管理，労務管理，資材発注等，経営全般を担うことにより共同経営者のような立場となり，会社全体の経営に貢献する。アメーバの構成メンバーは，自ら目標を設定し，その達成に取り組むことにより自主的に経営に参加する。アメーバ経営の鍵は，経営理念の浸透と普遍的価値観の共有による組織メンバーの統合にあり，稲盛和夫の言葉によれば「人の心」をベースにした経営である。

(大野)

アライアンス戦略

アライアンスとは，共有された目標を達成するために，複数の組織が提携関係を結ぶことである。グローバル化，製品ライフサイクルの短期化などから，自社内ですべてを開発・事業化するよりも，必要とする経営資源を持つ他社とパートナーシップを構築することが必要である。戦略的にアライアンスに取り組む狙いとしては，市場創出と市場形成後のポジションが挙げられる。市場創出に向けたアライアンスでは，まず潜在的な競合企業や補完企業とのアライアンスでデファクト・スタンダードの獲得につなげることができる。1社では困難な技術開発を複数社で行うことで，自社のコア・テクノロジーを強化すること，技術開発のリスク分散を図ることが可能になる。さらに他社と協働して技術開発を行うことは，新しい技術に対する学習機会となり，新たなコア・テクノロジーの獲得につながることも考えられる。市場の形成が進むと，アライアンスへの参画は，自社を業界内で優位なポジションに位置付けることに利用できる。アライアンスでは，複数の組織間で目標が共有されることになるが，その目標以外では競合することになる。協力分野と競合分野を明確にし，これをマネジメントすることが必要となる。

(米岡)

安定株主工作

安定株主工作とは,企業にとって取引関係の深い企業などの友好的かつ長期的に株を保有してくれる存在である安定株主に自社の株式を保有してもらうことで,経営者が自らの支配的な地位を安定させ,第三者からの買収を行われにくくすることである。なお,安定株主に明確な基準はなく,一般的に当該企業の経営者,従業員持株会,株式持合いをしている企業等である。安定株主の対義語は浮動株主である。株式市場において自由に売買される浮動株主が多い場合,それらの浮動株をTOB(株式公開買付)などで敵対的買収者に買い集められ,経営権が脅かされるリスクがある。そこで,企業買収から自社を守るために取引関係の深い企業同士で株式を保有し合う安定株主工作が進められた。一方でバブル期には浮動株の少なさから,株価が企業の経営実態以上に大きく値上がりするといった現象も生じた。しかし最近では,企業もリストラクチャリングを進める中で,配当収入が期待できない企業の株式については持合いを解消する動きを強めている。

(羽田)

アンラーニング (unlearning)

学習棄却とも訳され,過去に学習した知識や価値観を意識的に捨て去り,新たに学習し直すことを意味する概念である。一般的に,個人や組織は過去に培った知識や経験によって現在の問題を解決しようと試みる。これらが意思決定の枠組みを形成し常識化すると,企業内外の経営環境の変化に適応しようとする際に,過去の常識に囚われてしまい,適切な意思決定をすることが困難になる。また,専門性が重視されると,既存の知識と経験を積み上げることに集中することになるが,その反面,他の組織や部署との溝が深まり,自らの判断基準や思考方法を疑うことができなくなる。これらは特定の知識や技術に基づく専門職のみならず,経営戦略や経営管理を行うマネジメント層にも当てはまる。こうした状況を打開するためにもアンラーニングが必要となり,個人学習のみならず組織学習としても有効な概念となる。かつて,アージリス(Argyris, C.)とショーン(Schön, D.A.)は,シングル・ループ学習によって経営環境の変化に適応していくことは難しいことを指摘し,新たな知識や競争優位の源泉をダブル・ループ学習として獲得していくことが,持続的な競争優位の構築上,必要であると指摘したことでも知られている。

(當間)

意思決定支援システム（DSS）

1970年代後半に登場した情報システムの1つである。近年，このシステムはエキスパート・システム（expert systems）とともに，意思決定を改良することを目的とするものとして急速に進展している。特に，マーケティングの分野では数多くの応用事例が報告されている。意思決定支援システムが半構造的（semi-structured）あるいは非構造的な（unstructed）問題を解決するために，意思決定者に対してデータやモデルを利用する際に助力を提供するのに対し，エキスパート・システムは特定の知識や高度な技法を必要とする際に，対処方法を提供する。この意思決定支援システムは，1960年代に登場した経営情報システム（MIS）の次世代のものとして知られている。準構造的な意思決定を対象にし，能率性を追求するよりは意思決定の有効性を支援することが主な目的である。しかし，このシステムは意思決定者の能力に依存しすぎるなどのデメリットから，意思決定者の政治的な目的に利用されがちである点がしばしば指摘されている。この意思決定支援システムの次世代のものとして，1980年代半ばの戦略的情報システム（SIS），1990年代初頭のビジネス・プロセス・リエンジニアリング（BPR），1990年代後半のサプライチェーン・マネジメント（SCM），1990年代後半の顧客関係管理（CRM）などが次々と登場してきた。　（文）

一店一帳合制

一店一帳合制とは，メーカーが自社商品を扱う卸売業者や小売業者に対して，さまざまな支援策の提供と引き換えに自社との関係強化を求める流通系列化政策の一手段で，小売業者に自社商品の仕入先の卸売業者を1社に指定するものである。これによって，メーカーは，再販売価格を維持することができ，商品の流通を効率的に行うことが可能となる。一般的には，有力メーカーにおける流通系列化に利用されることが多く，製品の品質管理やアフター・サービスの実施には有用な施策といえる。また，小売業者に向けての卸売業者間の競争が制限されることによって，卸売業者にとっても安定したマージンが得られるメリットもある。一方で，一店一帳合制は，競争制限による効果が大きく，卸売業者と小売業者を拘束することから独占禁止法に違反する可能性がある。独占禁止法第19条では，「自由な競争が制限されるおそれがあること」，「競争手段が公正とはいえないこと」，「自由な競争の基盤を侵害するおそれがあること」といった観点から，公正な競争を阻害するおそれがある場合，不公正な取引方法としてこれらの行為を禁止している。特に公正取引委員会においてこれまで問題となった事例には，一店一帳合制による取引が再販売価格維持行為と結びついたものなどがある。（馬場）

イノベーションのジレンマ

イノベーションのジレンマとは，市場において支配的製品・サービスを提供している企業が，持続的イノベーションを優先することで，優位性のある技術への投資を行わない状況をいう。その結果，比較的小規模の新規参入企業との競争で負けることになる（破壊的イノベーション）。一般的に新技術の初期は，既存製品・サービスに用いるだけの機能を有さない。低価格，低利益率である場合が多く，新技術を初期に適用可能な市場は，下位の新しい市場や小規模な市場である。既存市場で支配的製品・サービスを提供して成功している既存企業は，高価格，高利益率を見込める顧客のいる上位市場で競争を行う。上位市場の顧客は，それまでの評価基準に基づいて，製品・サービスの高性能化を求めるため，既存企業は新技術よりも既存技術を利用することになる。低機能な新技術に投資する必要はなく，既存技術の持続的イノベーションを行うことで，顧客ニーズを満足することができるとともに，高性能商品・サービスを用いた競争で優位に立つことができる。しかし，低利益率であっても，下位市場が大きくなった場合，既存企業は新技術を用いた製品・サービスを投入することができず，下位市場で技術を向上させた企業に負けることになる。

（米岡）

異文化マネジメント （cross-cultural management）

異文化マネジメントとは，異なる文化的背景を持つ組織メンバーから構成される組織を対象とした経営のことをいう。近年，こうした文化的多様性が高い組織を対象とした経営は，ダイバーシティ・マネジメント（diversity management）として注目されてきている。文化的多様性は，組織メンバーの性別，人種，国籍，文化的背景，宗教，言語，経験等の属性の広がりや民族的背景の差異によって生じる。アドラー（Adler, N.）は，「メンバーの民族的背景が3つあるいはそれ以上」あるグループをマルチカルチャー・グループと定義している。異文化マネジメントの目的は，組織メンバーや組織間で相互作用する際に発生する摩擦や対立，問題解決プロセスの複雑化等の負の要因を低減させ，文化的多様性から生じる異文化シナジーを創出することにある。文化的同一性の高いモノカルチャー（単一文化, mono-culture）の組織は，凝集性が高く効率性が高いと考えられるが，文化的多様性の高いマルチカルチャー（多文化, multi-culture）の組織は，多様な視点や創造性などの異文化シナジーにより高い生産性を発揮する可能性を持っていると考えられている。この鍵は，異なる文化的背景を持つ組織メンバー間の異文化コミュニケーションである。

（大野）

インキュベーター (incubator)

インキュベーターは、新規事業の創出・発展のために、民間や行政が期限付きで比較的低価格なオフィスを提供し、同時に事業支援するサービスをいう。複数の企業家やその予備軍、またベンチャー支援者が集まることから、企業家の事業を育成することができるとみなされる。かつては、部屋で区切ったインキュベーターがほとんどであったが、コワーキングスペースなどのオープンな場所を提供するケースも増えてきた。インキュベーターを直訳すると、卵を人工的に孵化させる「孵卵器」のことである。そのため、創業前後の事業として成立するかどうかの状態から、収益をあげるようになるまでを支援する人物やプログラムのことを指す場合もある。インキュベーターの起源は、1959年の米国におけるバタビア・インダストリアル・センターにあるといわれている。日本では行政によるかながわサイエンスパークが有名であるが、それ以前から民間のインキュベーターは存在したようである（鹿住倫世「日本におけるビジネス・インキュベーターの変遷と今後の展望」）。最近では、事業支援を中心としたプログラムで構成されるアクセラレーターというプログラムも注目されている。

(小野瀬)

インダストリー4.0

インダストリー 4.0は、ドイツ連邦政府が自国の製造業のさらなる振興を図る目的で策定した、科学技術イノベーション推進戦略の中で掲げられた未来プロジェクトの1つで、ものづくりと情報技術をつなぎ合わせる構想である。IoT（Internet of Things）を核として、社内・社外の工場や設備を連結し、バリューチェーン全体を最適化したスマートファクトリーを実現させる。生産工程では、部品や製品が生産設備と双方向で通信を行う。これにより、顧客のニーズに合わせたものづくりのカスタマイズを、大量生産とさほど変わらないコストや期間で対応できるようにする。ICTの活用で顧客とつながることで、生産したモノの販売だけでなく、アフターサービスをも可能にする。スマートファクトリーの実現により、生産状況をリアルタイムで把握することが可能になる。さらに得られるビッグデータを解析することで、新たな課題や付加価値の発見につなげることができる。このように、インダストリー 4.0は、ものづくりのパーソナライゼーション、およびサービスで収益を得るビジネスモデルへの転換を推進するものといえる。一方でさまざまな部品や機器をICTでつなぎ合わせるためには、通信規格やデータ形式の標準化が必要であり、国際標準化が進められている。

(米岡)

インフルエンサー（influencer）

「影響する」「感化する」などの意味を持つ「Influence」を語源とし，他者の行動や社会の価値観や流行などに大きな影響力を及ぼす人のことを指す。インターネットやブログ，そしてSNS（social net service）などのソーシャルメディアが発達すると，テレビやラジオなどのマスメディアで活躍する有名人や専門家に限らず，他者の購買行動に影響力を及ぼすビジネスパーソンや主婦などがインフルエンサーとなり，企業のマーケティングに重要な役割を果たすようになる。具体的には，人気の高いブロガー（Blogger），ユーチューバー（YouTuber），それにフォロワーの多いインスタグラマー（Instagrammer）などが，インターネット上のインフルエンサーとなり，その果たす役割に関心が集まる。CGM（Consumer Generated Media）と呼ぶ消費者発信メディアが重要な情報伝達手段として捉えられ，多数のフォロワーを持つオピニオンリーダーがインフルエンサーとなる。芸能人やスポーツ選手などの影響は依然として大きいが，特定分野に密接に関与するマイクロインフルエンサーの役割にも注目しなければならない。マイクロインフルエンサーは情報発信者と受信者の関係性が強く，双方向のコミュニケーションが行われることで，インフルエンサーマーケティングにおいて着目されている。　　　　（亀川）

エクイティ・ファイナンス（equity finance）

エクイティ・ファイナンスとは，新たな株式の発行を前提とした資金調達の方法である。企業が外部資金を調達する方法は，大きくはこのエクイティ・ファイナンスとデット・ファイナンス（負債調達）に分けることができる。エクイティ・ファイナンスによる株式発行での資金調達は資金の返済義務を負わないが，デット・ファイナンスによる資金調達は債権者に対して返済義務を負うことに大きな違いがある。そして，エクイティ・ファイナンスによって調達した資金は貸借対照表の純資産の部に計上されるが，デット・ファイナンスによって調達した資金は負債の部に計上されることに違いがある。エクイティ・ファイナンスによる資金調達は債権者への返済義務を負わないため，リスクが高い投資や投資回収期間が長期にわたる大掛かりな設備投資に適している。ただし，エクイティ・ファイナンスは発行済株式数の増加に伴い1株当たりの利益の希薄化をもたらす懸念があると言われるほか，投資家の求める資本コストに応えるための配当負担や企業価値の観点から，資金調達をエクイティ・ファイナンスによるかデット・ファイナンスによるかは企業の財務戦略の観点から慎重に検討する必要がある。　　　　（羽田）

エコシステム

日本語訳は生態系。生物学など自然科学において用いられてきた用語が、経営学分野に転用されたものである。エコシステムが経営学分野において用いられるようになったきっかけの1つは、コンピュータにおける水平分業の導入である。IBMによるパーソナルコンピュータの開発は、それまで同一企業がハードウェア、OS、アプリケーションソフトウェアを開発・供給するという垂直統合の構造を、それぞれを異なる企業が提供するという水平分業へと転換することとなった。複数のハードウェアメーカーへ供給され、寡占的な地位を獲得することとなったWindows OSを供給するMicrosoftは大きな影響力と収益を獲得することとなり、プラットフォーマーとしての地位を確立した。近年では、スマートフォンOS、クラウドサービス、ポイントサービス等、さまざまな分野でエコシステムが形成され、エコシステム間の競争が発生している。多様な企業が相互作用するエコシステムにおいて、中心的な存在となるプラットフォームの役割は大きく、プラットフォーム戦略などの研究分野が成立する要因となった。プラットフォーマーは自社の利益を追求するだけでなく、エコシステムを構成する多様な組織が協働して価値を創出できるためのしくみを確立することが求められている。

(深見)

エージェンシー理論

ある用役を自分に代わって他の人間に遂行させる契約関係があるとき、その間にエージェンシー関係があるという。ある行為の遂行を他人に委ねる者をプリンシパル（依頼人）、委ねられる者をエージェント（代理人）と呼ぶ。このとき、両者はエージェンシー関係にある。こうした関係では、依頼人と代理人の利害関心の違いから利害対立が発生し、依頼人の利益が損なわれる場合がある。そのような場合の機会費用をエージェンシー・コストと呼ぶ。エージェントはプリンシパルの利益を最大化するように行動するよう期待されるが、両者の利害はかならずしも一致しない。利害の不一致や情報の非対称性によって、エージェントがプリンシパルの利益ではなく、自己の利益を優先させて行動してしまうというようなモラル・ハザードが発生し、プリンシパルに対して虚偽の報告をしてしまうということが起こりうる。今日の大企業では、例えば上司と部下、メーカーと商社、株主と経営者などの関係はいずれもエージェンシー関係にある。また、資本提供者と経営者が依頼人・代理人関係にあるので、そこでのエージェンシー・コストが資本コストに影響する要因として重要視されるようになってきている。

(馬場)

エンジェル（business angel） エンジェルとは，創業前，あるいは創業間もないベンチャー企業に対して資金提供を行う個人投資家のことである。企業の創業の極めて初期段階で対象ベンチャー企業に投資し，企業の成長を支援する人を指す。ベンチャーキャピタルとは異なり，原則として個人投資家である。エンジェルとしての投資家は，家族・友人間の融資と，金融機関による間接金融による融資の「中間に位置する存在」で，起業家のスタートアップに必要な資金を提供する。事業の創業経験がある投資家や，技術や経営等の専門的な知識のある投資家などが，エンジェルとしてベンチャー企業の成長に大きくかかわっている。主としてエンジェルは，上場や買収，他の資本家への売り抜けなどによるキャピタルゲインを期待することを目的とするが，ベンチャー企業の中には，有望な技術やアイデアを持ちながらも，資金調達の難しさから積極的な事業展開ができないケースが少なくないため，初期の資金調達においては，エンジェルは有力な資金供給者となる。米国においては，1997年にはエンジェルの増加を目的として，投資した資金のうちの一部を課税対象から控除することができるエンジェル税制が整備された。

(馬場)

エンパワーメント エンパワーメントとは，事実的な権限委譲と活動支援によって個人の自主性を生み出し，能力と意欲を発揮させることである。ビジネスにおけるエンパワーメントの特徴は，自律性を促進し，支援することにある。「自律性を促進する」とは，業務の遂行に当たって経営者やマネージャーが業務目標を明確に示す一方，その遂行方法については従業員の自主的な判断に委ねることである。「支援する」とは，具体的な指示や解決策を従業員に与えるのではなく，従業員が自ら問題点を発見したり，不足する能力を開発したりする環境を整えることである。この自律性を促進し，支援することを上手に活用しながら，組織としての目標を達成するために発揮するリーダーシップをエンパワーメント・リーダーシップという。エンパワーメントの実施上の注意点として，現場ごとに判断や対応が異なると全体として顧客の不満が高まる可能性があると同時に，企業の方針から乖離する危険性もある。それに，企業としてのブランドを維持していく点からも，全社レベルでの統一性と一貫性を維持するバランスも必要となる。また，エンパワーメントを成功させるには，「経営理念やビジョンの共有」，「正当な評価と報酬」，「能力の把握と資源の提供」といった要素に十分な配慮が必要になる。

(郭)

エンプロイヤビリティ（employability） エンプロイヤビリティとは，その人が持っているスキル・経験・行動特性など，雇用する企業によって評価される能力を意味する。そのため，求められるエンプロイヤビリティは業界・企業によっても異なるほか，その人の年齢や職種によっても異なる。1999年6月にドイツで開催された先進国首脳会議で，21世紀の社会の課題の1つとしてエンプロイヤビリティが挙げられた。それまで日本では終身雇用が中心であり，外部労働市場も十分に発達していなかったことから，企業内で通用する能力の育成が重視されていた。また新卒採用の際も，多くの日本企業は職種を限定せずに新卒一括で採用しているため，採用後にOJT／Off-JTを通じて社員の能力開発を行っていた。その結果，特定の企業で働くために必要な能力の育成が中心となっていた。しかし，社員のキャリアプランの多様化や外部労働市場の発達とグローバル化，企業によるリストラクチャリングなど，労働者を取り巻く環境が変化したことから，さまざまな企業で通用する能力の獲得・育成が重要視されることとなった。また大学においても，キャリア教育を重視するなど，社会に出てさまざまな場面で活躍できる就職基礎能力の育成に注力している。

(那須)

オーバーボローイング オーバーボローイングとは，銀行から過度に借り過ぎていた状況，つまり，銀行に依存し過ぎていたことを意味している。企業の資金調達手法として，内部金融および外部金融が挙げられる。内部金融としては，過去の利益の蓄積としての内部留保（利益剰余金）と減価償却費がある。他方，外部金融は，直接金融と間接金融に分類される。直接金融とは，資本市場から投資家に出資を募ることを，間接金融とは，銀行からの借入れを意味している。第二次世界大戦以降，企業の内部留保は充分ではなく，金融機関に依存しなければ，成長できるような設備投資ができなかった。株式や社債の発行には，時間を要するとともに，社債は優良企業でないと発行することができない時代でもあった。そこで借入金であるならば，迅速に手続きができたことから，当時の都市銀行（現メガバンク）が主導し，過度に貸し出した。バブル崩壊以降は，優良な大企業を中心に，有利子負債を返済するとともに，潤沢なキャッシュを保有しているため，銀行依存から脱却し，巨額な設備投資をしている。他方，資金調達手段が限定されている中小企業では，銀行に依存しなければならない状況が続いている。

(森谷)

オプション取引 (option transaction)

オプション取引とは，将来のあらかじめ定められた期日に，特定の商品（原資産）を現時点で取り決めた価格で売買する「権利」の取引のことである。コール・オプションは買うことができる権利であり，プット・オプションは売ることができる権利である。それぞれのオプションについて，売り手と買い手がいるので，オプションの売買には4つの立場がある。コールもプットも買い手は権利行使するか放棄するか自由に選択できるが，売り手は買い手の意思に従う義務を負う。オプションの買い手は，思惑通りの場合，プレミアム分を除いた利益が得られる。一方，思惑が外れた場合は，権利を放棄することで損失はプレミアムに限定される。原資産10,000円で買える権利をプレミアム300円で買った場合，価格が12,000円になった場合はプレミアム300円を引いた1,700円の利益を得る。一方，原資産価格が8,000円になった場合は権利を放棄できる。この場合，買い手の損失は300円に限定される。一方，オプションの売り手は，原資産10,000円で買える権利をプレミアム300円で売った場合，原資産価格が8,000円になり買い手が権利を放棄すれば，300円が利益となる。逆に，原資産価格が12,000円になった場合，買い手に権利を行使され，プレミアム300円を考慮し1,700円の損失が発生する。

(羽田)

オフバランス／オンバランス (off-balance／on balance)

オフバランスは，事業運営に活用している資産・負債をバランスシート（貸借対照表）から切り離すことであり，「オフ・バランスシート」の略語である。会計上のリスクが存在する取引を貸借対照表（バランスシート）の外に出すことにより企業価値を高めることが可能になる。オフバランスには，貸借対照表（バランスシート）から資産・負債を消すことで，資産保有に伴うリスクや負債の軽減により借入・金利負担を軽減し，総資産利益率（ROA）や自己資本比率を向上させる効果がある一方，資産利用に伴うコストの増大を伴う懸念もある。オフバランスの例として，不動産の証券化によって自社ビルを流動化すること，リースバック手法によって事業設備を流動化することなどがある。一方，オンバランスは，企業会計において，貸借対照表（バランスシート）に計上されている項目やその額，および計上されていることを意味する。これは，上記の「オフバランス」とは反対の概念であり，通常の会計処理であり，またバランスシートを見ることで当該企業の財政状態を確認することができるのである。

(羽田)

オープン&クローズ戦略 (open&close strategy)

近年,注目されている企業の新しい戦略概念である。この概念には,主に知的財産実務における狭義の意味合いと事業戦略における広義の意味合いの2つのレベルでの意味合いが存在する。前者の知的財産実務における意味合いでは,主として知的財産が対象となり,経済産業省によれば「知的財産のうち,どの部分を秘匿または特許などによる独占的排他権を実施(クローズ化)し,どの部分を他社に公開またはライセンスするか(オープン化)を検討・選択することである」と定義されている。また後者の事業戦略における意味合いとしては,企業の知的財産の保有有無に関わらず,企業が自社に蓄積されている技術やノウハウなどの経営資源上の強みについて,自社以外の第三者に対して使用許諾なしで利用を可能にすることをオープン化という。そしてこれを第三者には使わせずに,自社だけが独占的に利活用するという状態をクローズ化という。このオープン化とクローズ化を上手く連動させて互いに結び付けることにより,自社の技術を普及させて市場を拡大するのと同時に,自社の利益の独占的確保を目指していくという概念である。

(小貝)

オープンイノベーション

多くの技術がオープン化されてきている状況において,効率的なイノベーションを行うためには,イノベーション活動自体のオープン性を高めていく必要がある。そのため,オープンイノベーションの考え方では,それまで外部に向けて公開していなかった研究開発過程についてもオープンなシステムとして扱う。企業の従来の研究開発(クローズドイノベーション)は,自社内の技術基盤から始まり,開発途中の取捨選択から一部の技術だけが市場に送り出される。オープンイノベーションでは,技術基盤は他社のものでも良く,開発途中においても他社の新しい技術を探求し,自社の持つ技術と組み合わせる。開発途中で自社の市場に利用できないと判断した技術は,積極的に他社にライセンス提供したり,自社からスピンオフさせたベンチャー企業で新しい市場創造に利用したりする。一般に企業は,予算上の制約や,新しい知識を獲得する能力の限界から,知識の拡大と同じペースで研究開発投資を拡大することはできない。したがって,イノベーションプロセスに外部技術を取り入れることで,研究開発投資の削減につなげることになる。また,有用な技術の市場投入は社内外のルートを通じて行うことから,自社のビジネスモデル自体を変化させる必要がある。

(米岡)

オープンシステム／クローズドシステム（open system／closed system）

オープンシステム（開放系）とは，市場に流通し，誰もが購入可能な部品や材料を用いて製品などを組み立てるシステムを意味している。これに対して，特定の者（組織）のみが用いることのできる部品や材料を用いて組み立てるシステムをクローズドシステム（閉鎖系）という。経営学の分野においては，企業や組織の外部環境と継続的に相互作用するシステムという意味で用いられている。元々，熱力学に由来するシステム理論の用語であるが，その相互作用が情報やエネルギーあるいは物質が，システムの境界線の外部から内部へまたは内部から外部へと移動する形式をとるという考え方に基づいている。オープンシステムは，クローズドシステムと対照的に考えられる。クローズドシステムと環境との間では，いかなる情報，エネルギー，物質も交換されない。熱力学の枠組みの中で形式化され，システム理論によって一般化されてその拡張性が研究されており，コンピュータ業界で扱われるオープンシステムやクローズドシステムにおいては，あまり参考にはならない概念となっている。これらの概念は，経営学やビジネスの用語として独特の進化をしている概念である。
(當間)

オープンデータ

企業や組織が保有するデータを，誰でも利用可能な形態で公開すること，もしくは公開されたデータのこと。公的機関が保有・整備しているデータが公開されることで，各企業が同じデータを改めて生成・運用するという非効率を削減できるとともに，データを活用した新たなビジネスモデルの創出が期待されている。オープンデータは，公的機関が公共財として整備したデータを公開することのみを意味すると解釈される場合もあるが，企業や非営利組織などあらゆる組織がその活用を検討すべきものである。Amazonは以前から自社の製品データベースを公開し，ウェブ上で書籍を引用する際に多く活用された。その結果，あらゆるウェブサイトにAmazonの商品ページへのリンクが埋め込まれ，リンク経由のアクセスを売上へつなげている。自社の利益を創出・拡大するために，どのようなデータをどのような形で公開するかは重要な経営課題である。広くデータが利用されるために重要視されるのは，機械可読性（コンピュータプログラムで処理しやすいデータ形式）の実現や，標準仕様への準拠である。オープンデータを経営戦略に組み込む場合，データならびにインフラの構築という初期コストだけではなく，データのメンテナンスなどのランニングコストも考慮される必要がある。
(深見)

オムニチャネル (omni-channel)

オムニチャネルとは，消費者が製品やサービスを購入する際，すべてのチャネルを継ぎ目なく利用できるための環境を指す。また，企業側から見た場合は，実店舗やイベント，モバイル，カタログなどのチャネルを問わず，あらゆる場所で消費者と接点を持とうとする考え方や戦略のことをいう。一般的に，消費者との接点が実店舗のみや，ネット小売のみの単一の状態をシングルチャネルという。また，実店舗に加え，ネット小売を展開してはいるが，それぞれのチャネルが分断されている状態をマルチチャネルという。さらに，マルチチャネルによって顧客管理や在庫管理などを統合管理できている状態をクロスチャネルと呼ぶ。クロスチャネルにおいても，さまざまなチャネルが用意され，企業による統合管理ができているが，オムニチャネルでは，すべてのチャネルを消費者がシームレスに購買体験できる点にその違いがある。オムニチャネルが注目される背景には，スマートフォンやタブレット型端末の普及により，消費者の行動が大きく変化したことが挙げられる。企業にとって，顧客情報や在庫情報を統合管理した総合的なマーケティング活動を実施するには，情報システムの整備が不可欠な要素となる。

(馬場)

か

会社分割 　会社分割とは，営業の全部または一部を他の会社に継承させることである。効率的な経営を行うために組織を再編し，部門を分離独立させる。2001年4月の改正商法の施行によって，会社分割が容易に行えるようになった。会社分割の方法により新設分割と吸収分割，株式の割当先により分社型分割と分割型分割に分けられる。新設分割は，会社の営業の全部または一部の権利と義務を他の会社に包括的に承継させる方法である。既存の会社が新たな会社を設立し，その会社に営業を承継させる。分離・新設する会社が発行する株式を既存の会社に割り当てる物的分割と，分割される会社の株式を株主に交付する人的分割があり，物的分割は分社型分割，人的分割は分割型分割ともいわれる。多くは物的分割を採用したが，2002年10月に建設業の㈱フジタが人的分割を実施して注目された。なお，2006年5月に施行された会社法で人的分割が廃止され，現在は物的分割に一本化されている。吸収分割は，事業を分割する会社と，それを承継する会社が吸収分割契約を締結し，分割会社の事業に関する権利と義務の全部または一部が承継会社に承継される方法である。分割会社は，承継会社から事業承継の対価として金銭や株式等を受け取る。　　　　　　　　　　　　　　　　　　　　（青淵）

外部経済／外部不経済

市場交換時に，経済活動の外側で交換主体以外に生じる影響のことである。正の影響が外部経済，負の影響が外部不経済である。外部経済と外部不経済をあわせて，外部性，外部的，外部効果等ともいう。正の外部経済は，取引主体によって生じた価値であり，主体の社会的存在意義につながる。外部不経済は市場の失敗により生じる。完全競争市場では合理的な市場交換がなされるが，情報の非対称性などが存在する現実の市場では資源が適切に配分されない。これが市場の失敗である。それでも市場交換は行われるが，その際，交換主体以外に余計な負荷をかける，あるいは費用の負担を担わせることになる。これが外部不経済である。外部不経済は所有権が不明瞭であり，どこにも帰属しない。したがって，外部不経済を解決するための法制度が構築されれば，必要な費用は税金で賄われることになる。未制度であれば，外部不経済の所有権は他の経済主体に転嫁されることになる。外部経済や外部不経済は，時代により変化するため，過去に正であったものが負に，負であったものが正の外部性に変化することもある。また環境汚染などの外部不経済を自主的に内部化し，環境ビジネス等新たなビジネスを創る企業もある。

(粟屋)

開放的チャネル政策 (extensive distribution policy)

開放的チャネル政策とは，中間流通業者を特定せず，広い範囲の卸売・小売業者に商品を扱わせることで大量販売を行うことである。これは買回り品や，ブランドイメージ等を重視しない最寄り品の販売などで採用される場合が多い。また，開放的チャネル政策は市場の成長期～成熟期において採用されるため，売り場においては消費者に商品を選んでもらう「プル戦略」が中心となる。成長期では，消費者が製品やサービスの標準的な性能や機能については十分に把握しているケースがほとんどである。したがって，マーケティングにおいて価格戦略の重要性が高まることとなる。これに対して企業は，市場シェアを拡大することにより規模の経済性や経験効果によって生産コストを下げ，価格競争力を高める必要がある。そのため，企業は開放的チャネル政策を採用し，不特定多数の顧客に対してあらゆる流通チャネルを使って大量販売することとなる。一方，開放的チャネル政策で用いる店舗は競合他社の製品を含む併売店であるため，販売価格維持やブランドイメージ向上には不向きである。開放的チャネル政策では，在庫処分セールが行われる，顧客を店頭に引き寄せるための目玉商品として低価格で販売されてしまうことがあるなどのリスクも存在する。

(那須)

価格カルテル

価格カルテルは，カルテル（Kartell）の中で，同業種またはそれに近い企業同士が販売価格を定めたものである。カルテルには，販売価格の下限を定めた価格カルテルのほかに，生産量を制限した生産カルテル，販売地域を割り当てた地域割当てカルテル，原価計算の方法を定めた計算カルテルなどがある。このように，カルテルは，同業種またはそれに近い企業同士が，互いに競争を避け利益を確保するために，協定や合意を行うことである。具体的には，お互いの利益を守るために協議して，販売価格，生産数量，販売地域分割，操業短縮，設備投資制限，過剰設備廃棄，在庫凍結などの協定を結ぶことをいう。トラスト，コンツェルンと並ぶ独占の一形態である。これらは消費者の利益を損い，経済の非効率化，ひいては国民経済の健全な発展を阻害するおそれがあるため，米国と日本などの独占禁止法は，カルテル行為を原則として禁止している。ただし，カルテルを結ばなければ企業の存立自体が危うくなるなどの理由で，不況カルテル，合理化カルテル，適用除外立法によるカルテルは例外的に認めている。なお，カルテルの最高の段階がシンジケートである。また，官公庁などが行う売買・請負契約などの入札制度における事前協定は談合という。 〈高垣〉

価格戦略

価格は市場の需給で決まるが，企業の供給段階では正確な需要を把握できない。そのため，顧客の需要が見込まれる最高上限価格（知覚価格）と利益確保の最低限度価格を見積もり，目標利益を実現する販売価格を決めねばならない。プライシングは，企業価値を最大化するための価格設定であり，マーケティング戦略の重要な意思決定要因である。自らの製品やサービスの市場セグメントを決定し，顧客層を決めねばならない。顧客の決定は，同時に，価値と提供方法の決定でもある。ファストフードのメニューは，顧客層と食事の質や方法，そして価格を決める。それは，明らかに高級レストランのメニューとは異なっている。価格決定がマーケティング・ミックスの4Pの1つであることが理解できる。しかし，マーケティング戦略は生産能力とも密接な関係がある。特定富裕層をターゲットとする高級自動車は，高度な技術と熟練職人の結晶である。少量の生産となるため，工場のみならず販売店舗も比較的小規模になり，販売方法や広告・宣伝方法は，個々の顧客データに基づくパーソナルな人間関係に依存する。他方，大衆車は，汎用化した技術と不熟練の労働者による大量生産の仕組みを構築する。低価格の大衆車は，大量に販売することで利益を確保するため，その販売方法や広告宣伝の方法は不特定多数の顧客に向けた標準化した方法が採用される。 〈小野瀬〉

価格戦略の分類　新製品を導入する際のプライシング戦略には，富裕層をターゲットに，高価格で製品を投入し，早期に投資資金の回収をめざすスキミング・プライシング（skimming pricing：上澄みもしくは上層吸収価格戦略）と，市場シェアの獲得を目的として，他社に参入させない低価格を設定するペネトレーション・プライシング（penetration pricing：市場浸透価格戦略）がある。コスト志向型価格戦略は，生産者のリスクを回避する戦略であり，コスト回収に見合う顧客層にターゲットを絞り込む。他方，低価格戦略は，リスクをとり，初期段階では原価割れも想定する。生産設備の減価償却費や固定費の回収を考慮せず，限界費用を上回るだけの価格設定もある。低価格戦略は，知覚価値志向型の価格設定でもあるが，低価格による売上増加は，固定費を回収できたとしても企業価値が毀損する場合もある。米ウォルマートの価格戦略は，エブリデー・ロー・プライス（EDLP）戦略であり，コストを抑えた低価格を設定する。取引先との情報共有や従業員のマルチタスクなどによる効率的経営により，コストを削減して低価格を維持する戦略である。他方，日本のスーパーの常套手段は，ハイ＆ロー戦略であり，週末に価格を下げた特売により集客する戦略である。

〔馬場〕

科学的管理システム　（scientific management system）　19世紀末の米国において，工場の現場では，成り行き管理（drifting management）が行われていたが，これに代わるものとして，労働者の作業状況（動作研究）を分析し，その標準時間（時間研究）と1日になすべき仕事量を決定し，作業の高能率化をはかろうとするテイラー（Taylor, F.W.）が開発した管理（課業管理）方式のことである。この当時の米国において，工場における機械化の導入が進行する中，労働者と雇用者がともに納得したうえで作業能率の向上をはかる試みとして，科学的管理の技法が考案された。テイラーが基幹となる科学的管理の原理を考案したことから，テイラー・システムあるいは指導原理に基づいてテイラーリズムとも呼ばれる。標準となる仕事量を達成した場合に，高い単価で支払われる差別的出来高払賃金制度，作業を設定・計画する企画部と生産部門の分離や職能別職長制度，1日の作業手順を示す指導票制度などの導入を特徴とする。その後，彼の信奉者たちであったギルブレス（Gilbreth, F.B.），ガント（Gantt, H.L.），エマソン（Emerson, H.），ブランデース（Brandeis, L.D.）らによって展開され，普及した諸管理方式全般を含め，1910年頃から科学的管理法もしくは科学的管理システムとして総称されるようになった。

〔當間〕

学習する組織

学習する組織とは、組織内のすべての階層のスタッフが、知識・技能を獲得する意欲と能力を持ち合わせ、個人がチームとして主体的な学習を進めることにより、組織全体の能力が高まっていく組織のことをいう。センゲ（Senge, P. M.）が『最強組織の法則：新時代のチームワークとは何か』（*The Fifth Discipline : The Art and Practice of Learning Organization*, 1990）によって提唱したことにより、ビジネス現場に広く受け入れられていった。アージリス（Argyris, C.）が先導した組織学習論は、組織が学習主体であるのに対して、学習する組織論では、組織における個人が学習主体とみなされている。個人の保有する知識・技能が資産とみなされ、個人が新しい知識・技能を習得・創造し、組織内で移転・共有・活用することで、組織内の問題解決が促され、改善が進み、既存の行動様式が変革していき、組織能力が持続的に向上していくと考えられている。センゲは、次の5つの法則を示している。①人生のビジョンと現状の差異を認識し自己の能力向上に取り組む、②心にある固定観念を検証・改善していく、③組織の将来像をスタッフ全員で共有する、④意見交換や議論を通じてチームの能力を向上する、⑤物事・事象を相互関係で捉える。 （大野）

価値創造 （value creation）

財やサービスあるいは事業の価値を向上させる一連の行動のパフォーマンスの総称である。ここでいう価値とは、実に多義にわたって定義されているが、典型的には製品の価値や顧客価値などに分けられる。前者の場合、さらに製品本来の機能の価値を意味する「有形価値」と、ブランドなど製品本来の価値以外の価値を意味する「無形価値」に分けられる。一般的に、前者より後者の管理がよりいっそう難しく評価される。近年、製品のライフ・サイクルの短縮化とともに、多国籍企業におけるR&Dプロセスはその重要性がますます問われており、グローバルな事業活動において持続可能性を生み出す重要なプロセスとして認識されている。後者の顧客価値は、顧客にとっての特定商品の価値のことをいう。さらに、これらの価値以外に、近年注目されているのが企業価値であるが、その価値について主に評価している主体に、企業をめぐるさまざまなステークホルダーがある。しかし、さまざまな利害を有しているステークホルダーからの評価は実に多様であり、複雑な構図を有している。 （文）

合併・買収（M&A） 合併（mergers）および買収（acquisitions）とは，企業または企業を構成する事業と他の企業または他の企業を構成する事業が1つの組織体に統合される企業行動である。企業会計基準における企業結合に相当し，一般にM&Aと呼ばれている。合併とは，2つ以上の会社の法人格が一体化する企業行動である。吸収合併は，合併当事者会社の1社が他の会社を吸収して存続会社となり，他の会社が解散する形態である。新設合併は，合併当事者会社が解散し，新規に設立した会社が解散した会社の事業，従業員，権利等を包括的に継承する合併の形態である。買収とは，他社の経営権を支配する，または他社から事業を取得する企業行動である。株式買収は，他社の株式を取得することにより経営権を支配する形態である。資産買収（事業譲渡）は，他社が所有する事業資産を従業員，権利等を含めて取得する形態である。M&Aは，他社の経営資源を活用して，自社の経営資源を再編成することにより成長をめざす外部成長戦略であり，時間の節約が最大のメリットと考えられている。主な目的としては，事業の拡大，特定資源の獲得，シナジーの獲得，事業ポートフォリオの再編（多角化，事業売却）等が挙げられる。 (大野)

カテゴリー・キラー（category killer） カテゴリー・キラーとは，特定の商品カテゴリーに特化し，その分野において低価格と圧倒的な品ぞろえを実現していく小売業態をいう。玩具のトイザらスや，スポーツ用品のスポーツ・オーソリティなどがカテゴリー・キラーとして有名である。また，これらのカテゴリー・キラーを中心にリーシングしたショッピング・センターをパワーセンターと呼ぶ。カテゴリー・キラーは，圧倒的な規模を背景に，メーカーに対する強い交渉力を発揮し，仕入価格の面で有利な立場を築いている。その結果，既存の同業種の小売店を廃業に追い込んでしまうことから，カテゴリー・キラーと呼ばれている。大量仕入れ，大量販売には大きな店舗面積が必要となり，都心部ではランニングコストが高く採算が合わないため，カテゴリー・キラーは基本的に郊外への出店が多い。玩具のトイザらスが日本に出店した1991年は，大規模小売店舗法による大型店の出店規制が緩和に向かっていた時期である。当時，トイザらスは，外資系大型店の参入第1号として話題になっており，中小小売店舗保護の行き過ぎた規制を緩和しようという動きが出始めていた。これらの小売業態の出現により，商店街の小さな小売店が次第に姿を消していったのである。 (馬場)

カニバリゼーション（cannibalization）

カニバリゼーションとは，自社の商品が自社の他の商品を侵食してしまう「共食い」現象を意味する。具体的には，新商品の導入による既存商品の売上減少，新規チャネル開拓による既存チャネルの侵食などが挙げられる。新たに商品を導入する場合にカニバリゼーションを防ぐためには，製品の観点ではプロダクト・ミックスとセグメントの検討が必要である。つまり，製品が持つさまざまな属性を，それを強く求めるセグメントに対応させる必要がある。例えば，歯ブラシの属性には，虫歯予防，漂白，口臭除去などの属性があり，若い母親には虫歯予防，若い女性には漂白効果，社会人には口臭予防といったように，セグメントによって対応する属性は異なる。またチャネルについても，ターゲットによって百貨店とスーパーを使い分ける等，セグメントに応じた対応が必要となる。すでにカニバリゼーションが発生している場合には，プロダクト・ミックスの見直し，製品の違いを顧客に認識させるためのプロモーション対応が必要になる。カニバリゼーションの発生は，破壊的イノベーションのように，新たな価値軸が業界内に発生したときに既存企業がその破壊的イノベーションに対応できない要因にもなる。破壊的イノベーションへの対応が自社商品の潜在顧客の獲得につながってしまうという現象である。　　（安田）

株式会社の機関

会社の設立や組織，運営および管理について定めた会社法では，自然人と区別し法律上の人格を企業に与える。株式会社は法人とみなされ，自然人の行う意思決定や業務執行，取引などを「機関」とする。会社法は2006年に大きな改正が行われたが，その主旨は，株式会社における株主総会，取締役，代表取締役等機関設計の自由度を高めることであった。改正前は，株式会社の規模や経営のあり方に関わらず同一の機関設計を強制したため，経営実態と法律が乖離し，多くの中小零細企業が形式的機関を設置していた。改正後は，株式会社の基本設計を株主総会と取締役の設置とし，大会社（資本金5億円以上または負債総額200億円以上の株式会社）や公開会社に機関を追加するという柔軟な制度に変更した。個人や親族が出資し，所有と経営が一致するようなファミリービジネスでは，必要最低限の機関を設置すれば十分であり，取締役が1名であれば業務の意思決定と執行が同一の取締役の役割となる。多くの出資者を募る大会社で公開会社の場合は，意思決定を円滑に行い，同時にガバナンスを強化するために，株主総会や取締役会に加えて，会計監査人の設置が義務付けられ，監査役会または指名委員会等または監査等委員会を設置しなければならない。　　（粟屋）

株式会社の形態

株式会社は，不特定多数の出資者（株主，法律では社員と呼ぶ）により資本を集め，これを運用して事業を行い利益を上げる企業形態のことである。最古の株式会社は1600年に設立されたイギリスの東インド会社であり，共同で資本を供出し貿易を行ったことから始まる。株式会社は，株主が出資し，株主により委託された経営者により経営され，企業に雇用された従業員により実務が遂行される。利益は株主に配当金として配分される。株主の出資は均一で少額化された株式の購入により行われ，株式は譲渡自由である。また株主は，所有する株式の引受価額（出資額）を超えて責任を負わないという意味で有限責任である。この譲渡自由な株式制度と全社員の有限責任制によって，資本家の株式購入が容易になり，企業に多額の資本が集められることになる。この点より，株式会社は資本結合の最高形態と呼ばれる。株主は，株式市場で株式を購入する不特定多数の投資家であり，すべての株主が直接に経営を行うことはできない。株式会社では，こうした所有と経営の分離を前提として，株主総会，取締役，取締役会，監査役，監査役会，会計監査人，会計参与，各委員会，執行役，監査等委員会などの会社機関を設置することになる。

（粟屋）

株式公開／株式上場（IPO）(initial public offering)

株式公開とは，株式会社が証券取引所で不特定多数の投資家から出資を募ることを意味している。株式公開により，巨額の資金を集中的に調達することができることから，企業形態の中でも，株式会社は資金調達の面で優れた機能を有していると評価されている。株式は，株主に対して返済不要の資金であり，長期的かつ固定的な資金として位置付けられている。株主は，証券取引所で売買をすることにより，資金の回収を実施している。現在，4つの取引所（東京証券取引所（日本取引所グループ），札幌証券取引所，名古屋証券取引所，福岡証券取引所）が存在している。各証券取引所によって，上場する際の基準が異なるが，利益，純資産などの厳格な数字が設定されている。そのため，設立間もない企業のために，東京証券取引所のマザーズおよびJASDAQ，札幌証券取引所のアンビシャス，名古屋証券取引所のセントレックス，福岡証券取引所のQ-BOARDの新興市場がある。株式上場（IPO）をすることにより，資金調達の多様化，知名度の高まり，信頼性の向上などの可能性が広がる。しかし株式を上場する際には，莫大な資金が必要となる。さらに，株主総会における説明責任，情報を提供するためのコスト，敵対的買収の恐れなどの多大な負担もある。

（森谷）

株式相互持合い

株式相互持合いとは，2つ以上の企業が相互に相手の株を所有することであり，その目的は，安定株主の形成，企業の集団化，企業間取引の強化，敵対的買収の回避などにある。我が国の株式相互持合いは，戦後の財閥解体から始まり1960年代の資本自由化の過程で，外資による企業買収から逃れるために強化されていった。そして1980年代後半には，大量のエクイティ・ファイナンスの受け皿として，株式持合いが活用された経緯がある。一方1990年代以降，時価会計導入により所有する株価の下落が企業の業績に影響を及ぼすことが顕在化したことや，景気が長期低迷する中で株式相互持合いによって資金繰りが悪化したことなどを背景に，株式相互持合いを解消する動きが出てきた。特に銀行と企業間に見られた株式相互持合い解消の動きが急速に進んでいった。このような株式相互持合い解消に伴って我が国の資本市場における株主構成は変容しており，外国人株主比率は，1990年に約5％であったが2016年には約30％と大幅に上昇している。

(羽田)

株式非公開化

株式非公開化とは，公開会社であった株式会社が非公開会社になることをいう。公開会社とは，会社法第2条五で，その発行する全部又は一部の株式の内容として譲渡による当該株式の取得について株式会社の承認を要する旨の定款の定めを設けていない株式会社をいう。と定められている。つまり，非公開会社とは，その会社が発行する株式を譲渡・取得する場合には，その会社の承認が必要となる譲渡制限事項の定めが定款に設定されている会社を指しており，株式譲渡制限会社ともいう。上場会社の自主的な上場廃止事例は，大きく分けると，①MBO（management buyout）による場合，②親会社が上場子会社を完全子会社化する場合がある。上場会社が非公開化を選ぶ理由は，上場することで株式市場における株価上昇に向けた投資家の要求を受けることや，多大な上場維持コストがかかるというデメリットを回避する観点から株式非公開化が選択肢となる，また，上場子会社を有する親会社においては，子会社との協業によるシナジーを完全に取り込むことやグループ内での経営判断の迅速化を目的として，上場子会社を100％子会社化して非公開化することが行われている。

(羽田)

株式分割

株式分割とは，1株を細分化することを意味している。この株式分割は，取締役会の決議で実施することができる。株式分割は，株主による払込みがないため，資本金には変動がないが発行済株式総数が増加する。株式分割は，株価が高い時に，投資家が株式を購入しやすくするために1株当たりの価格を低く抑えることが可能となる。例えば，1株を5株に株式分割したと仮定する。1株が1,000円であった場合，5株に株式分割することにより1株200円となる。この価格を理論価格と呼ぶ。株式分割を実施したとしても，株主の資産価値は変動しない。また1株当たりの配当金に変更がない時には，株主は増配の恩恵を受ける。この株式分割により，1株当たりの価格が低くなったことを受け，株式市場での流動性が高まることにもつながる。従来，株式分割は，株価の乱高下を招くという問題点があった。その要因として，株主に新株が渡されるまで時間がかかることから，売買するための株式が限定されていた。さらに，株式分割を実施した企業のこれまでの行動により，今後，買収の予定があるのではないかというシグナルになり，株価が上昇するケースも見られた。現在，新株が渡される期間が短縮化したことから，資本市場での混乱を解消することができている。

(森谷)

株式報酬（制度）

株式報酬制度とは，企業が自社の株式（自社株）を役員に直接付与する制度のことである。2015年に導入の企業統治指針で，取締役に中長期の業績を意識させる施策の導入が盛り込まれたことを受け，本制度を導入する企業が増加している。株式報酬制度は，日本企業のコーポレート・ガバナンス改革の文脈の中で議論されていることからもわかるように，その重要性は年々高まっている。理由としては，経営者報酬と企業業績を連動させることにより株主と経営者との利害を一致させることが考えられる。株式報酬による役員報酬は，業績連動型のインセンティブ報酬であり，株主のエージェント（代理人）である経営者は株主利益に沿った経営を実施することになり，株主に対して多くの効用をもたらす可能性がある。株式報酬によって，エージェンシー問題の情報の非対称性を解決し，企業価値の最大化を達成することが主眼に置かれている。現在，日本企業でのインセンティブ型報酬の導入は，株式報酬を中心に進展しており，今後もこの傾向は続くことが予想される。株式報酬の種類としては，法令により，ストックオプション（新株予約券）や特定譲渡制限付株式，業績連動型株式報酬が挙げられる。

(馬場)

> **株式保有比率**　株式会社においての持ち株の比率を指す。株式会社にとって、株式の保有比率は、円滑に企業活動を行っていくために重要な比率となる。保有比率が1％を超える株主に認められている権限としては、取締役会設置会社における株主総会の議案請求権（定款で定めがない限り、6か月以上の保有が必要）（会社法303条2項）、保有比率が3％を超える株主に認められている権限としては、株主総会の招集請求権（定款で定めがない限り、6か月以上の保有が必要）（会社法297条1項）、会計帳簿の閲覧及び謄写請求権（会社法433条1項）が定められている。持ち株比率が33.4％（3分の1）を超える株主には、株主総会の特別決議を単独で否決する権限、持ち株比率が50％（2分の1）を超える株主には、株主総会の普通決議を単独で可決する権限（会社法309条1項）がそれぞれ定められている。一般に、中小企業においては、株主総会の特別決議を通すことができる3分の2以上の持ち株比率を維持しておいた方が安定した経営ができるといえる。

(馬場)

> **株主価値**（shareholder value）　株主価値とは、文字通りに企業価値（corporate value）のうち、株主に帰属する価値の部分であるのに対し、企業価値は株主価値に債権者に帰属する価値を加えたものである。したがって、企業価値は株主価値と純負債を合計した価値のことを指す。一般的に、株主価値といえば、上場会社の時価総額を指す場合が多い。株主価値が注目されたのは、1980年以降、米国で登場した「価値ベース戦略（value-based strategy）」と無縁ではない。この価値ベース戦略は、「企業価値を、特に株主価値をいかに高めるのか」という課題が経営者の最大の目標となったためである。しかし、1980年代当時、深刻な不景気に陥っていた米国企業の経営者たちが、株主価値を維持するために大規模な従業員解雇を断行したため、大きな社会問題となっていた。日本ではかつてこのような株主の短期間の収益を追求する経営は軽視されていたが、90年代以後、米国型の株主価値創造を重視する経営が急速に普及している。さらに、バブル経済崩壊後、株式相互持合いの解消など経営環境の変化とともに生まれた自然な動向として、株主総会へのより積極的な参加と発言を通して株主行動主義（shareholder activism）も見られている。実際に、株主の主な権利には、議決権、利益配当請求権、残余資産請求権などが含まれている。

(文)

株主権

投資家が株式会社の株式を購入すると，株式会社の株主となる。株主は，社団の構成員である社員であり，株式会社の出資者である。株主になる特別な資格や制限はなく，株主になることで権利（株主権＝社員権）を与えられるが，株主の義務は購入した株式の引受額を限度とする出資義務のみである。株主権は，自益権と共益権とに大別される。自益権は，配当を受け取る権利である剰余金配当請求権（会社法453条）や会社の解散（倒産）時に負債返済後の残余財産分配請求権（504条），そして株主が自己の保有する株式の買取りを求める株式買取請求権（116条や785条など）など，経済的な利益を受け取る権利である。一方，共益権は，株主全体の利害にかかわる権利であり，株主総会における議決権（308条1項），議案権（303条），総会招集権（297条），株主総会決議取消し訴権（831条），取締役の違法行為差止請求権（360条），役員等の解任請求権（854条），代表訴訟提起権（847条），株主名簿閲覧請求権（125条），会計帳簿閲覧請求権（433条）など多様な権利がある。また権利行使に際しては，1株でも行使できる単独株主権と，「総株主の議決権の一定割合」または「発行済株式総数の一定数」以上の株式を所有していないと行使できない少数株主権がある。自益権は，すべてが単独株主権であるが，共益権は，権利内容に応じて株式所有の割合が異なっている。 (亀川)

株主総会

株主総会とは，経営者が招集し株主が出席する会議であり，株式会社の最高意思決定機関である。法的に企業の所有者である株主は，1株につき1票の議決権を持ち参加する。株主総会は，会社の設立・合併・改組・解散などの基礎的組成と，取締役等の選任および解任といった最高人事を行い，企業の業績の確定と成果の配分に関する決定を行う。株主総会には，年に一度開催される定時株主総会と，臨時に開かれる臨時株主総会がある。我が国では1990年代以前は，取締役会からの提案事項を株主総会で承認させるため，議事進行を短時間で終わらせる傾向にあり「しゃんしゃん総会」と呼ばれていた。また株主総会の開催日も，多くの企業が6月末の同じ日に設定をしていた。しかし，バブル経済崩壊後の株式所有機関の多様化に伴い，「モノ言う株主」が登場し株主の責任も問われることとなった。そのため，複数企業の株式を所有する株主が各企業の株主総会に出席できるように，開催日も分散化されつつある。また株主総会での議論も活発になっている。2014年には，機関投資家である株主が投資先企業の経営監視をするガイダンス（スチュワードシップコード）も発行され，コーポレート・ガバナンスの観点からも株主総会の位置づけは重要になっている。 (粟屋)

株主代表訴訟 (shareholder derivative lawsuit)

株主代表訴訟とは、会社が取締役などの責任を追及する訴えの提起を怠っているときに、個々の株主が会社に代わって提起する訴訟のことである。1950年の商法改正で導入され、1993年10月施行の改正商法で、訴訟手数料が一律8,200円となって以降、訴訟が活発化している。本来は役員等の会社に対する責任は会社自らが追及するべきであるが、取締役間の関係から不問に付される危険性があるため、出資者である株主自らで役員等の責任を追及する機会を保障したのが代表訴訟制度であり、会社法847条は、「責任追及等の訴え」と表記されている。6カ月以上株式を保有している株主が、会社に対し書面または電磁的方法をもって取締役などの責任を追及する訴えの提起を請求したにもかかわらず、会社が60日以内に訴えを提起しなかった場合、当該株主が提訴することができる。取締役が敗訴すれば自腹で会社に賠償金を支払う半面、株主が勝訴しても賠償金は取締役が損害を与えた会社に入る。敗訴した場合に取締役が負うべき賠償額の上限は、代表取締役が報酬の6年分、社内取締役が4年分となっている。経営責任を明確化するべき制度といえる。

(羽田)

可変的生産係数

広く経済学において、長期の生産活動を説明する生産要素を指す。長期と短期を区別するうえで、生産要素(設備、資本財、労働力など)が企業の生産量に応じて所与の変数となるかが区別の実益となるが、生産要素が固定的である場合は短期、固定的な生産要素が存在しない場合は長期と区別する。何年が長期といえるかについて、明確な期間は存在しない。長期(long-run)とは、固定生産要素が存在せず、そのため(資本ストックの変化や産業の参入・退出などによる)生産量の変化を妨げるような制約がない概念的な期間を指す。すなわち、長期ではすべての生産要素が可変的となる。これとは対照的に短期(short-run)とは、一部の生産要素が可変的である一方で、一部の生産要素はいまだ未調整のまま固定的であり、産業の参入・退出が制限されているような概念的な期間を指す。また、マクロ経済学における用法は、上述のミクロ経済学によるものと異なっている。ケインズ(Keynes, J.M.)は1936年に刊行された主著『雇用・利子および貨幣の一般理論』において、市場経済が完全雇用から乖離し、経済が完全雇用に到達しない期間について論じ、経済のファンダメンタルを構成する生産要素(賃金・利子・地代)を強調した。そのため、「長期」とは、一般物価水準、賃金率および期待が経済状態に対して完全に調整される期間を指す。

(馬場)

環境経営　企業と社会が持続可能な発展（sustainable development）をしていくために，地球環境と調和した企業経営を行うという考え方である。年々，地球環境問題が深刻化していく中で，政府（行政）による環境関連規制の対応だけでなく，生産主体である企業あるいは消費主体である家計においても，幅広い環境活動が求められている。これらの活動には，特に，企業という生産主体が重要であり，環境マネジメント・システム（environmental management system：EMS）の導入，事業所内の環境負荷の徹底低減のみならず，提供する製品・サービスのライフサイクル全体，サプライチェーン全体の環境負荷の低減，環境事業への発展・転換，顧客や市場の環境意識向上の働きかけなどの活動が含まれている。これらの活動を具体化していくためには，ISO14001，環境業績評価，CO_2削減技術，MFCA，ゼロエミッション，グリーン調達，ケミカルマネジメントシステム，エコデザイン，ライフサイクルアセスメント（life cycle assessment：LCA），エコラベル，エコビジネス探索，環境報告書，環境会計，ステークホルダーダイアログなどのさまざまな手法の活用が求められる。環境経営を推進する上で，JMACが開発したEco-Ecoマネジメントの考え方が有効であると，近年，注目されている。

（當間）

環境保全投資（environmental investment）　環境保全にかかわる支出（投資と費用）について，「環境会計」に取り組んでいる企業は公表している。環境経営の推進にあたり，投資効果や費用対効果を経営の意思決定に反映させる企業が自ら行っている。環境保全に関する投資額や費用を正確に把握して集計・分析を行い，その活動により得られた環境負荷低減効果を物量で表示するとともに，金額ベースで算出している。これは，環境への取組みを効率的かつ効果的に推進していくことを目的として，事業活動における環境保全のためのコストとその活動により得られた効果をより明確にするためである。環境保全に係る支出は，事業活動の中で発生するコストの1つとなるため，環境保全活動は企業にとってコスト増をもたらすと考えられがちである。しかし，省資源化を図ることにより，環境への負荷を低減しつつ，コスト削減を実現できる。例えば，製品の製造工程全体を通して考えることで，より環境にやさしい製品や製造工程を設計することも可能となる。具体的な算出方法は，企業独自に考案され公開されてきた。「環境会計ガイドライン」の公表により容易になったが，企業独自の努力の特徴が薄れたというところもある。

（高垣）

環境マーケティング／グリーン・マーケティング （environmental marketing／green marketing）

環境マーケティングとは，消費者の消費選択の行動やライフスタイル，価値観から，環境保護について接近するマーケティングである。類義語に生態学の視点を含めたエコロジカル・マーケティング（ecological marketing）がある。社会の環境意識は1970年代より高揚し，2000年前後より環境に関する法制度も整い，政府のみでなく，製品を市場に提供する企業も主体となって環境問題を解決することが求められてきた。環境への配慮と企業収益を両立させるのが環境経営であるが，その成功には消費者の支持が必要である。マーケティングの役割に消費者の欲望を満たすことがあるが，消費者が自らのニーズやウォンツの獲得に，地球全体のサスティナビリティを加味し，いかに環境対策や保持につながるグリーン製品の需要を高めるかが問われる。それらを率先して購入するグリーンコンシューマリズムは，環境マーケティングを具現化する一助でもある。他方で，グリーン製品は，基準設定が困難であることや，バージン材料から作られたものと比較して機能が低いのではないかという不安感があること，それを払拭することなど課題も多い。

(粟屋)

監査等委員会設置会社

取締役会内に監査等委員会が置かれる日本の株式会社の機関構造の１つである。監査等委員会設置会社の導入以前，大会社である公開会社は，委員会設置会社（指名委員会等設置会社）を除いて，監査役会の設置が必要であり，ほとんどの会社が監査役会設置会社であった。会社法の改正で，委員会設置会社が導入され，経営者の迅速な意思決定と監査の両立が期待されたが，３つの委員会の設置や社外取締役を過半数とすることなど，企業にとっては負担感や抵抗感があった。そこで2014年に監査等委員会設置会社制度が導入された。業務執行は代表取締役または業務執行取締役であり，会計監査人が必要である。執行役や監査役は置かない。取締役（過半数は社外取締役）で構成する監査等委員会に監査役・監査役会の機能と取締役会の監督機能が含まれている。指名委員会および報酬委員会を設置する必要はない。取締役会の過半数が社外取締役である場合，重要な業務執行の決定を取締役に委任できるため，指名委員会等設置会社と同じように迅速な意思決定が可能になる。従来の監査役会設置会社からの移行が容易であり，委員会設置会社のメリットも享受できる制度である。

(粟屋)

監査役会設置会社

日本の株式会社の企業統治の形態の1つである。大会社である公開会社は、指名委員会等設置会社と監査等委員会設置会社以外は、監査役会の設置が義務付けられた監査役会設置会社になる。設置義務のない株式会社も、定款に定め監査役会を置くことができる。我が国の上場会社の多くは、取締役の職務執行を、取締役会から独立した監査役（うち半数以上が社外監査役）が監査を行う監査役設置会社である。監査役は、法令違反や背任行為の有無を調査し、問題があればこれを是正する役割を担うため、監査役の選任は株主総会で行われる。会計監査および業務監査に関する監査機能を有する。取締役会は業務執行の取締役や執行役を監督する役割を担うが、これに加えて監査役会を設置する二層型機関構造となっている。こうした機関設計が必要になるのは、取締役会のみの単層型機関構造では、取締役の職務執行を監督することができなかったという歴史的事実に基づいている。監査役会の主要な職務は、監査報告の作成、常勤監査役の選定と解職、監査方針、会社の業務や財産の調査方法、会計監査人の解任などである。監査役会設置会社では、現在および過去の取締役と会社との間で訴訟が生じた場合、監査役が会社を代表することになる。

（粟屋）

患者起点イノベーション（patient innovation）

患者が自身のQOL（quality of life：生活の質）を向上させるために、自ら起こすイノベーションのこと。医療分野ではこれまで、治療の効率化や成果向上を目標にしてきたために、治療を担う医師や薬剤・機器の提供企業がイノベーションを担うとされてきた。それが患者中心主義（patient-centered）の導入に伴い、QOL維持・向上が今まで以上に重視されるようになってきた。QOLは患者自身の満足などの主観が大きく左右するため、患者起点イノベーションが注目を集めるようになった。これまでユーザーイノベーション研究において、イノベーションの源泉として注目されてきたのは、スポーツ選手や研究者といった先導的ユーザー（lead users）であった。近年では被災地や医療現場など、無差別に直面する可能性がある極限的な状況における当事者のアイデアを拾い上げ、イノベーションへとつなげていくという領域が注目を集めている。患者起点イノベーションの実現には、病室や自宅といった閉ざされた空間の中で過ごすことが多い患者のアイデアをいかに取り上げるか、また個人個人で求められるソリューションが異なることが多い中で、どのように課題解決手法を一般化していくかが課題である。

（深見）

感度分析

感度分析とは,計画や予想を立てる際に,ある要素の変数(パラメータ)が現状あるいは予測値から変動したとき,最終的な利益やキャッシュフローなどにどの程度の影響を与えるかを見る分析である。通常はシナリオの作成の際に用いる。物事が予想通りに進まないときに,時間的不整合が生じ,その場で対策を立てていたのでは,効果が現れるのも遅くなる。結果としてコストも高くなる可能性がある。感度分析は,あらかじめ,計画やモデルの安定性や危険度,柔軟性を知り,改善の方向性などを探ろうというものである。感度分析においては,ある変数を,基準値(現在値,あるいは計画値など)から上下に20%ずつ変動させたときに,最終結果がどうなるかを見るのが通例である。例えば,原油価格が計画値では60ドル/バレルだとすれば,48ドル/バレル,72ドル/バレルのときに,営業利益がそれぞれいくらになるかを予測するなどの用法がみられる。感度分析は,企業がコントロール可能な変数か否かによって,現実的なシナリオが大きく現実と乖離する場合がある。現実的には,実際に起こりうる可能性を関係者間で議論した上で個々の変数ごとに変動幅を決めるトルネード・チャートが有効とされる。

(馬場)

カンパニー制

カンパニー制とは,事業部の独立性をさらに高め,カンパニーを事業の括りの単位とした組織である。カンパニー制では,本社は戦略立案とコントロールに専門特化し,各カンパニーが戦略の執行に専念することである。日本では,ソニーが90年代前半,いち早くカンパニー制を導入した。その後,1997年に独占禁止法が改正され,持株会社が認められるようになった結果,カンパニー制が広まった。カンパニー制は従来の事業部制と比べて,事業規模や経営の独立性が従来の事業部より大きく設定されていること,企業の資産・資本金が各カンパニーに割り振られ,損益面だけでなく,バランスシート面からも評価されること,カンパニーは研究開発から製造,販売まで事業単位としての自己完結性が大きいことなどが特徴である。カンパニー制の普及によって,企業はより柔軟に戦略を実行することができるようになった。例えば,従来の事業部制組織に比べ,新規事業へ参入するための買収や,逆に不採算部門の売却などが機動性を持って実行できるようになっている。また,配置などの人事施策によって,カンパニーで業務執行の経験を積ませ,将来的には本社のマネジメントを担当する人材を育てるといった取組みもなされるようになっている。

(郭)

かんばん方式（トヨタ生産方式, JIT）／リーン生産方式

かんばん方式とは，トヨタ生産方式ともいわれ，第二次世界大戦前の米国の自動車産業におけるライン生産方式などを研究し，豊田喜一郎らが提唱していた考えをさらに大野耐一らがよりいっそう体系化した生産方式のことをいう。また，戦争中に熟練工を徴兵されたことによる生産力の低下を補う方法として開発されていた経緯もある。経営資源が不足していた当時のトヨタの経営事情を勘案すると当然の帰結であったと考えられるが，30年以上かけて完成された優れた生産方式として評価されている。トヨタ生産方式の二本の柱には，「ジャスト・イン・タイム（JIT）」と「自働化」がある。前者のジャスト・イン・タイムは，後工程が必要なものを，必要な時に，必要な量だけ前工程から引き取り，前工程は引き取られた分だけ生産するしくみとして知られている。これは当初，豊田喜一郎らが米国を視察した際に，スーパーマーケット方式から着眼したものとして知られている。その後，この生産方式は，MITのウォーマック（Womack, J.P.）らによって著された『リーン生産方式が世界を変える』によって全米に広がった。ここでいう「リーン」とは「贅肉がとれたスリムな状態」という意味であり，当時，米国を支配していたマス・プロダクション（大量生産）に大きな影響を及ぼした。　　（文）

管理職能

経営者や管理者は管理職能を持つことによって，作業者と区分される。管理職能の概念はファヨール（Fayol, J.H.）が初めて確立した。彼は，企業の経営には，技術職能（生産，製造），商業職能（販売，購買），財務職能（資本の調達と運用），保全職能（設備と労働力の保護），会計職能（原価，統計），管理職能（計画，組織化，命令，調整，統制）という6つの職能からなり，これらは企業の本質的な職能として常に存在する。また，この中で，最初の5つの職能は従来から知られた職能であるが，最後の管理職能は，特に重要であるにもかかわらず，明確に認識されていなかった，としている。ファヨールは，管理職能を「計画し，組織し，命令し，調整し，統制することである」と5つの管理要素をもって定義している。このような管理職能は，企業のあらゆる経営活動の背景で遂行されている。したがって，管理職能は組織のあらゆる階層でみられる職能であるが，管理階層によってその重要性は異なっている。管理職能は管理階層が上層へ行くほどその重要性を増す。また同じ上位の管理階層でも企業規模が大きいほどその重要性は増してくるとしている。また，ファヨールの管理職能の概念は管理過程論の基礎となる。　　（郭）

官僚制組織

官僚制（bureaucracy）は、ヒエラルキー（位階，階層）構造を持ち，専門化・階層化された職務体系，明確な権限の委任，文書による事務処理，規則による職務の配分といった諸原則を特色とする組織・管理の体系である。官僚制的システムは政府に限らず，大規模な組織に広く存在している。官僚制の研究は，ドイツの社会学者，ヴェーバー（Weber, M.）に始まる。彼は，近代社会における特徴的な合理的支配システムとしての近代官僚制に着目し，その特質を詳細に分析した。合理的組織としての近代官僚制の特徴は，家父長制的な官僚制とは異なり，組織を構成する人間の関係は，規則に基づいて体系的に配分された役割にしたがって能率を重視する結びつきによって成り立っているとされる。近代官僚制は，権限の原則，階層の原則，専門性の原則，文書主義といった特徴が，ヴェーバーによって指摘されている。彼は，近代官僚制の持つ合理的機能を強調し，組織の機能障害については論じておらず，官僚制は優れた機械のような技術的卓越性があると主張した。ただし，官僚制支配の浸透によって個人の自由が抑圧される可能性や，官僚組織の巨大化によって統制が困難になっていくといった，近代官僚制のマイナス面については予見している。

(高垣)

機械的組織

組織の持つ本質的属性の相違によって，機械的組織と有機的組織に分けられる。機械的組織は，安定的な環境において，ルーティン的な作業を遂行する組織としては，効率的な管理システムである。また，機械的組織は，①企業全体の問題や職務の職能的分業化がなされている，②構成員は，企業全体の目的達成よりも，手段の技術的改善を追求する傾向がある，③調整は，直接上司によってなされ，上司が，部下に対する調整の責任を持つ，④各役割に伴う，権限，責任および技術的手続きの明確な規定が行われる，⑤権限と責任は職位につくもので，職位を占める人につくものではない，⑥垂直型の人間関係が強い，⑦上司の指示や決定によって，作業や行動が支配される，⑧会社に対する忠誠心や上司に対する服従が強調される，⑨統制，権限およびコミュニケーションの経路が階層的構造となっている，⑩各部門の制限された知識，経験，技能に高い重要性や権威がおかれるなどの特徴を持っている。以上の特徴から機械的組織は，官僚制組織に近いシステムといえる。それは，不安定な環境のもとで，革新的決定が強く求められるような企業の経営組織としては，有効なシステムではない。そのような環境下では，有機的組織が有効な組織である。

(郭)

機会費用 (opportunity cost)

機会費用とは経済学上の費用概念であり，ある行動を選択する際，諦めた別の行動があるが，その諦めたいくつかの行動の中で得られたであろう最大収益のことである。費用とは収入（成果）を得るための犠牲である。何らかの成果を得ることで何らかの収入が犠牲（費用）となる。中でも機会費用は，他の選択をしたら得られたであろう費用が犠牲になったことを示す。よって企業が投資をする際は，機会費用を考慮し，機会費用を上回る収入を得ることができる投資（事業など）の遂行をするという意思決定をする。意思決定後の費用は，支出済みの費用となり，貸借対照表の資産に計上され，この過去の意思決定は覆すことができない。これを埋没費用 (sunk cost) と呼び，取り返すことのできない費用である。埋没費用にとらわれると，今後の意思決定を間違える可能性がある。その時活用できるのが機会費用概念である。よって埋没費用と意思決定のための機会費用は，対照して議論される。機会費用は，1つしか選べない未来の機会選択時に，選べなかった選択により得られたであろう利益であり，埋没費用は，過去に投入した資源であり，諦める費用である。過去に投入した費用の成果の有無が，過去の機会選択の結果であり，判定基準となる。（栗屋）

機関投資家

機関投資家とは，年金基金，生命保険会社，損害保険会社，信託銀行，投資顧問会社を総称したものである。機関投資家は，巨額な個人の資金および企業の資金を運用しており，投資した資金に見合った利益を確保しなければならないため，安全性，流動性，透明性が高い国債に投資することが多いが，株式や社債にもポートフォリオ投資を考慮しながら投資をしている。このような投資家は，投資先企業に対して資本の効率性，ROE, ROIC (return on invested capital, 投下資本利益率)，ROAなどの利益率の向上を求めている。日本では，1991年のバブル崩壊以降，株式所有構造に変化が生じた。グループ銀行や事業法人を中心とする構造であったが，株価低迷，時価会計の導入などにより，保有株式が放出された。その際，受け皿になったのが欧米の機関投資家である。このような機関投資家は，株式市場で企業の経営行動を監視し，影響力を及ぼすことになった。近年，議決権行使助言業を営む米国のISS (Institutional Shareholder Services) などは，ROEが5％（5年平均）以下の，日本の投資先である大企業の取締役選任の議案に対して，積極的に反対意見を述べるようになった。議決権を行使する行動が展開される中，企業価値の向上，持続的成長を考慮しながら企業経営を行わなければならない時代にきている。（森谷）

企業家精神(entrepreneurship) 企業家精神とは，事業創造や新商品開発などに高い創造意欲を持ち，リスクに対しても積極的に挑戦する姿勢や発想，能力などを指すアントレプレナーシップのことである。この企業家精神は，独立心や達成動機，独創的な発想力が中核となっている。また，ベンチャー企業やスタートアップ企業の創業者または起業家が持つ精神，すなわち，起業家精神と定義されることもある。ハーバード・ビジネス・スクールのスティーブンソン（Stevenson, H.H.）教授は，「コントロールできる経営資源を超越して，機会を追求する姿勢」と定義し，起業家精神として位置付けている。また，企業家精神は，常に新しいものを世の中に発信し続けることを可能とする源泉ともいえる。もともとは企業の創業者に要求されるものと考えられていたが，近年では大企業の中でも，社内企業家あるいは社内起業家と呼ばれる，企業家精神を備えた人材が要求されるようになった。今日，企業家精神がより必要とされる背景には，持続的イノベーションをしながらも，新たなビジネスを創出し続ける必要があることと，変化の激しいグローバル経済において，新たな価値を見出していく考え方や姿勢である企業家精神を持つグローバル・リーダーが必要であることがある。　　　　（郭）

企業形態(forms of business enterprise) 企業形態とは，事業の目的や規模，出資者の種類や責任などから分類した企業の種類のことである。ここで企業は継続的に経済活動を行う組織体と定義できる。企業の形態は，大きく法律形態と経済形態で見ることができる。法律形態から企業を見ると，民法や会社法に規定されている形態で大きくは，個人企業，組合企業，会社企業に分けることができる。組合企業には民法上の組合と匿名組合があり，会社企業は，合名会社，合資会社，合同会社，株式会社，相互会社などがある。会社法では，株式会社と持分会社に分類され持分会社には合名会社，合資会社，合同会社がある。経済形態から企業を見ると，出資者の構成や出資と経営のあり方などから類型することができ，大きくは，私企業，公企業，公私合同企業の3つに分けることができる。私企業は主として営利を目的として民間の出資により設立された企業である。公企業は公益性の高い事業領域や営利活動がなじまない事業領域において，国や地方公共団体が自ら企業活動を営むものである。公私合同企業には，地方自治体と民間が共同出資する地方公私合同企業があり，一般に第3セクターと呼ばれている。
（羽田）

企業市民 (corporate citizen／corporate citizenship)

企業市民とは，企業も法人格の市民（citizenship）として社会に責任を持つべきだとする米国から生まれた概念である。1953年のA.P.スミス裁判で企業に対して市民という用語が使われたことにより，企業市民の考え方が社会的に認知された。米国は国の成立の背景や，キリスト教の影響もあり企業市民の意識が強い。日本に企業市民の概念が導入されたのは，為替の影響を受けた企業が，海外に製造拠点を設け始めた1980年代である。それらの企業が進出先の欧米で，企業も地域・社会の一員としての役割を担う考え方を学んだことが背景にある。(社)日本経済団体連合会は「経団連行動企業憲章」（1996年）において，「良き企業市民として積極的に社会貢献活動を行う」と記載しており，企業理念や社是などに同様の表記をしている企業もある。　(粟屋)

企業集団 (business group)

これは戦後の日本の企業システムを特徴づけるものとして知られている。当初は，金融市場での自社の乗っ取り防止のために始まった株式相互持合いにその背景があったが，徐々にグループ内の企業に一定の方向性を有して行動してもらう目的で形成された企業間の連結にその意味合いが変わった。企業間の株式相互持合いは，①長期的な視野での経営の意思決定が可能な点，②終身雇用制による従業員へのインセンティブづけ，③メイン・バンクによるモニタリングの補完的役割などのメリットが挙げられる。この企業集団の特徴には，企業集団に属している会社の社長が，毎月一定の期間に集団内の事業や新たな産業分野に関する情報交換や意思疎通を目的にグループ企業間の社長会が形成された点と，企業集団の中核として都市銀行の集団内融資と総合商社の主導的取引を特徴とする企業集団内での関係性取引が行われた点などが挙げられる。戦前には10大企業集団が存在していたが，戦後6大企業集団に再編された後，バブル経済崩壊後には三菱東京UFJ，三井住友，みずほという3つの金融系列に集約されている。近年のこれらの企業集団の融解は，都市銀行の再編や企業集団内の株式相互持合い比率の低下が主な原因として考えられる。　(文)

企業集中

2つ以上の企業がなんらかの形で結びつくことで、企業結合ともいう。一般に企業は資本主義社会の発展に伴って大規模化することを要請されるが、これにこたえるために登場してきたのが企業集中である。企業集中の形態は、①お互い独立した企業が価格や生産量について協定を結ぶ**カルテル**、②同じ業種の企業が独立性を失って1つの企業に合併する**トラスト**、③持株会社が独立した各企業の株式を持ち、資本を支配することで各企業を子会社として支配する**コンツェルン**、に分類される。企業集中が進み、ごく少数の企業が市場をコントロールできるようになった状態を**寡占**という。さらに寡占が進み、1つだけの企業が市場を完全に支配できるようになった状態が**独占**である。一般の消費者にとって、企業集中が進み、寡占、独占になることは、「よい商品を安く」手に入れることができなくなる弊害が大きいといえる。また、企業間の公正な競争を阻害することで、社会全体の健全な進歩を止めてしまう恐れもある。そこで、国は、企業間の公正で自由な競争を確保することで、資本主義の市場経済の健全な発達を促進することを目的とする「**独占禁止法**」を制定し、国民の不利益になる企業集中をコントロールしている。

(郭)

企業文化

企業文化とは、企業が持つ固有の文化を示し、企業構成員に共有される価値観、信念、規範、行動様式などをいう。この企業文化が注目されるようになったのは、それが企業の業績に大きな影響を与えることが明らかになったからである。1980年代に、ピーターズとウォーターマン(Peters, T. & R.H. Waterman, Jr.)は、優良な企業を分析した結果、企業の業績と顧客や行動を重視する独特の企業文化が親密に関連していることを指摘した。一般的に企業文化は次のような要因により形成される。第一に、経営者(特に創立者)の**経営理念**や経営方針である。これらはすべて経営者の**価値観**を意味し、企業構成員は経営者の価値観に沿って行動しようとする。特に創業者の場合は、強烈な個性で企業構成員をリードすることが多く、その発言や行動が企業文化に大きく影響するのである。第二に、企業内の習慣や物事の進め方である。企業の成功事例やエピソードなどは、その企業で重視される価値観や信念を伝承するのである。第三に、管理制度や評価制度である。管理制度、評価制度によって、企業構成員は行動しようとするのである。したがって、企業の評価制度が何を重視するかによって、企業構成員の行動に影響するのである。

(郭)

企業倫理　倫理とは，社会生活で人が守るべき原則であり，行動する際の規範となるものである。人が社会的存在であるのと同様に，企業も社会的存在である。したがって，企業にも守るべき原則と行動の規範となる基準が存在する。これが，企業倫理（business ethics）である。本来，個人はそれぞれの倫理観を保持している。しかしながら，組織の中で働く際に，そうした個人の倫理観が歪められてしまうことがある。社会において善良な個人が，組織の中で不正を働くことも少なくない。例えば，業績目標を達成するために会計上の粉飾を行ったりするようなケースである。こうした不正は，個人の行動が，組織の権威や上司などの他の構成員の決定に影響されてしまうことによって引き起こされることが多い。したがって，企業倫理の確立を目指すためには，個人が持つ倫理観と個人が組織内で行う具体的な行動が乖離しないよう，企業トップのリーダーシップのもとで倫理規範を確立させ，それを具体的な施策を通してメンバーに浸透させていくことが重要となる。具体的には，倫理担当部署の設置，倫理綱領の策定，倫理教育の実施，内部告発制度の整備，法令遵守の点検などを実施していくことが求められる。

〔金綱〕

キーストーン戦略　経済エコシステムにおいて，その存在がシステムの健全性に大きな影響を与え，存在するかしないかでエコシステムの性質が大きく変わるような存在をキーストーンと呼んでいる。イアンシティとレビーン（Iansiti, M. & R. Levien）によれば，キーストーン戦略とは，経済エコシステムにおけるプラットフォームを作りあげることで，エコシステムのコーディネーションを行う戦略である。マイクロソフト社は，このようなキーストーン戦略を採用することで成功してきた企業の1つである。マイクロソフト社のウィンドウズは，多くのソフトウェア企業が製品を開発するプラットフォームとなっている。このプラットフォームは，エコシステムに参加するソフトウェア企業の生産性を改善し，ソフトウェア企業が異なる世代の技術を開発した際にも互換性を保証し，多くの新たなソフトウェア企業の参加を可能にすることで多様性を高めるものであった。経済エコシステムの中で，キーストーンが提供するプラットフォームを利用しながら事業を行う企業は，ニッチ・プレーヤーと呼ばれる。ニッチ・プレーヤーは，数としてはエコシステムの大部分を占めるため，エコシステムの繁栄はこうしたニッチ・プレーヤーの存在にも依存することになる。

〔金綱〕

期待理論(expectancy theory) 人がどのような心理的プロセスを経て動機づけられ、行動の選択とその持続がなされるのかというメカニズムを理論化したものである。これは、動機づけ理論を構成する過程理論(process theory)の1つの理論であり、合理的な人にとって、それをすることで得られる結果への期待値、つまり職務遂行の努力が何らかの個人的報酬につながるという期待と、その行為によって得られる報酬の魅力、つまりその報酬に対して人が持つ主観的価値という2つの要因によって動機づけが決定づけられることから、期待理論と呼ばれている。もう少しわかりやすくいえば、ここで頑張って努力すれば、目標が達成され成果がでるかもしれないという期待(努力・成果期待)と、成果が達成されれば昇進できるかもしれないという期待(成果・報酬期待)が動機づけを高めるのである。この期待理論は、1964年にブルーム(Vroom, V.)によって提唱され、その後、ポーター(Porter, L.W.)とローラー Ⅲ(Lawler Ⅲ, E.E.)がさらに系統立てて整備して、現在の期待理論のモデルが出来上がったといわれている。その他の動機づけ理論のように曖昧さを残す理論とは異なり、この期待理論は、理論的な枠組みが最も精緻化された理論であるといわれている。

(當間)

キャズム理論(crossing the chasm) キャズム理論とは、少数のビジョナリーで構成される初期市場から、多数の実利主義者で構成されるメインストリーム市場へと移り変わるところに存在する溝を意味するマーケティング理論をいう。ムーア(Moore, G.A.)が1991年に、『Crossing the chasm』で提唱した。ハイテク製品のマーケティングを長期的な視野で捉える際には、キャズムを越えることが最重要課題となる。ロジャース(Rogers, E.M.)が提唱したイノベーター理論では、消費者はイノベーター、アーリーアダプター、アーリーマジョリティ、レイトマジョリティ、ラガードの5つに分類される。このうちイノベーターとアーリーアダプターを合わせた層に普及した段階で、新技術や新流行は急激に拡がっていくとされている。一方、ムーアは、個々のタイプの間にはクラックがあると主張し、その中でもアーリーアダプターとアーリーマジョリティの間には特に深く大きな溝があるとし、これをキャズムと呼んだ。一般的に、アーリーアダプターとアーリーマジョリティの要求は基本的に大きく異なっており、キャズムを越えて、初期市場からメインストリーム市場に移行するためには、自社製品の普及段階に応じて、マーケティングのアプローチを変えていく必要がある。

(馬場)

キャッシュ・フロー経営

キャッシュ・フロー経営とは，現金の流れを重視した経営行動を意味している。キャッシュ・フローとは，現金の流入を示したものであり，キャッシュ・フロー計算書は3つに分類されている。それは，営業活動，投資活動，財務活動である。キャッシュ・フロー経営が重視されるようになったのは，損益計算書から読み取れないお金の流れを明確にするためである。損益計算書では，利益となり黒字になっているが，実際には，資金を回収できないケースもあり黒字倒産を招くことになる。そこで，キャッシュ・フロー計算書では，実際の現金に近づいた数字の提示ができるようになった。つまり，実態的な経営が見える計算書となった。このキャッシュ・フロー経営を徹底化することにより，手元資金がどのくらいあるのか把握できると同時に，大規模な投資にも乗り出すことができる。さらに，純資産に計上することにより，資本が安定すると同時に，長期的な資金管理を可能にすることができる。1990年後半以降，欧米の機関投資家が，日本の株式市場に台頭してから，株主のための利益を追求し，経営に関して関与するようになった。現在では，企業価値の向上そして持続的成長を実現するような経営を遂行するためにも，現金の管理が重要となっている。 (森谷)

キャリア・アンカー

シャイン（Schein, E.H.）によれば，「キャリア・アンカー」とは，「個人がどうしても犠牲にしたくない，また本当の自己を象徴する，コンピタンス（有能さや成果を生み出す能力）や動機，価値観について，当の個人が認識していることが複合的に組み合わさったもの」，「職業上の自己イメージないし自己認識」であり，長期的な職業生活において『拠り所』となるものである。キャリア・アンカーは，「自覚された才能と能力」，「自覚された動機と欲求」，「自覚された態度と価値」の3つの成分から構成される。こうしたキャリア・アンカーは，個人のキャリア意識を形成する中核的な成分であるといえる。キャリア・アンカーは，シャインの「キャリア指向調査票」によれば，「専門・職能別コンピタンス（Technical/Functional Competence）」，「全般管理コンピタンス（General Managerial Competence）」，「自律・独立（Autonomy/Independence）」，「保障・安定（Security/Stability）」，「起業家的創造性（Entrepreneurial Creativity）」，「奉仕・社会貢献（Service/Dedication to a Cause）」，「純粋な挑戦（Pure Challenge）」，「生活様式（Lifestyle）」，の8つのカテゴリーに分類される。 (山中)

キャリア開発 (career development)

キャリア (career) は，継続するプロセスをさすものであり，職務経歴のフロー，配置転換のルート，職業人生のコースといった意味がある。現代的なキャリアは，1つの組織に依存するのではなく，複数の組織をまたぎながら（バウンダリーレス）主体的に，変幻自在にキャリアを形成していくものであり，その主役はもちろん，従業員1人1人である。しかし，キャリア形成にあたり個人が組織にまったく頼らないという訳ではない。個人と組織が一緒になってキャリアを開発していく，個人による自律的キャリアの形成を支援する組織の取組みやしくみこそがキャリア開発である。組織が提供できるものとしては，管理職・専門職・専任職といったコースに選択肢があること（専門職制度や複線型人事制度），配置転換における自由がある疑似労働市場が構築されること（自己申告制度，社内公募制度，社内FA制度），能力や意欲に応じて「自分にあった」能力開発ができること（コーポレート・ユニバーシティ）などである。また，専門家であるキャリアカウンセラーの設置，管理者自身のコーチング・スキルの向上，管理者以外の年長者が相談者になるメンター制度の導入などキャリア開発の一環として考えられる。

(松村)

キャリア・ダイナミクス (career dynamics)

キャリアは生涯発達していくもので，1人1人の成長段階に応じて考えていく必要性を指摘した概念である。この概念は，1978年にシャイン（Schein, E.H.）によって提唱された。シャインは，組織開発の研究を進めていく上で，必ずしも組織による教化や社会化がうまくいかないことに疑問を持った。そこで，組織だけでなく個人に注目してキャリアの研究を開始することになる。組織において個人が雇用されて働く時，当然のことながら個人を受け入れる組織の側には，組織自体の要求がある。一方，個人の側には，個人の持つ要求とこれらを調和していかなければならない要求がある。前者はキャリア・アンカー（career anchors）と呼ばれ，個人の価値観やニーズのことであり，仕事や職場が変わっても個々人が貫く船のアンカーのような普遍の基軸を意味する。後者はキャリア・サバイバル（career survival）と呼ばれ，仕事の内容と場，働き方に影響を与える組織や環境のニーズを意味する。この2つの概念は時の経過とともに変化し，個人も組織も複雑な環境の中に置かれているため変化せざるを得ない。このようにキャリアは，個人と組織の相互作用で複雑かつ動態的なダイナミクスが出現する。これがキャリア・ダイナミクスである。

(當間)

キャリア・ビジョン (career vision)

キャリア・ビジョンとは,「将来のなりたい自分」の姿である。キャリアという言葉の定義はさまざまであるが,共通しているのは労働や職業・余暇・社会的役割など広い意味で人生を捉えていることである。キャリア・ビジョンを考える際には,仕事や職業のみならず,自身の生活や社会的役割を含めて具体的にどのようになっていたいのかを考えることが重要である。キャリア・ビジョンを描く際には,自分自身の価値観,行動特性,スキル・知識,動機付けられることなどを明確化する。次に社会や企業を取り巻く環境変化,業界に影響を与える大きなトレンドを分析し,これが自分の仕事や必要とされる知識・スキルにどのような影響を与えるかを考える。そこから将来めざしたいキャリア・ビジョンを具体的に描いていく。さらにそのキャリア・ビジョンを実現するための短期的なゴールを設定し,そのゴールと現状のギャップを認識して具体的なアクションプランを策定していくことになる。キャリア・ビジョンを描く際に注意すべきことは,将来のなりたい姿を具体的にイメージすることである。具体的なイメージを描くことができれば,その後に続くキャリア・プランを明確に描くことができる。これによりキャリア・ビジョンの実現性を高めることができる。 (那須)

キャリア・プラン (career plan)

キャリア・プランとは仕事に関わる計画であり,どのような仕事に就きたいか,どのような業務に関わりたいかなど,キャリア・ビジョンを実現するためにどのようなステップを踏むべきかを考えることである。キャリア・ビジョンが長期的な視点で将来の具体的なイメージを考えるものであるのに対し,キャリア・プランはキャリア・ビジョンを実現するための具体的な目標設定や行動計画づくりが中心となる。企業におけるキャリアの特徴としては,①最長経験職能の分野が中心的な仕事となりやすい,②40代までは1つの職能分野で過ごしているものが多い,③仕事の幅が特定の分野に収まるものが多く,複数の職能分野を幅広く経験するゼネラリスト的な人材は少ない,④仕事の経験の幅が狭いものが多い,といったことが挙げられている。キャリア・プランを考える場合には,どのような職務に就いていくのかという経路 (キャリア・パス) を考える必要がある。従業員の考え方の多様化やライフスタイルの変化に合わせて,複線型人事制度など専門職も大事にするキャリア・パスや,会社が各自のキャリアを決めるのではなく自分でキャリアを選ぶことのできる制度を導入するなど,企業も従業員の多様なキャリア・プランに対応できるしくみを整えつつある。 (那須)

業界セグメント

業界とは，同様の取引もしくは商品を扱っている社会，つまり同業者を示している。すなわち業界セグメントとは，同業者の区分をさす。この業界という用語は，事業よりも広い概念で捉えられている。業界については，『日本経済新聞』の株価情報を閲覧しても理解できるように多岐にわたっている。例えば，製造業，金融・保険業，建設業，商業，情報通信，不動産業，サービスなどに分類されている。さらに詳細に見ると，金融・保険業界は，銀行業，証券業，保険業などに区分される。また製造業界は，電気機器，医薬品，機械，食料品，繊維製品，鉄鋼などに細分化される。従来から，自社の強みを生かすために，「ヒト・モノ・カネ・情報」という経営資源について，「選択と集中」に基づいての意思決定を行い，その資源を適材適所に振り分けているが，業界内部を見ると，事業を多角化している企業も数多く存在している。そのため，自社内での事業別セグメントについて把握する必要がある。例えば，酒類業を主とするものの，実際は不動産業を利益の柱とする企業もある（サッポロホールディングス）。さらに，自動車業界がロボット業界に参加しているなど，企業自らの活動の幅が拡大している。また，サービス業である居酒屋チェーンが漁業権を買い取り，食の第6次産業を促進している企業もある。以上から，業界における勢力にも変化が見られつつある。　　（森谷）

協働システム（体系）

協働とは，複数の人間が協力して1つの目的のために働くことであり，その仕組みを協働システム（体系）と呼ぶ。企業は協働体系であり，企業活動に必要な各要素を統合した実体的な存在である。バーナード（Barnard, C.I.）の組織理論では，組織を相互に影響を及ぼし合いながら成立するシステム（体系）と考えている。彼は，人間を「全人」と捉えており（全人仮説），理性とともに感情を持ち，個人としての人格とともに社会性も有するものであり，合理的であろうとはするが完全にはなりえない存在と考えた。全人としての人間は，個人として達成不可能もしくは困難な目的を達成するために協働を行う。そして，協働体系の中核に位置する組織（「公式組織」）は「2人以上の人々の意識的に調整された活動または諸力の体系」であり，この組織を維持することが，経営者の役割であると指摘している。さらに，組織を成立させるための必要かつ十分な条件として，共通目的，協働意欲，伝達（コミュニケーション）の3要素を挙げている。共通目的とは，組織メンバーの個人目的を統合した組織としての目的である。協働意欲（貢献意欲）とは，共通目的を達成しようとする意欲のことである。伝達は，共通目的と協働意欲とを統合する役割を果たす。　　（高垣）

業務提携

グローバル化が進んでいる今日,世界の有力企業同士のM&Aにより超巨大企業が誕生しつつあるが,それよりは穏やかな協力関係であるのが提携である。今日の企業は,企業活動におけるすべての機能を内部化することが競争優位につながるものとして認識していない。自分の最も能力を発揮しうる分野に特化して,他は外部委託したり,自社の能力やノウハウ・資源の不足を他の企業と提携することで補完することが多い。提携とは,複数の独立した企業が特別な目的達成のため,緊密に協力し合うビジネス関係のことである。それには,互いに株式を持ち合ったりせず,また独立組織もつくったりせず,契約を通じて複数の企業がそれぞれの独立性を維持しながら,企画,生産,販売,購買や技術開発などの経営活動の諸側面で,共同的な関係を対等の立場で結ぶ業務提携,契約による協力関係を補強するため,一方が提携パートナーの所有権に投資をしたり,相互に投資することもある業務・資本提携,提携パートナー企業が共同で投資をして独立組織をつくり,その組織から得られる利益をパートナーで共有するジョイント・ベンチャーなどがある。

(郭)

組合せ最適化アルゴリズム (combinatorial optimization)

組合せ最適化は,応用数学や情報工学における組合せ論の最適化問題である。組合せ最適化では,厳密解が簡単に求まる場合もあれば,そうでない場合もある。厳密解を求めるのが難しいと思われる問題を解くために,その問題の解空間を探索する場合もあり,そのためのアルゴリズムでは,効率的に探索するために解空間を狭めたりすることもある。なお,アルゴリズム(算法)とは,問題を解くための手順を定式化した形で表現したものをいう。「問題」はその「解」を持っているが,アルゴリズムは正しくその解を得るための具体的手順および根拠を与える。さらに多くの場合において効率性が重要となる。組合せ論とは,特定の条件を満たす対象(普通は有限)からなる集まりを研究する分野であり,特に問題とされることとして,集合に入っている対象を数えたり(数え上げ的組合せ論),いつ条件が満たされるのかを判定し,その条件を満たしている対象を構成したり解析したり(組合せデザインやマトロイド理論),「最大」「最小」「最適」な対象をみつけたり(極値組合せ論や組合せ最適化),それらの対象が持ちうる代数的構造をみつけたり(代数的組合せ論)することが挙げられる。

(高垣)

クライシス・マネジメント（危機管理）(crisis management)

クライシス・マネジメント（危機管理）の概念を説明する際にしばしば登場する概念にリスク・マネジメントがある。この両者の概念の相違を区分する基準となっているのが，さまざまなリスクへの対応可能性の有無である。すなわち，規模や確率を事前に予測することが不可能な多様なリスクに対して，その発生後に行われる措置が前者のクライシス・マネジメントである。しかし，実際には両者を厳密に区分して使用する場合は少なく，危機管理やリスク・マネジメントが混同されて使われているのが現状である。日本の国土交通省の運輸安全マネジメントの区分にも，実際に発生したリスクに基本的なマニュアルで対応できるかどうかによって両者を区分している。さらに，これらのリスクの類型には，テロリスト・竜巻・地震・腐食などのハザードリスク，金融リスク，ビジネスリスク，オペレーショナルリスクなどがある。さらにこれらのリスクは，研究者によって，発生頻度と被害の大きさによってリスクマッピングで区分する例もしばしば見られている。このクライシス・マネジメントには，不測事態へ対応するために，①リスクの発見とその評価への方針，②リスク管理組織の体制づくりと運営，③教育・訓練の実施などが含まれている。

(文)

クラウドコンピューティング

ソフトウェアサービスにおけるデータ処理をサーバ側で行い，利用者はインターネット経由で利用するという形態。データ処理がインターネットの彼方にあり，かつ無数のサーバによって担われていることから，処理環境を空の雲（Cloud）に見立ててクラウドという言葉が使われている。計算処理やデータ保存といった機能が従量制で提供されることにより，新規サービス開発時に，初期費用を低減しながら，急激な需要の拡大にも速やかに対応することが可能となった。エンドユーザが用いるメールや表計算といったサービスも，クラウドコンピューティングとして提供されるようになってきている。クラウド化のメリットは，デスクトップPCやスマートフォンといった複数端末を引き継いでサービスを利用するのが容易であること，1つのファイルを複数人が同時に編集することができること，端末内にデータが保存されないので情報流出リスクを軽減できることなどがある。一方，クラウドへのアクセスはインターネットを経由するため，サーバ設置場所には国境の制約は低い（距離による処理の遅延はある）。そのため個人情報や機密情報に関するセキュリティリスクを指摘する声もある。

(深見)

クラウドファンディング (crowdfunding)

クラウドファンディングは，多数の群衆（crowd）から資金調達することを意味する。その際，一般にインターネットサービスを用いる。ソーシャルネットワークサービスなどの台頭により，同じ価値観を持った人が1つのプロジェクトに資金を提供するケースが増えてきている。寄付に相当する寄付型，資金の見返りにプロジェクトの手掛ける商品やサービスが提供される購入型，事業の収益をリターンする投資型などに類型化されることが多い。2012年にアメリカでJOBS法（Jumpstart Our Business Startups Act）がオバマ大統領により署名された。このことによりアメリカ国内の新興企業の資金調達に関する数々の規制緩和がなされた。この中で注目されたのが，投資型クラウドファンディングによる資金調達であった。日本においても，2013年の日本再興戦略によって，クラウドファンディングによる資金調達が検討されることとなった。特に投資型クラウドファンディングについては，日本証券業協会の自主規制規則との関係で論じられる。その後，日本においても多くのベンチャー企業がクラウドファンディングを利用することが増加した。（小野瀬）

クラスター

ポーター（Porter, M.E.）によれば，クラスターとは，ある特定の分野に属し，相互に関連した，企業と機関からなる地理的に近接した集団である。クラスターを構成する企業や機関には，組立メーカー，サプライヤー，金融機関，流通業者，政府機関，大学などが挙げられる。クラスターの中には，大企業と中小企業から構成されるものもあれば，中小企業中心のものや大学が中心となっているものもあり，その構成は多様である。また，クラスターの構成要素については，大企業，サプライヤー，大学，研究所などからなるエコノミー1と，クラスター内部で起業を支援する機関や人々から構成されるエコノミー2に分けることがある。クラスターに属する企業は，これら企業や機関と効率的な社会分業体制やサプライチェーン，知識共有のネットワークを形成することが可能となり競争優位を築くことが容易となる。一方で，クラスターが形成されても，内部での馴れ合いや集団志向などが進みやがて衰退してしまうケースもある。クラスターが発展を続けるためには，クラスター内部での起業を支援する制度的インフラを整備することや，クラスター外部との関係性を築きながら必要な資源にアクセスしたり，国際的なニーズや技術の可能性を入手したりすることが重要となる。

（金綱）

グリーン調達

国家・地方自治体・企業などが，自社（自組織）が使う資材や原料を部品メーカーなどのサプライヤーから調達するとき，環境負荷の少ないものから優先的に選択し，採用していく取組みのことである。日本では，循環型社会の構築をめざして，この概念的意味が問われる契機となった。再生品の製造など供給面の取組みだけではなく，再生品の利用など需要面からの取組みが重要であるという観点から，2001年に「国等による環境物品等の調達の推進等に関する法律」（グリーン購入法）が制定された。このグリーン購入法により，国や独立行政法人，地方自治体などに対して，物品の調達や公共工事にあたって特定調達品目を優先して購入したり選択したりすることが義務付けられた。また，「環境物品等の調達の推進に関する基本方針」は，紙，文具，オフィス家具，OA機器，家電製品，エアコン，照明，自動車などの20もの分野について，具体的な品目や判断基準を示しているが，企業では早くから，独自のグリーン調達基準を設けており，グリーン調達達成状況を環境報告書などで報告するところが多くみられる。1996年2月にはグリーン購入ネットワーク（GPN）も設立されている。

（當間）

グリーンメーラー （greenmailer）

取得した株式の議決権を利用して，当該企業やその関連会社に圧力を行使して利益を得ようとする者をいう。株式取得の目的が，自社の多角化戦略を駆使するために被取得企業の経営支配を狙うものではなく，当該企業の利益に被害を与えるにもかかわらず短期間での売買差益を得ようとする姿勢が，最も深刻な問題点として指摘されている。近年，このグリーンメーラーは，主に当該企業の経営陣に事前の了解を得ずに経営権を奪おうとする敵対的買収という手法を利用する場合が多い。とりわけ，当該企業の経営陣が好まない他者に保有株式を転売しようという方法で経営陣を脅迫し，その対価として高値で株式を買い戻すのが典型的な手法として知られている。このグリーンメーラーという用語の由来は，緑背紙幣を特徴とする米国紙幣を意味するグリーンバック（greenback）と，脅迫状を意味するブラックメール（blackmail）の合成語で成り立っているのが一般的である。このグリーンメーラー問題は近年，西武鉄道やフジテレビなどの企業の株式取得をめぐる一連の不法的かつ非倫理的な動向が注目され，日本でもそれらの事件への対策が今後の重要な課題となっている。

（文）

グループ・ダイナミクス (group dynamics)

グループ・ダイナミクスは，集団力学ともいわれる。集団の持つ基本的な性質や集団を構成するメンバー（個人）の行動に関する法則を研究する学問領域である。レヴィン（Levin, K.）により提起された。レヴィンは，集団がメンバーに対して多少なりともパワーを持っていることに着目し，集団を操作することでメンバーの行動や態度に影響を与えられるのではないか，と考えた。もちろん反対に個人が集団に対して影響を及ぼすことも十分に考えられ，集団と個人は，相互依存関係にある，といえよう。集団が構成するメンバーをひきつけ，メンバーとして留まらせる作用の程度である集団凝集性（group cohesiveness）を例に挙げるならば，集団の目標と個人の動機の一致が集団凝集性を左右する条件の１つとされており，また，個人による責任ある行動の喚起が集団凝集性によってもたらされる結果の１つと考えられている。集団規範や集団圧力，集団浅慮といった集団に固有の現象，さらにはモチベーションやリーダーシップ，コミュニケーションもグループ・ダイナミクスの研究テーマである。実験室の中での実験と実際の集団状況下での実験を併用することも特徴の１つである。

(松村)

クローズド・システム (closed system)

クローズド・システムとは，組織と組織を取り巻く外界（環境）とのあいだでなんら交換や取引がない，閉鎖的なシステムのことをさす。対して，環境と組織のあいだでなんらかのやりとりがある開放的なシステムのことをオープン・システム（open system）という。コンティンジェンシー理論は，組織がオープン・システムであることが前提となっており，組織の内部のみならず外部についても十分に考慮され，環境（外部）と組織（内部）の適合関係が問題の焦点となる。オープン・システムにおいて組織の存続は，環境に依存しているのである。他方，クローズド・システムにおいて組織は外部に対して閉じられており，環境によってなんら左右されず，したがって問題の焦点は，組織の内部にあって，内部をうまくやり繰りすることで効率的に運営することにある。科学的管理法など伝統的管理論がこれにあたる。クローズド・システムの代表例としては，ウェーバー（Weber, M.）の官僚制理論が挙げられよう。官僚制組織は，①規則による経営，②権限と責任の配分，③厳格な上下関係，④専門的訓練，⑤公私の分離，⑥文書主義を特徴としており，技術的にとても優れており，非人格化も伴って予測可能な世界となる。

(松村)

グローバル・マーケティング

マーケティングは，市場を同質的なグループに分け（セグメンテーション），ターゲットとなる顧客層を特定し（ターゲティング），その顧客層に対する自社の立ち位置を明確にしていく（ポジショニング）というプロセスで進められる。ターゲットとなる顧客層が特定されると，その顧客層に適した製品，価格，流通チャネル，プロモーションとは何かを検討することになる。これらの要素の組み合わせが，マーケティングの4Pである。こうしたマーケティング活動は，企業が活動をグローバルに展開し始めると，国内とは異なる課題に直面することになる。それは，各国ごとの所得水準の相違や，社会規範や嗜好など社会文化的な相違にマーケティング活動を適応させなければならないという課題である。マーケティング活動をこうした各国ごとの相違に対応させることを，適応化（adaptation）と呼んでいる。ただし，マーケティング活動を，世界規模で標準化（standardization）することのメリットも存在する。例えば，ネスレはネスカフェを世界中で200種類のブレンドで販売しているが，ブランドはグローバルに標準化している。このように現地適応と標準化をいかにミックスさせていくのかが，グローバル・マーケティングにおける主要な課題となっている。 (金綱)

経営・管理原則

経営・管理原則とは，組織の合理的な編成原理や効率的な管理・運営の指針となる原則のことをいう。ファヨール（Fayol, J.H.）が，長年の企業経営の経験や観察から，管理者が管理活動を遂行するための一般的な基準として導き出した管理の諸原則がその原点とされている。ファヨールは，自ら取り組んだ管理者教育における一般原理として14の管理原則を提唱した。その後，管理原則はファヨールを祖とする管理過程学派の研究者によって発展していった。14の原則は，①分業，②権限と責任，③規律の維持，④命令の一元性，⑤指揮の一元性，⑥個人的利益の一般的利益への従属，⑦報酬，⑧権限の集中，⑨階層組織，⑩秩序，⑪公正，⑫従業員の安定，⑬創意の気風，⑭従業員の団結，である。後に管理過程学派によって拡充された代表的な原則には，「統制の幅の原則」，「権限移譲の原則」，「階層制の原則」などがある。ファヨールは，管理原則が必ずしも普遍的な原理・原則ではなく経営管理の方向を示す規範論であると主張していた。管理過程学派によってフランスやアメリカの管理者教育の中で発展したものの，サイモン（Simon, H. A.）が，用語のあいまいさ，原則間の矛盾，条件適合性の欠如などを指摘したように，理論的には問題点を含んでおり，そこに一定の限界があった。 (大野)

経営管理者の意思決定

チャンドラー（Chandler, R.T.）によれば，近代企業の特徴とは，多数の異なった事業単位から構成されているということと並んで，経営管理のための階層的組織が編成されていることである。こうした階層的管理組織においては，経営管理者は階層的に分化し，それぞれ最高経営者層，中間管理者層，下級管理者層を形成する。こうした各経営者層は，階層に応じてそれぞれ異なる役割と意思決定を担う。最高経営者層は戦略的役割を担い，その意思決定は戦略的意思決定と呼ばれ，ビジョンやミッションの策定や長期的な戦略的方針の決定，企業の資本収益率を最大化し得る製品－市場ミックスの選択といった決定がなされる。中間管理者層は調整的役割を担い，管理的意思決定を行う。管理的意思決定では，企業業績の最大化に向けた資源の調達，開発，組織化に関する意思決定，戦略と業務の間の調整，個人目標と組織目標の葛藤の調整といった意思決定がなされる。下級管理者層は業務的役割を担い，業務的意思決定を行う。業務的意思決定では，主要な職能活動領域に資源を予算のかたちで割り当て，資源の活用と転化を日程的に計画し，業務上の目標や達成水準を設定し，そのプロセスを監督しコントロールするといった決定が行われる。 〔山中〕

経営者支配

経営者支配とは，株主の影響を受けることなく，専門経営者が株式会社を支配することである。バーリとミーンズ（Berle, Jr., A.A. & G.C. Means）は，アメリカの巨大株式会社の株式所有構造を調査し，『近代株式会社と私有財産』（*The Modern Corporation and Private Property*）（1932）において，大株主は11％に過ぎず，44％が経営者支配にあるとした。こうした議論を中心に，企業目的は株主の利潤追求から経営者報酬や労働者の福利厚生，そして社会的厚生などへ拡げられた。バーナム（Burnham, J.）の『経営者革命』（*The Managerial Revolution*）（1941）に続き，経営者の裁量余地の拡大を反映したボーモル（Baumol, W.J.）の売上高最大化仮説（1959），マリス（Marris, R.）の企業成長率最大化仮説（1964），ウィリアムソン（Williamson, O.E.）の組織スラックの理論（1964）などが登場した。株主の利潤は制約条件と位置付けられ，経営者を中心とした会社支配論が展開された。ガルブレイス（Galbraith, J.K.）のテクノストラクチャー（technostructure）もこうした背景から生まれた。日本では，第二次世界大戦後の財閥解体により，個人の大株主が姿を消していった。高度経済成長期の銀行依存の時代には経営者支配を確立させたが，90年代のバブル崩壊とグローバル化の中で，日本的経営者支配は見直されることになる。 〔粟屋〕

経営者報酬制度／ストック・オプション

経営者報酬制度とは，株価を上げるための企業価値の創造，さらには持続的成長を促すために，経営者に対して，そのインセンティブを与えるものである。経営者報酬には，現金報酬，特別賞与，ストック・オプションなどがある。時には，退任後に高価な特典を受け取ることもある。ストック・オプションとは，企業が役員や従業員に，自社の株式を一定価格で買い取る権利を付与するものである。これは，自社株の価格が上昇した際，その権利を行使することで，キャピタル・ゲイン（売却益）を得ることができる。そのため，役員や従業員の士気が高まり，株価上昇のために業績を上げるインセンティブにもつながる。日本の企業でも，高い報酬を受け取る優秀なプロの経営者が出現している。2010年3月期以降，1億円以上の報酬を受け取っている役員を対象に，報酬に関する個別開示が行われている。これまでの経営者報酬は，経営者にとって有利な取り決めが行われていた。しかし，経営者報酬は，当期純利益の中から支払われるが，コストの1つでもある。欧米の機関投資家が台頭してから，業績に見合った経営者報酬が望まれている。つまり，企業価値を高め，株価を上昇させているような経営者には，高額な報酬が与えられる。

(森谷)

経営理念（management philosophy）

経営理念とは，企業経営の根幹となる考え方のことであり，経営哲学（philosophy in management）ともいわれる。経営者の意思決定の指針であるとともに，企業全体の存在意義も表す。企業は何のために存在するのか，何を目的に事業を行うのかの信念，信条，理想等を文言化したものである。経営理念の思想は，社是や社訓で示されることもある。社是は企業の方針を表し，社訓は従業員が目的とするものである。経営理念は組織の進むべき方向性を示し，従業員がどのように事業や業務を進めるかを示す役割を担う。よって経営理念により，組織文化や社風も形成される。同時に経営理念は，社外に向けて自社の経営姿勢を表す機能も有する。経営理念は，起業時の創始者の考え方を基本として承継されることもあれば，企業の成長や環境の変化に合致させ，内容や文言を再構築することもある。経営理念を経営行動として具現化するためにCSRがある。企業は経営理念に即して，経済性と社会性のバランスを決める。また経営理念と経営行動を一致させるために，コーポレート・ガバナンスが一役買う。企業理念を基に企業倫理綱領も制定される。すべての基本は経営理念である。

(粟屋)

経験価値マーケティング （experiential marketing）

消費者が製品・サービスの提供を受ける過程において，物理的な価値以外の喜びや感動といった，情緒的価値を提供するマーケティング手法のことであり，1999年に米国の経営学者であるシュミット（Schmitt, B.H.）により提唱された概念である。カスタマー・エクスペリエンス（CX：customer experience）とも表現される。シュミットは経験価値について，消費者が視覚，聴覚，触覚，味覚，嗅覚の五感を通じて経験することで得られる①SENSE（感覚的経験価値），消費者の感情に訴えかける経験の提供により得られる②FEEL（情緒的経験価値），消費者の創造力を引き出すないしは知識の提供により得られる③THINK（創造的・認知的経験価値），消費者に身体や行動に関する経験を強化し，これまでとは異なる新たなライフスタイルを発見するような経験の提供により得られる④ACT（肉体的経験価値とライフスタイル全般），特定の集団やグループ，文化などに帰属しているという経験（仲間意識を醸成する経験）の提供により得られる⑤RELATE（準拠集団や文化との関連付け）という5つの価値に分類している。最近ではVR（virtual reality：仮想現実）などの技術を用いて，経験価値を提供する取組みなども見られる。

(小具)

経験曲線

累積生産量が倍になるごとに一定の割合で単位当たりのコストが減少する現象は経験効果と呼ばれ，この現象を示すグラフが経験曲線と呼ばれるものである。具体的には，ある商品を製造するのに100万円のコストがかかっていたものが，経験を蓄積することで単位コストが90万円，80万円と低減していく状況のことである。経験曲線は1930年代にアメリカの軍用機生産における生産コスト調査の過程で発見されたものとされている。その後，1960年代にボストンコンサルティンググループの調査によって，経験曲線の考え方が販売管理費やマーケティングなど，より広い範囲の企業活動に対して適用可能であることが示された。経験曲線効果が発生する理由として，経験の蓄積による習熟が最大の要因であると考えられている。規模の経済性も生産規模の拡大に伴う単位コストの減少を意味する概念であるが，規模の経済性が特定の時点での生産規模を対象にしているのに対して，経験曲線は過去からの累積的効果を示す概念である。さらに経験曲線と類似する概念に習熟曲線があるが，習熟曲線は製造原価に限定されて利用されるのに対して，経験効果は製造原価に限らず，より広範に用いられている表現である。

(安田)

経済エコシステム（ビジネス・エコシステム）

経済エコシステムとは，生態学において用いられていたエコシステム（生態系）という概念をもとに作られた用語である。生態系においては，多様な生物がそれぞれに役割を持ちながら共生する関係性が作り上げられている。こうした生態系に見られる関係性は，経済社会にも見出すことができる。経済エコシステムにおいては，さまざまなタイプの企業や組織が，それぞれに役割を持ちながら共生して事業を行っている。経済エコシステムを構成するこうした企業などは，経済エコシステムの健全性に影響を与えることができ，経済エコシステムの健全性は，そこに属する企業などのパフォーマンスに影響を与えることになる。イアンシティとレビーン（Iansiti, M. & R. Levien）は，この経済エコシステムの健全性を，生産性，堅牢性，ニッチ創出の3つの側面から見ている。生産性は，エコシステムに属する企業や組織にとっての便益を評価する指標となるものである。また，堅牢性とは，環境変化に直面してもエコシステムが生存し続けられる程度のことであり，ニッチ創出とは，エコシステムが多様性を有しながら多くの種を支えることができる程度を示している。こうした経済エコシステム全体の健全性に大きな影響を与える存在は，キーストーンと呼ばれている。　（金綱）

ゲーム理論

複数の主体が相互依存関係のもとで，いかなる行動をとるべきかを考察する理論。数学者ノイマン（Neumann, J.v.）と経済学者モルゲンシュテルン（Morgenstern, O.）の研究に始まり，ナッシュ（Nash, J.F.），ゼルテン（Selten, R.），ハーサニー（Harsanyi, J.C.）によって均衡概念が提唱，精緻化される。1980年代以降，経済学の多くの分野において応用され，その領域はミクロ経済学，マクロ経済学の経済理論，産業組織論，企業組織論，国際貿易論など広範にわたる。代表的なゲームとしては，囚人のジレンマが有名である。このゲームでは，利己的な2人の囚人が互いに協調した方が双方にとってより好ましいにもかかわらず，互いに裏切って，より悪い結果に落ちついてしまうジレンマをいう。また，じゃんけんや賭博のように，参加した複数の人が相互に影響しあう状況で，参加した全員の損得の総和が常に0になるものをゼロサム・ゲーム（zero-sum game）と呼ぶ。一方で，参加した複数の人が相互に影響しあう状況で，参加した全員の損得の総和が常に0にならないものを非ゼロ・サムゲーム（positive-sum game）と呼ぶ。ゲーム理論は，単なるゲームだけに限らず，複数の参加者が相互的に影響し合っている経済や経営，政治，社会学，外交をはじめ，さまざまな分野においても応用できるような理論を意味している。　（馬場）

限界利益（貢献利益）（marginal profit（contribution profit））

限界利益は管理会計で用いられる利益概念の1つであり，売上高から変動費を控除したものである。近年では，限界利益は固定費の回収に貢献する利益であると考えられることから，貢献利益とも称される。一般に損益計算では，売上高と売上原価の差である売上総利益（粗利益）を求め，販売費及び一般管理費を差し引いて営業利益を求める。ただし，売上高と営業利益の間には比例関係がない。売上高と比例的に発生する変動費，売上高とは関係なく発生する固定費があるためである。経営管理の場面では，費用を変動費と固定費に分類し，売上高と変動費から限界利益を表示する変動損益計算書が用いられる。売上高と限界利益の間には比例関係があり，限界利益率（＝限界利益／売上高）が求められる。限界利益と固定費の差が営業利益となる。売上高と限界利益には比例関係，営業利益と限界利益には差が一定の関係がある。故に，目標売上高×限界利益率－固定費＝目標営業利益となり，目標売上高は（目標営業利益＋固定費）／限界利益率で求められる。目標営業利益を0とすると，損益の分かれ目である損益分岐点となる売上高が求められる。

（青淵）

権限委譲（delegation）

上司の業務権限の一部を部下に分け与えて，本人の裁量で仕事を任せることである。作業の能率的な遂行のためには，分業は欠かすことができない。そこで，組織の上位階層（上司）の業務を下位の階層（部下）に分担させることで，この分業を成立させることになる。このとき，上司の権限の一部を部下に与えることになるが，これが権限委譲である。この概念は，部下の自立性を涵養するとともに，結果にコミットするように部下を導き，当事者意識を持たせる効果が期待できる。現代のように，経営環境の変化が激しい時代になると，従業員に権限を委譲することで，より迅速な意思決定や取引を行うことが可能となるたいへん有効なマネジメント手法である。このように，権限委譲には意思決定の迅速化や上司との関係性向上というメリットが期待できるが，個々人が別々の行動を行う可能性が高く，組織としてまとまりがなくなる等のデメリットもあるといわれている。近年，この概念は，ジェンダー論やソーシャルワーク等の分野でも議論されている。社会や組織の中の個々人が抑圧されることなく，力をつけるとともに自己の置かれた業務を決定できるように成長していくことを促進するという意味が源となっている。

（當間）

減損 減損処理は，固定資産に関する会計処理の１つである。企業が保有する固定資産における将来の回収可能価額を計算し，それが帳簿価額を下回ったとき，下落分を減損損失として処理することが求められている。日本では，2005年４月以降の事業年度から適用が義務づけられた。「固定資産の減損に係る会計基準の適用指針」によれば，①営業活動から生じる損益またはキャッシュフローが過去２期継続してマイナスであり，当期も明らかに黒字となることが見込めない場合，②事業の廃止や再編成，資産の遊休化などにより，回収可能価額が著しく低下するような変化が見込まれる場合，③事業環境や技術環境など，外部環境に著しい悪化が見込まれる場合，④固定資産の市場価格が帳簿価額から少なくとも50％程度以上下落した場合のいずれかに該当すれば，減損の兆候が認められるとしている。現在，日本の会計基準では，企業の合併や買収（M&A）を行った際の取得価額とM&A企業の評価額の差額は，超過収益力であるのれんとして認識され，無形固定資産に計上される。のれんは相当の期間にわたり毎期均等償却を行い，費用化される。国際財務報告基準（IFRS）ではのれんの償却を禁じており，のれんによる回収可能価額が帳簿価額を下回った際に，減損処理を行うよう要求している。 （青淵）

限定合理性 （bounded rationality） 限定合理性とは，サイモン（Simon, H.A.）によって提示された人間の意思決定の説明概念である。意思決定とは「行為に導く選択の過程」である。サイモンは意思決定過程を，与件とされる目的に対する適切な手段選択の過程として分析し，意思決定の問題を目的に対する手段選択の「合理性」の問題として捉えた。「合理性」とは「行動の諸結果を評価できるようなある価値体系によって，望ましい代替的行動を選択すること」に関係する概念であり，客観的に合理的な意思決定を下すには①すべての代替的戦略を列挙し，②各々の代替的戦略から生ずる結果のすべてを確定し，③そうした一連の結果を統合的な基準で比較評価できなければならない。しかし，人間の現実の意思決定は，自らを取り巻く世界に関する知識の不完全性や選択の結果の予測の不完全性，すべての代替的な選択肢の同時的に列挙しうる想像力や処理能力を持たないといった理由から，客観的な合理性を実現することはできない。それゆえ，主観的には合理的であろうと意図するものの限られた範囲でしか合理的であり得ない「限定合理性」に基づく意思決定となる。さらにサイモンは，限定された合理性を持つにすぎない人間は意思決定の基準として最適化基準を採用することはできないため，「満足できるか否か」という「満足化基準」に基づいて意思決定するとした。 （山中）

コア・コンピタンス （core competence）

中核能力ともいわれ，1990年代にハメルとプラハラード（Hamel, G. & C.K. Prahalad）らによって提唱された経営戦略論の中心的な概念である。この概念によれば，企業の有する競争優位の源泉を中核能力に求めるのである。彼らによれば，中核能力とは「競合他社を圧倒的に上回る能力」や「顧客に特定の利益をもたらす技術，スキル，能力の集合」であるという。さらに，コア・コンピタンスを有する企業間のネットワークだけでなく，顧客同士のネットワークの創出を意味する「価値共創」が重要であることを力説している。これを中核能力と呼ぶ理由は，製品を生み出す核となる技術，スキル，能力に注目したからである。それらを単に認識するだけでなく，いかに自社の内外で開発し獲得するのかまで探るのが，この理論の特徴である。さらに，一定以上蓄積された各々の中核能力をいかに組み合わせていくかにも重点を置く。この具体的な事例には，ホンダのエンジン技術，ボルボの安全技術，ソニーの小型化技術などがある。この概念は技術開発に重点が置かれているが，その後さらに発展されたのが，ナレッジ・マネジメント論やケイパビリティ論であった。

(文)

公開買付 （take-over bid）

公開買付とは，株券等の発行会社または第三者が，不特定かつ多数の人に対して，公告等により買付期間・買付数量・買付価格等を提示し，株券等の買付の申込みまたは売付の申込みの勧誘を行い，市場外で株券等の買付を行うことをいう。公開買付が行われる理由は，おもに企業の経営権を取得して企業の買収や子会社化を目的とするものが多い。このTOBは市場を通さずに，期間内に予定の株数を買い集めるまで行われ，仮に予定株数が集まらなかった場合には，TOBの取り消しをすることも可能になる。TOBには友好的なものと敵対的なものの2種類がある。友好的なTOBは，買収される側の賛同を得たうえで，経営権を取得しようとするものである。買収後も買収される側の経営陣が企業経営にかかわることが多く，敵対的なTOBとは異なりあらかじめ賛同を得ているため買収しやすいという点があり，TOB価格も低めに設定されるという特徴がある。一方，敵対的なTOBは，対象となる会社の取締役会の賛同なしに，買付者が公開買付を仕掛けるものであり，TOBを仕掛ける側はその企業を強引に手に入れようとするのでTOB価格を高めに設定したり，当初設定していた価格を引き上げたりすることもある。

(羽田)

貢献意欲

貢献意欲とは，バーナード（Barnard, C.I.）によって提示された，「組織の三要素」の1つである。バーナードによれば，組織とは「二人以上の人々の意識的に調整された活動や諸力の体系」であり，組織を構成する要素は人間そのものではなく，人間の行動や行為，影響力である。個人の行動や行為を当の個人から分離して活用するということは不可能であるため，個人の行動や行為を活用しようとすれば，当の個人の主体的な意思によるほかない。それゆえ組織に対して，その努力を貢献しようとする人間の「意欲」が重要となる。貢献意欲を持たない人間が集合しても組織にはならない。組織に貢献する人々は「自己の行動の人格的統制を放棄」し，人格的行為をもって組織という非人格的な行為体系へと貢献する。しかし，人間が本来各々の固有の動機や欲求を持ち，それを満たすために行動するとすれば，組織への貢献意欲を生来備えている者などいない。組織に対する貢献意欲は，協働に伴う不利益や犠牲と，組織から期待できる便益すなわち「誘因」とを比較考量し，さらに仮に他の協働の機会から得られる純満足と比較したうえで，協働する誘因がプラスになる時に生じる。それゆえ貢献意欲の確保のために，組織は誘因≧貢献の均衡を維持しなくてはならない。（山中）

公式組織（フォーマル組織）

公式組織とは，一般的に組織図として表現されるもので，権限と責任体系，命令体系，分業体系，職務範囲，部門化のそれぞれの機能が明確に示されているものである。バーナード（Barnard, C.I.）は組織構成員が，相互に意思を伝達しあい（コミュニケーション），貢献する意欲を持って（貢献意欲），共通目標の達成（共通目標）を目指すときに公式組織が成立することを主張し，公式組織を2人またはそれ以上の人々による意識的に調整された諸活動と定義している。一方で，組織には無意識に調整される諸活動も存在する。このような公式に規定されない個人間のコミュニケーションは，非公式組織と呼ばれる。非公式組織は，個人的な目的や動機を背景とした個人間のつながりのことを意味する。1924年から1932年まで物理的作業条件が生産性に与える影響を調査したホーソン実験と呼ばれる実験は，作業効率は物理的な作業条件ではなく非公式組織に左右されることを明らかにしており，非公式組織の存在の起源となっている。公式組織の中には非公式組織が存在し，非公式組織の存在が個々人のコミュニケーションやモチベーションに大きな影響を与える。したがって，非公式組織が公式組織を有効に機能させる役割を果たすことも可能である。　（安田）

公正価値 貸借対照表上の資産や負債の価額を算定するための評価基準の1つである。公正価値は市場価格よりも広く、それを含む概念である。例えば、国際会計基準では、「取引の知識がある自発的な当事者の間で、独立の第三者間取引条件により資産が交換され、または負債が決済される価額」と定義されている。公正価値情報が重視されるようになった背景には、近年の金融商品、特にデリバティブ（金融派生商品）を利用した金融取引の普及がある。日本の会計基準では、公正価値のことを公正な評価額と呼んでおり、その意味は「時価」と同義とされている。公正価値（＝時価）は、大きく市場価格に基づく価額と合理的に算定された価額という2つの階層に分けられる。市場価格に基づく価額とは、金融商品を市場でいま売った場合に得られる金額、または金融商品を市場でいま買った場合に支払う金額である。時価の適用にあたっては、活発な市場で成立している価格が得られる場合には、市場価格に基づく価額が優先して適用される。市場価格が得られない場合には、企業の経営者の合理的な見積りによって時価を算定する。「合理的に算定された価額」とは、類似の金融商品の市場価格を参照するなど、将来キャッシュフロー（予測される現金収支の金額）を割り引いて算定された価額を用いるものである。 　　　　　　　　　　　　　　　　　　　　（馬場）

合同会社 （limited liability company：LLC） 米国では普及している形態であるが、日本では2006年の会社法により誕生した会社形態である。出資者（社員）は、株式会社と同じく、出資した金額のみ責任を負う間接有限責任の形態をとる。社員は出資比率に関わらず、1人1票の議決権を有し、全員で経営を行う。定款に定めれば、経営に参加しない社員や、出資比率と異なる利益分配を定めることができる。すなわち、経営意思決定のルールや運営方法等に関する社員の裁量範囲が広く、内部（定款）自治を重視した柔軟な経営が可能である。また、株主総会や取締役会などの役員会の設置義務がないため、迅速な経営が行える。決算公告も必要ないため、不特定多数の資本家から資本を調達する大規模な株式会社と異なり、中小企業や共通目的を持って経営資源を集結する共同事業に適した組織体である。外部から出資を募り、大きく成長するには株式会社に移行する必要がある。しかし、自由度や柔軟性は、メリットのみならずデメリットにもなる。社員全員が1人1票の議決権を行使するため、社員間の対立は経営を停滞させる。利益分配のルールも、社員の貢献度を適切に評価しなければ軋轢を生む。　　（大杉）

合弁（会社）

合弁は，複数の異なる企業などが共同で事業を興すこと，および共同で出資して設立される会社を指す。新規分野に取り組む場合，単一組織で実施するとさまざまなリスクを抱えることから，複数の企業などが共同で取り組み，お互いの弱点を補うことでリスクの分散を図ると共に事業の成功の確度を増す効果がある。出資者の間で出資比率や収益の分配方法，企業統制の方法（どこが代表取締役を出すか等）の取り決めを行い，これに基づいて実施される。合弁企業が株式会社であっても，新規出資者を外部から募ることは極めて少ない。単なる業務提携や合併と異なるのは，合弁により行われる事業が特定の目的に特化しており，別の分野ではライバル関係にある事業者同士が手を組む場合もある。国際ビジネスでは，国内資本と外国資本が共同出資して新たな会社を設立し，共同で合弁事業を行うことを目的とする会社が多い。会社を設立する国の国内法に準拠するが，現地の国内資本が参加していても外資系子会社とみなされる。経営権の主体は出資比率によって決定されるので，50%を境にして過半数合弁子会社，少数子会社と区別する場合がある。既存の会社に10%以上を出資して事後的に合弁の状態になる場合もある。なお，合弁ではなく，単独出資という選択もある。

（髙垣）

5S

5Sとは，職場のムダを取り除き生産性を上げるための活動のことであり，整理，整頓，清掃，清潔，躾の5つの要素から構成されている。整理とは，必要なものと必要でないものを区分し，必要がないものを処分することである。整理が行われると，職場にあるものは必要なもののみということになる。ただし，必要なものでも必要順位は異なる。必要なものを必要順位ごとに決められた場所に配置し，いつでも取り出せる状態にしておくことが整頓である。清掃とは，常に掃除をして，職場を清潔に保つことである。清掃がきちんと行われていれば，小さなねじ1本が床に落ちていてもすぐに発見することができ，不良品の発生を防止することができる。清潔とは，上記の3S（整理・整頓・清掃）を維持することである。また，躾とは，従業員に上記のことを正しく守る習慣をつけることを指している。製造現場の在庫管理において5Sが徹底されていないと，必要な部品を探す手間が生じたり，在庫の発注時期が明確にならないため，在庫不足や不必要な在庫の発注が行われたりする可能性が生じる。こうしたムダをなくすために，多くの日本企業の製造現場や海外拠点では5Sを徹底するための努力が行われている。

（金綱）

個人企業　個人企業とは，私企業において出資と経営の主体が一個人にあるもの，すなわち，一個人が出資し，その者自身が支配・運営する企業のことである。そうした主体が2人以上の場合を集団企業ないし共同企業という。今日でも，中小企業や零細企業に主にみられる形態である。企業の最も原初的かつ単純な形態であり，法人格（権利・義務の主体となることのできる法律上の資格）を持たない自然人としての個人のなす商行為をさす。出資者自らが直接経営を営むことになり，事業から生じる利益は，当該個人に帰するものの，逆に損失が発生した場合には，企業か個人の名において全面的に責任を負わなければならない無限責任が問われる。また，経営者が自然人であるので，経営者の疾病や死亡などでその経営は継続性の原則を貫くことが困難に陥ることもある。一方，個人経営の長所を生かし，企業か個人のリーダーシップのもと，第三者の意思や規制に制約されることなく，状況の変化に対して企業家個人の人格，知識，能力，経験などを活かし対応することができる。しかし，経営規模が大きくなるにつれ，企業家の個人的資金力や能力に依存する個人企業は，自らの限界にぶつかることになる。個人企業は，小資本で経営規模も小さい事業に適した企業形態といえる。　　　（郭）

個人情報　個人情報とは，特定個人を識別することが可能となるあらゆる情報である。氏名，生年月日，メールアドレス，口座番号といった識別子（集合の中にある特定の1人／1つを，他のすべてから区別することのできる文字列や数値）はもちろん，行動履歴や健康データ，クレジットカードや電子マネーの利用履歴など，集めて他と比較することで特定個人を特定することが可能となるあらゆるデータが含まれる。個人情報を活用することにより，CRMなど顧客施策の実施や，カスタマイズされた製品やサービスを効率よく開発・提供することが可能となる。企業が取得した個人情報を持ち寄り，顧客対応を向上させることをめざした施策も講じられている。その反面，個人情報を漏洩させた企業は顧客からの信用を失うのみならず，金銭的補償を負う場合もある。近年，個人情報は電子化され，かつインターネットを経由して取得・活用されることが多くなってきた。また，国境を超えて個人情報が送受信されることも多い。EUはEU一般データ保護規則（GDPR）を導入したが，インターネット上でサービスを提供する世界中のあらゆる企業が対応を迫られた。個人情報の持つ価値は増大する一方であるが，同時にセキュリティリスクも増大しているので，留意が必要である。　　　（深見）

コストプラス方式

コストプラス方式とは，実際にかかるコストに利益を上乗せして売価を決める方法であり，原価加算法とも呼ばれる。ライバルが存在しないような環境では，財やサービスの供給者は発生するすべてのコストに利益を上乗せして需要者に請求する。コストプラス方法は簡単に価格を決定でき，小規模の注文でも利益が確保できることから，小ロットの受注生産などで利用される。考え方はシンプルであるが，コストの捉え方は業種や企業によって異なる。製造業のコストは製造コストと販売コスト，小売業は仕入コストと販売コストからなるが，価格決定に製造コストや仕入コストのみを用いるような業種等もあれば，販売コストを含めたトータルコストを用いる業種等もある。コストプラス方式では余分にかかったコストを売価に転嫁できるため，製造・販売者側にコスト意識が芽生えないという問題がある。よって買い手側は，支払額の上限を決めるなどの予防策を設ける必要がある。原価志向の価格設定手法にマークアップ方式がある。これは，仕入原価に一定の率（マークアップ率，値入率）を上乗せして売価を決定する方法であり，主に流通業で用いられている。マークアップ率を25％とした場合，100円で仕入れた商品の売価は125円（＝100円＋100円×25％）となる。(青淵)

コスト・リーダーシップ戦略

コスト・リーダーシップ戦略とは，ポーター（Porter, M.E.）によって提示された企業の基本戦略の1つである。戦略策定に際して「競争相手と異なる活動をするのか」あるいは「同種の活動を競争相手よりも効率的に行うのか」が基本的な選択肢となるが，コスト・リーダーシップ戦略とは「同種の活動を効率的に行う」という選択に基づく戦略であり，競合他社よりも低コストを実現することによる価格面での競争優位が追求される。企業は，効率的な設備を採用し，コスト削減を図り，競合他社よりも効率的な生産によって，低価格かつ競争力ある品質の製品を提供することで持続的競争優位を実現しようとする。こうしたコスト・リーダーシップ戦略の優位性は，低コストの生産によるより大きな利益幅が期待できること，低価格の製品の提供によるマーケット・シェアの拡大が実現されること，さらに，シェア拡大による生産量の増加が経験効果を発揮することでいっそうのコスト低減が実現され，それが再び低コスト・低価格を実現するという好循環が期待できるといった点にある。しかしながら，こうした戦略を遂行するためには，効率的な生産設備への投資を負担しうることや低コスト，低価格競争に耐えうるような財務的資源やコスト構造を備えていること，が要件とされる。

(山中)

コース別人事管理　コース別人事管理とは、従業員の昇進・昇格・昇給などいわゆる処遇に関して複数のコースを設定し、コースごとに雇用管理をすることをいう。複線型人事制度ともいう。正社員・非管理職群において「総合職」と「一般職」というコースが有名である。総合職が基幹的な業務を担当し、転勤を厭（いと）わず、管理職群をめざすのに対して、一般職は、補助的な業務を担当し、地域限定採用であることが多く、昇進・昇格が抑えられる傾向にある。もちろん、総合職と一般職のあいだでコース変更が可能である。また、正社員・管理職群においては、ゼネラリストとして組織の運営にあたる「管理職」、専門的な知識や技術に基づくスペシャリストである「専門職」、豊富な経験とすぐれた技能に裏打ちされたエキスパートである「専任職」というコースが一般的である。コース別人事管理があることによって従業員は、組織においてさまざまなキャリアを、生き方を、そして働き方を自分自身で選択し、追求することができる。また、それぞれのコースで出世の階段を登って頂点を極めることが可能であり、モチベーションの維持にもつながる。しかし、コースに優劣（勝ち・負け）があるという実態あるいは意識があるとすれば、制度に対する信頼が失われてしまう。　　（松村）

コネクティッド・インダストリーズ　あらゆるものにセンサーが実装され、インターネットに接続されることによって、機器間で膨大なデータが交換されるという「IoT技術をベースにしたビッグデータ活用」を前提とし、あらゆる産業の効率化向上と競争力創出をめざすというコンセプト。センサーデバイスの普及により、職人の技など「ヒトに付随する情報」も統合された形でシステムが構築される。機械と機械のみならず、機械・システムと人間の間もつながることが想定される。これまでスタンドアローンで動作してきた機器が相互接続（connected）されることによる、機器間連携による産業構造革新を意味する。産業構造の革新には、個別企業内に留まらない組織間でのデータ連携が必要とされる。そのためには機器間連携がどのようなデータを用いて行われるか、データ交換によりどのような処理がなされるか、組織を超えたデータの相互可用性をどのようにして実現するか、といった課題を解決する必要がある。企業はつながる（connected）ことにより、どのような付加価値を創出するかをきちんと規定し、戦略的に対応することが求められる。

　　　　　　　　　　　　　　　　　　　　　　　　　　　　　　（深見）

コーポレート・アイデンティティ（corporate identity）

コーポレート・アイデンティティは，元々，アメリカで開発されたマーケティング手法であった。具体的にはシンボルマーク，ロゴタイプ，コーポレートカラーなどデザイン要素を統一することにより，ステークホルダーが抱く企業イメージを形成あるいは刷新し，効果的・効率的に広告・宣伝を展開することである。1970年代に日本に導入されたコーポレート・アイデンティティは，アメリカのそれと同一のものであった（ビジュアル・アイデンティティ）が，その後，日本独自のものへと変容を遂げていく。デザインを検討し，決定していくプロセスでベースとなる，創業者や経営者が制定した経営哲学や企業理念を見直したり，再構築したりするようになり（マインド・アイデンティティ），さらに職場における行動規範やスローガンをボトムアップで制定していく中で従業員の意識改革や体質改善がなされるようになったのである（ビヘイビア・アイデンティティ）。1990年代，コーポレート・アイデンティティは，企業文化の変革手法として位置付けられ，民営化された企業や変化を嫌う硬直化（いわゆる大企業病）に悩む企業がコーポレート・アイデンティティを導入するようになったのである。

(松村)

コーポレート・ガバナンス（企業統治）（corporate governance）

コーポレート・ガバナンスは企業統治とも訳される。その定義は，論者によってさまざまである。しかし，狭義には株主と経営者の関係に関する会社機関構造であり，広義には企業と利害関係者（ステークホルダー）との関係とされる。狭義の定義は，株主の観点から企業価値最大化を実現するための経営者に対する規律付けやインセンティブに関する組織運営の問題であるのに対し，広義の定義は，各ステークホルダーが，自らの利害のために，経営者に対する監視や影響力を行使するしくみの構築，そして，これを機能させることを指している。両定義は「企業は誰のものなのか」，「企業は誰によって誰を監視するのか」という課題に関するものである。コーポレート・ガバナンスの問題が生じる根本的な原因は，所有と経営の分離にあるが，その類型は国によって異なる。代表的な会社機構としては，ドイツのように監督機関と業務執行機関が明確に分離された二層式と，アメリカの会社機関に代表される委員会設置会社のような単層式の構造がある。日本の場合，2006年の会社法改正以降，機関設計の自由度が高まり，各企業の実情に応じた機関構造を選択できるようになった。

(文)

コーポレート・ガバナンス（日本の企業統治）　日本の企業統治は、メインバンクを中心とした銀行支配、株式相互持合いを背景とした経営者支配、そして、終身雇用制度や年功序列賃金制度、企業別組合等の日本的経営を背景とした従業員組織が影響を与えてきた。高度経済成長期は、株主からの出資を仰ぐことなく、銀行からの借入金で会社が成長し、従業員組織を拡大させてきた。銀行の支配力は、貸付金の返済が滞らない限り行使せず、会社の運営は経営者と従業員組織に委ねられた。会社人間と揶揄される従業員は、組織内で人事異動を繰り返し、そのゴールは代表取締役や取締役といった定年退職のない地位に就くことである。しかし、日本的経営に基づいた会社の仕組みは、社会と会社の間に軋轢をもたらす。代表取締役が執行する業務は、取締役も監査役を監督することができず、法令違反や不祥事を会社ぐるみで隠蔽することになる。東京証券取引所と金融庁は、「『日本再興戦略』改訂2014」をもとに、コーポレート・ガバナンス・コードを制定し、コーポレート・ガバナンスを「会社が、株主をはじめ顧客・従業員・地域社会等の立場を踏まえた上で、透明・公正かつ迅速・果断な意思決定を行うための仕組み」と定義した。経営者が情報を隠蔽できない会社機関を設置し、企業の実態に応じた経営機構を構築する時代に入った。　　　　　　　　　　　　（粟屋）

コーポレートガバナンス・コード　2015年6月、東京証券取引所が「コーポレートガバナンス・コード～会社の持続的な成長と中長期的な企業価値向上のために～」を公表した。このコード（規範）の導入により、企業はさまざまな目標計画を発表した。コードは、5つの基本原則、30の原則、38の補充原則、合計73に及ぶほど広範囲にわたっている。株式相互持合いの方針の開示、女性の活用、役員報酬の明確な決め方、2人以上の独立社外取締役の選任、経営陣による株主との対話が注目されている。2008年のリーマンショックにより、株主価値経営は崩壊しつつあるが、現在でも、注目されている経営指標はROEに変わりない。コーポレートガバナンス・コードでも、さらにROE向上の圧力が高まっている。このコードによって、ROEの目標数値を5％（5年平均）と掲げられているものの、実際、機関投資家と企業のROEの目標数値達成への要請と実態には乖離がある。しかし、2016年、議決権行使助言業務を営む米国のISS（Institutional Shareholder Services）などは、ROEが5％（5年平均）以下の、投資先である日本を代表する大手企業の取締役選任の議案に対して反対意見を表明した。今後、ROEの成果によって、議案に対し議決権行使が厳格化していくと考えられる。（森谷）

コーポレート・コミュニケーション（corporate communication）

コーポレート・コミュニケーションは，パブリック・リレーションズと同じように投資家（株主）などステークホルダーを対象とする情報の発信・受信であり，ステークホルダーと良好な関係を構築し，イメージやレピュテーションの維持や向上を狙う側面を持つ。投資家に対するガバナンスをはじめとするさまざまな情報の開示であったり，地域住民とのミーティングやコラボレーションであったり，もちろん製品・サービスに関する広告・宣伝やプロモーションも含まれる。消費者を対象とするマーケティング・コミュニケーションが包含される。マーケティング・コミュニケーションが消費者とのやりとり（相互作用）に基づき，製品・サービスそのもの，開発プロセス，マーケティングのあり方に変革が生じることを意図するように，コーポレート・コミュニケーションにはステークホルダーとの相互作用に基づき，企業の存在意義や社会的責任のあり方，カルチャーの変革へとつなげていく側面がある。コーポレート・コミュニケーションは，ステークホルダーへの情報の発信・受信により対外的にステークホルダーと良好な関係を形成しながら，対内的に諸々のイノベーションを誘発させる行為である。　　　　（松村）

コーポレート・ストラテジー（corporate strategy）

コーポレート・ストラテジーとは，企業活動全体にかかわる戦略のことを指し「企業戦略」ともいう。コーポレート・ストラテジーは，「ドメイン」と「事業ポートフォリオ」の2つに区別することができる。「事業ポートフォリオ」とは，最適な事業構成を実現するための戦略のことである。事業ポートフォリオを具現化するプロセスとしては，製品・市場戦略が該当する。製品・市場戦略では，どの製品・市場分野に進出するかの決定は重要である。アンゾフ（Ansoff, H.I.）は，製品と市場の組み合わせにより，「市場浸透（market penetration）」，「市場開発（market development）」，「製品開発（product development）」，「多角化（diversification）」の4つの戦略に分類を行った。「市場浸透」とは，既存のターゲットとする顧客層に，既存の製品を購入する頻度・量を増大させる戦略である。「市場開発」とは，既存の製品を異なった地域，あるいは異なった顧客層へと販路を拡大する戦略である。「製品開発」とは，既存のターゲットとする顧客層に，新製品を導入する戦略である。「多角化」とは，新製品を新しい顧客層へ導入する戦略である。　　　　（大杉）

コーポレート同形化 (corporate isomorphism)

同型化（isomorphism）とは制度論に基づく概念であり，制度を取り込んでいくことをいう。経営学においては，制度派組織論の中でも重要な概念として用いられ，制度的同型化（institutional isomorphism）として知られている。企業は，正統性の獲得のために制度的環境から同型化するとされる。コーポレート同型化とは，自社が他社の制度を取り込むことであると理解される。企業は同じような制度によって動くため，どこの会社も似ている現象がみられる。特に国際経営研究の分野では，親会社から子会社に対して親会社の制度にあわせるようにする圧力のこととして使用される。こうして海外子会社は，本国の親会社と同じような意思決定と行動をとる。これとは逆に，現地の環境のさまざまな制度に従っていくことをローカル同型化という。異なった制度のプレッシャーに挟まれる現地子会社は，この同型化の問題が経営課題となる。なお，同型化される制度は必ずしもその組織にとってよいものとは限らないし，他方で制度自体が変化するものでもある。したがって同型化することが，その組織にとって経済的にも社会的にも良いこととは限らない。

(小野瀬)

コーポレート・ブランド (corporate brand)

特定の製品・サービスだけではなく，企業の名称などに対して構築されるブランドのことを指す。企業ブランドとも呼ばれる。ブランド階層においては，企業レベルのブランドを①コーポレート・ブランド，事業レベルのブランドを②ファミリー・ブランド（事業ブランド），製品・サービスレベルのブランドが③製品ブランドと定義される。通常コーポレート・ブランドは，この階層において最上位に位置付くブランドである。例えばマイクロソフト社（Microsoft）のケースでは，「マイクロソフト（Microsoft）」がコーポレート・ブランドであり，「オフィス（Office）」がファミリー・ブランド，プレゼンテーションソフトである「パワーポイント（PowerPoint）」や文書作成ソフトである「ワード（Word）」，表計算ソフトである「エクセル（Excel）」などの個別ブランドが，製品ブランドとなる。アップル社（Apple）のケースも同様に，「Apple」がコーポレート・ブランド，「iPhone」がファミリー・ブランド，そして「iPhoneX」が製品ブランドである。なお，みずほや三菱，西武，セブン&アイなどの企業グループの場合は，コーポレート・ブランドの上位にグループ・ブランドとして定義される。

(小具)

ゴミ箱モデル　ゴミ箱モデルとは，マーチとオルセン（March, J.G. & J.P. Olsen）が提示した組織的選択決定のモデルである。標準的な組織の選択決定モデルでは，組織の選択は個人の行為から導かれるものであり，組織の決定過程は諸個人の行為を組織の行為に変換する過程として理解される。しかし，彼らが行った問題提起は，個人の行為と組織の行為とのつながりは実は相当に緩やかで，そこには曖昧さが存在するのではないかというものであった。彼らによれば，個人の行為と組織の行為，組織の行為と環境の反応とのつながりは標準的な選択理論が想定しているようなものではなく，不安定な緩やかなものなのである。このように，組織の選択を形成している各過程の間のつながりが不安定で曖昧なものであるとすると，組織の選択決定は脈絡依存的なものとなる。すなわち，選択状況で何が生じるかは，緩やかにしかつながっていない各過程の錯綜がもたらす偶然の産物として考えられるのである。こうした選択状況を，ゴミ箱に例えた。組織の選択機会は，参加者がさまざまな問題や解を投げ込むゴミ箱である。こうした意思決定状況では，組織の選択決定は組織内のいくつかのかなり独立した「流れ」の産物あるいは解釈として理解されるのである。この「流れ」を形成するものとして，マーチとオルセンは「問題」「解」「参加者」「選択機会」の4つを指摘した。　　　　　　　　　　　　　　（山中）

コミュニティ・ビジネス　コミュニティ・ビジネスとは，これまでに経済社会がその成長過程の中で招いてしまった問題，特に行政や企業が対応できない個別かつ多様で，小さく無数に存在する社会問題の解決をはかる事業活動を指す。コミュニティ・ビジネスは，2000年の国民生活白書において「地域社会のニーズを満たす有償方式の事業であり，自己の利益の最大化ではなく，地域の利益の増大を目的とする」と紹介されている。そこでは，事業の営利性を前提としており，事業自体が「地域社会のニーズを満たす有償の事業」とされている。コミュニティ・ビジネスの起業プロセスは，市場が未成熟であることが多いことから，「共同学習期」，「社会実験期」という，他のビジネスにはない段階を踏むのが特徴である。したがって，通常のビジネスの起業と比べて成長に時間を要する。さらに，通常のビジネスと比較した時，「商品力」よりも顧客との「関係力」が重視される傾向がある。コミュニティ・ビジネスの成長に至っては，現代の分業社会において関係特殊的な資本関係（社会関係資本）の蓄積が重要な鍵を握っている。コミュニティ・ビジネスは多くの場合，地域課題の解決が主たる目的となる場合が多く，現状の経済政策に手が届かない部分をビジネスで解決することが期待される。　（馬場）

コモディティ化 製品の機能，品質などで差別化することが困難になり，企業が利益をあげられないほどに価格が低下することをコモディティ化と呼んでいる。コモディティ化の要因には，以下の点が挙げられる。①製品のモジュール化。複数の部品の組み合わせで製品に求められる機能が実現できるようになると，技術力がない企業でも容易に参入できるようになる。こうした新規参入の増加が，価格競争を引き起こしている。②顧客価値の頭打ち。顧客が求める機能や品質の水準を製品が超えると，機能や品質での差別化に顧客は関心を示さなくなる。そうなると製品そのものでの差別化は困難になり，価格競争が引き起こされる。製品の機能や品質が，顧客のニーズを上回る状態を，過剰品質と呼んでいる。製品のコモディティ化に対応するための方法の1つが，水平分業によるコスト削減である。製造を外部企業に委託し製造コストを削減することで，価格競争において優位に立つことができることになる。水平分業で製造を請け負う企業は，EMSと呼ばれる。もう1つの方法が，機能や品質で表すことができない，使う気持ちよさや楽しさ，生活の豊かさを感じられる価値を製品に加えることである。延岡健太郎氏はこうした価値を，意味的価値と呼んでいる。 (金綱)

コラボラティブ・イノベーション 組織の垣根を超えた協働によるイノベーションを指す。オープンソースソフトウェア（OSS）開発に注目が集まった際に，イノベーション研究コミュニティによって注目されることになる。OSS研究は当初，営利企業ではないボランタリーな技術者コミュニティによる価値創造という側面が注目を浴びたが，Linuxをはじめとする多くのメジャーOSS開発プロジェクトは，人材，資金両面で企業からの支援を受けており，多様なステークホルダーによる協働の枠組みとして捉え直されることとなった。多様なステークホルダーの協働によって進められる開発プロジェクトでは，すべてのメンバーが合意形成へ努力するという姿勢を持つことが重要である。また公共財としての性質を有するOSSプロジェクトでは，コミュニティで共有されるビジョンと個別企業の利益の整合性をとる必要がある。OSSやソフトウェア開発では，近年GitHub等のウェブプラットフォームの普及によってコラボレーションのコストが削減されるとともに，ソースコードやデータといった資源の共有が加速している。ソースコード開発以外でも，オープンソース「ハードウェア」や，ユーザーイノベーションにおける消費者とのコラボレーション等，コラボラティブ・イノベーションの適用範囲は拡大している。 (深見)

ゴールデンパラシュート (golden parachute)

ゴールデンパラシュートとは，買収者によって買収対象企業の取締役が解任された場合に，高額な退職慰労金を支払う契約をあらかじめ締結しておくことにより買収コストを引き上げ，敵対的買収を仕掛けられるリスクを低減させる買収防衛策のことをいう。取締役が，自己保身ではなく株主利益の観点から敵対的買収者の提案を公正に判断することを可能とする点で，両者の利益相反を減少させる効果がある。しかし，取締役の退職金の高額化は，株主価値の毀損の可能性もはらんでいることから，米国では，1980年代に退職慰労金の高額化を制限するため，年俸の3倍を超える場合に特別課税する対策が取られた。さらに2008年の金融危機を契機にコーポレートガバナンス規制強化が進み，ゴールデンパラシュートも規制の対象とされた。一方，一般従業員に対して高額な割増退職慰労金を支払う契約を締結しておく「ティンパラシュート」（ブリキのパラシュート，tin parachute）という買収防衛策もある。これは，買収後に大幅な人員整理が行われることを想定したものである。従業員1人当たりの退職慰労金は少額であっても総支給額としては多額になるため，敵対的買収の抑止効果が発揮される。

(大野)

コンカレント・エンジニアリング (CE)

製品を開発する際の，企画，設計，製品開発，試作，生産技術開発といった各ステージを同時並行的に進めることで，開発期間を短縮する方法をコンカレント・エンジニアリングと呼んでいる。あるステージが完了してから続くステージを始めるという形で部門間の業務を引き継ぐシーケンシャルな開発プロセスでは，後のステージで問題が発生した場合に前のステージをやり直すことが必要となる。製品開発の各ステージを同時並行的に行えば，後のステージで生じる問題が早い段階で発見できることになり，業務を一からやり直すことが回避できる。また，コンカレント・エンジニアリングは，部品間の調整が重要となる部品の開発プロセスでも有効である。複数の部品の開発をそれぞれ独立して行うケースでは，部品同士を組み合わせたときに初めて問題が発見される事態が生じる。複数の部品の開発を同時並行的に行えば，こうした部品同士の接合時に生じる問題を早期に発見することができる。つまり，コンカレント・エンジニアリングは，開発の各ステージを並行的に行い，早期に問題を発見しながら開発期間を短縮する方法といえる。コンカレント・エンジニアリングを実施していくためには，部門間や企業間で協調関係を築くことが重要となる。

(金綱)

コングロマリット (conglomerate)

コングロマリットとは，複合企業（multi-business）のことをいう。内部成長によらずM&A（合併・買収）によって複数の非関連事業分野に多角化した企業形態。1950年代から1960年代末，米国における第3次M&Aブームの時期に多数のコングロマリットが誕生した。その多くは中小企業であったが，ITT，LTV，Litton，Textron等の「フォーチュン500社」企業も含まれていた。当時，米国は好景気下にあり，企業は多額の余剰資金を保有していたが，独占禁止法の規制強化のため，水平的統合や垂直的統合が制限されていた。このため企業は非関連分野の多角化に資金を投下した。これらは，1株当たりの利益の増加，株価上昇を最優先した金融志向の財務的M&Aであったが，社債や優先株を発行して買収資金を調達する場合が多く，M&Aを進めるにつれ財務構造は悪化していき，1969年から1970年に多くのコングロマリットが業績不振に陥った。この反動もあり1970年代以降は，関連事業分野に多角化して成長を志向する戦略的M&Aが増加していった。1990年代には，金融コングロマリットや通信・メディア・コングロマリットのような関連する複数企業からなる企業グループにも，この用語が使用されるようになっていった。 （大野）

コンシューマリズム (consumerism)

消費者主権を主張する立場から，経済的弱者である消費者の力を強め，社会経済の中に消費者主権を確立しようとする主張および活動をいう。欠陥商品，有害食品，誇大広告，環境破壊などの消費社会特有のひずみに対して，消費者が自らを守るために起こした運動とその思想がコンシューマリズムである。コンシューマリズムは，3つの時期に分けることができる。第1期は，20世紀初頭から1930年頃までで，物価上昇や異物の混入のある食肉など，不正な商品による消費者の利益の侵害を，立法によって保護しようとした時期である。第2期は，1930年から1960年頃までで，押し込み販売に対する不買運動，商品テストによる情報の提供や消費者教育など，消費者自身による積極的な消費者運動展開の時期である。第3期は，1960年以降の消費者主権が確立する時期で，ケネディ大統領による消費者の4つの権利の主張によって思想的基盤が固められ，PL法の制定のような法的基盤が整備されていく時期である。日本における消費者問題への取組みとしては，1968年に消費者保護基本法が制定され，その後，行政による消費者の安全や利益を守ることを目的とした，消費者行政と呼ばれる活動が各自治体によって具体的に行われてきた。 （馬場）

コンソーシアム (consortium)

共通の目標に向かって共同で活動を行うことや資源を蓄える目的で、2つ以上の個人、企業、団体、政府（あるいはこれらの組合せ）から成る団体（協会、組合、連合等）を結成することを意味する概念である。企業連合や資本連合、あるいは広く捉えて共同事業体とも呼ばれる。国際的に大規模な開発事業の推進や資金需要に対応するために、投資の負担や事業リスクを回避する目的で、国内外の枠を超えて銀行や企業が提携する国際的な借款団や融資団を形成し、これに対処することが必要となる。先進国の発展途上国に対する経済援助は一般的に2国間で行われるが、政治的な影響を受けやすくまた地域的な偏りが生じやすい等の欠点があった。そのため、援助の競合や重複を避ける意味でも、数カ国が協力してこれを行うことが有力である。その際、役割分担を調整し資金の効率的配分を行う目的で、国際的な借款団や融資団などと呼ばれるコンソーシアムが形成される。近年、国内でも多くの企業がこれを結成する動きが数多くみられる。その場合、従来の業界組織では対応できないこともあるため、参画する企業や個人等が技術仕様や業界標準を形成し、合意形成を図るなどの足並みを揃えていくことになる。

(當間)

コンティンジェンシー理論 (contingency theory)

コンティンジェンシー理論において、唯一絶対（ワン・ベスト・ウェイ）の組織構造は存在しない。技術や環境など組織を取り巻く状況に応じて、有効な組織構造が変わっていくという考え方である。例えばバーンズとストーカー（Burns, T. & G.M. Stalker）によれば、外部環境が安定していれば機械的組織が、外部環境が不安定ならば有機的組織がそれぞれ有効であるという。コンティンジェンシー理論の特徴は、以下のとおりである。①唯一最善のものを否定する（相対主義）、②組織は環境と何らかのやりとり、すなわち交換関係があり、組織は環境に左右される（オープン・システム）、③仮説を構築し、調査を実施し、データに基づき検証を行う（実証研究）、④抽象的な一般理論でもなく、限定的な特殊理論でもない（中範囲理論）。組織が環境に対していかに適応するのか、をメインテーマにしているコンティンジェンシー理論は、環境を所与のものとして従属的に組織が決まってしまうきらいがある、という批判がある（環境決定論）。組織はもっと環境を主体的に選択しているのであり、むしろ環境に働きかけていく存在なのである、という主張である。

(松村)

コンテスタブル市場 (contestable market)

市場への参入と退出が完全で、サンク・コスト (sunk cost) が存在しない市場のことである。規制緩和を推進するための有力な概念として産業組織論の分野で議論されてきた経緯があり、ボーモル (Baumol, W.J.) やカーン (Kahn, A.E.) らの研究が代表的なものである。従来の経済理論では、独占は限られた企業に超過利潤をもたらし、公共の利益が阻害されるため、有効ではないことが指摘されてきた。そのため、政府による独占禁止政策によって厳しい市場規制が行われることになる。しかし、政府の経済介入を極力排除すべきであるとするシカゴ学派は、市場の集中度が高くても新規参入が継続して許される市場であれば、過剰な利潤は生まれないと主張した。需要条件や費用条件が同じである場合を想定し、参入企業が既存企業よりも低い価格を提示して参入した場合、消費者は新規参入企業の顧客となり、サンク・コストが存在しなくなるため、参入障壁が存在しない市場となる。よって、完全なコンテスタブル市場では、潜在的な参入企業の参入圧力の存在によって、独占企業であっても利潤を得ることはできない。このコンテスタブル市場は、経済理論上は重要な概念であるが、現実的には存在しないことに注意が必要である。(當間)

コンピテンシー (competency)

コンピテンシーは、一定の職務や作業において、絶えず安定的に期待される業績をあげている人材に共通して観察される行動特性のことで、「高い成果を生み出すための行動に結びつく安定的に発揮される能力」のことである。1970年代初め、アメリカ国務省から「学歴や入省試験結果が似通った人物でも外交官としての実績に差がでるのはなぜか」との調査依頼に基づき、ハーバード大学心理学教授のマクレランド (McClelland, D.C.) (1917—1998) らの研究内容から生まれた概念である。その後、ボヤテイズ (Boyatzis, R.E.) が約2,000人の管理職の成果と行動特性を調査し、コンピテンシー理論を実践的体系にまとめた。豊富な知識や高い技能、思考力のある人がかならずしも業績をあげられない事実に着目し、好業績を達成している人材にみられる行動、態度、思考パターン、判断基準などを特性として列挙したものをさす。アメリカで1990年代に人材の採用、昇格、配置などの基準として普及し、日本でも1990年代後半から人事評価基準に取り入れる企業や団体が増えている。コンピテンシーにはいくつかの問題が指摘されている。コンピテンシーの適用範囲の狭さがあり、管理職や専門職等には適用可能であっても、共同作業による生産現場等には馴染みにくく、全社員、全職種に一斉導入は難しいと捉えられる。(羽田)

最低資本金制度 会社の設立に際して，資本金の最低額として，株式会社は1,000万円，有限会社は300万円の資本金を用意することを求めた制度である。もともとは，会社の債権者の権利を保護するために制定されたもので，株主等への最低限の責任として用意させたのが最低資本金である。会社法の変更により，株式会社制度と有限会社制度が統合，これまでの最低資本金制度は廃止（2005）され，資本金1円から株式会社を設立できるようになった。日本では，かつては，会社の設立に際して最低資本金制度はなかったが，1990年改正の旧商法で最低資本金制度が規定され，株式会社は資本金1,000万円以上（旧商法第168条の4），有限会社は10万円から引き上げて資本金300万円以上（旧有限会社法第9条）が必要となった。しかし，2003年に新事業創出促進法が改正され，特例措置として資本金1円での株式会社や有限会社の設立が法的には可能となり，旧商法や旧有限会社法を統合して2006年5月に施行された会社法では，起業の妨げになるとの理由などから，2005年成立の会社法は本制度を廃止した。他方で，株式会社の純資産額が300万円を下回る場合には，会社は株主に対して配当をすることなどができない（会社法第458条）。 （高垣）

最適資本構成

最適資本構成とは，企業価値を最大化する負債（D：debt）と株主資本（E：equity）の構成比。負債（D：debt）の比率が高いと，財務レバレッジが高まり資金効率はよくなるが，支払い利息が増えて倒産リスクが高まる。逆に，株主資本（E：equity）の比率が高まると，安全性は高まるが資金効率は悪化する。この間で最も適したバランスを実現するのが，最適資本構成である。1958年，モディリアニとミラー（Modigliani, F. & M.H. Miller）は，租税がないという前提の下では，企業価値は負債と株主資本の構成比によらない，つまり，資金調達の方法は企業価値に影響しないということを証明した。これが有名なMM理論である。現実的には，企業が資金調達する際に，ある一定レベルまでは，負債を増やして節税効果を享受することが有効となるが，ある一定レベルを超えてしまうと，節税効果のメリットより，デメリットのほうが増えてしまい，企業価値に変曲点が現れることが予測される。その変曲点が，最適資本構成ということになるが，現在も，最適資本構成の理論的な導出方法は解明されていない。そこで，ファイナンス理論の一般的な理解として，キャッシュフローを安全にコントロールできる範囲で借入を最大化することが，企業価値の向上につながるとされる。

（馬場）

差異分析（variance analysis）

差異分析とは，経営活動の結果得られた会計資料を，あらかじめ定めておいた計画数値や基準などと比較して差異を求め，それを分析して経営課題を解決しようとする分析手法である。差異分析は原価管理や生産管理で実施されることが多いが，それ以外にも販売管理費，売上高，プロジェクトの予算管理等も差異分析の対象となる。差異分析は，計画数値と実績数値の違いを分析して経営課題を明らかにするため，計画数値が正しく算出されていること，実績数値のみならず経営管理をする上で必要なデータが正しく記録されていることが前提である。生産管理における例を用いて，差異分析の基本的な考え方を示す。原価＝①単価×②数量や時間　という計算式で表すことができる。つまり原価が計画と異なった場合には，①単価または②数量や時間のいずれかが計画と異なったことが原因である。①単価が計画と異なっていた場合，実際の数値と計画数値の違いを材料費（材料消費価格差異），労務費（賃率差異），製造間接費（予算差異）などに分解して原因を分析することができる。②数量や時間が計画と異なっていた場合も，材料費（材料消費数量差異），労務費（作業時間差異），製造間接費（操業度差異，能率差異）などに分解して原因を分析することができる。

（那須）

財務分析（経営分析）

経営分析とは，取引の開始や継続などを決定するため，対象企業の実態を把握し，評価することである。企業活動を貨幣単位で表した財務諸表と，貨幣金額にはできない非財務資料をもとに企業の善し悪しを判断する。財務諸表を用いた分析は財務分析または財務諸表分析と呼ばれ，収益性と安全性について分析が行われる。収益性分析は，取引収益性，資本収益性，効率性，成長性，生産性などに分類できる。取引収益性の指標は売上高利益率であり，売上と利益の関係から取引の巧拙を示す。資本収益性は投下された資本と利益の関係を示し，ROAやROEが代表的な指標である。効率性は売上高と資産を比較し，資産の効率的運用の度合いを測る。総資産回転率や各種資産回転率が分析に用いられる。成長性は前年対比の伸び率を示す指標であり，売上高や利益の成長を見る。生産性は投入に対する産出の関係を測る。安全性分析は，支払能力を短期と長期の視点で見る。短期的視点の代表的な指標は流動比率で，1年以内に予定されているキャッシュの流入と流出から支払能力を判断する。長期的な視点の代表は固定比率である。固定資産は資金回収に長期間を要することから，固定資産は株主資本で調達するのが望ましいとする指標である。

(青淵)

財務レバレッジ（financial leverage）

財務レバレッジとは，銀行借入や社債発行などを梃子（レバレッジ）として使い，自己資本を梃子にどれだけ負債を活用しているかを示す指標であり自己資本比率の逆数である。財務レバレッジが高ければ高いほど，株主資本は同じであっても銀行借入等を活用してより多くの資金を事業に投下しているため，事業の効率性は増すことにつながる。ただしその反面，有利子負債が増加して自己資本比率が下がり，金利負担，返済負担が増加し，会社の収益性，資金繰りを圧迫することになる。

財務レバレッジ（倍） ＝ 総資本 ÷ 自己資本

財務レバレッジは，負債をどのくらい有効活用しているかを示す。財務レバレッジが高いことは，他人資本の利用割合が高いことを表しており，財務レバレッジが高いということは，総資本に対して他人資本の利用が高いことを意味する。会社の事業に高い収益性や成長性が見込める状況であれば，負債の割合が増えるとしても，銀行から資金を借り入れて収益性の高い事業にその資金を投資することは，結果的に会社の収益を増加させることと捉えることができる。

(羽田)

最有利操業度
　企業が利潤極大化を実現する操業度をいう。操業度とは、生産設備の能力の効率的な利用度をいい、生産可能な生産量と実際生産された数量の比率で示される。操業率または稼働率ともいう。操業度は、経営活動の費用ないし原価に重大な影響を与える。一般に大規模経営では、小規模経営よりも低い単位費用で生産できるとされるが、それは高操業度が可能な場合のみであり、不況時のように低操業度を強いられる場合には、かえって小規模経営よりも高い単位費用になることが多い。したがって、操業度を上昇させ、それによって単位費用を低下させることが、経営上の根本問題となる。これを操業政策という。操業度を0％から上昇させていくと、平均費用はしだいに低下するが、設備利用の技術的最適点を過ぎると、設備の過剰な使用等により平均費用は上昇する。したがって、平均費用はU字型の経過をとるが、その最低点を最適操業度という。価格が一定であるとすれば、最適操業度において製品単位当たり利益は最大になる。最適操業度を超えれば、単位当たり利益は減少するが、なお追加生産に要する限界費用が価格を下回る間は、追加利益が発生する。したがって、総利益が最大になる操業度は最適操業度ではなく、それを超えた限界費用と価格の一致する操業度である。
(馬場)

サービス・ドミナント・ロジック (service-dominant logic)
サービス・ドミナント・ロジック（SDロジック）は、有形財のみならず無形資産、価値の共創、関係性などが経済的交換の基礎的な視点となってきたことから、バーゴとラッシュ（Vargo, S.L. & R.F. Lusch）によって提唱された考え方である。SDロジックの考え方の特徴は、顧客（ユーザー）を価値創出のパートナーとして捉え、有形財の使用価値に注目している点である。①有形財としての製品と無形財としてのサービスを区別せずに、これらを包括する概念としてサービスを捉える。②有形財そのものには価値がなく、それが使われて初めて価値を生み出す（使用価値）点が重要である。③使用価値の創出プロセスに関わる顧客（ユーザー）は、企業にとって価値創造の共同パートナーである。④この価値創出のプロセスでは、企業と顧客などの間でナレッジやスキルの交換が行われ、市場参加者が学習をしている。⑤有形財（オペランド資源）とナレッジやスキルといった無形財（オペラント資源）は切り離されることなく、生産者から消費者へ同時に移転していく。SDロジックでは、顧客も価値創造ネットワークの一員であり、商品の利用や評判の伝達などを通じて価値創造の一部を担っていると考えている。
(那須)

サプライチェーン・マネジメント (supply chain management：SCM)

SCMとは，原材料の調達から生産，流通，消費に至る一連のプロセスを，ICTを駆使したロジスティック・システムなどに基づいて統合的に見直し，プロセス全体の効率化と最適化を実現するための経営管理手法をいう。開発，調達，製造，発送，販売といった各プロセスでの在庫量や滞留時間などを削減することで，顧客には最短かつタイムリーに製品を供給し，企業としては納期短縮・欠品防止による顧客満足の向上，流通在庫を含む在庫・仕掛品の削減によるキャッシュフローの最大化等，経営の効率化をめざすものである。SCMの考え方には，サプライチェーンの部分最適ではなく，全体最適を図るということがある。販売力が弱い状態で，製造コストを下げるために生産量を増やしても，不良在庫を増やすだけであり，強力な販売体制を構築したとしても，商品供給ができなければ販売機会を失う。このミスマッチをいかに解消するかが，SCM実践における重要なテーマである。SCMの基本形は，POSデータなどの販売実績情報に基づき需要予測を行い，これをベースに生産計画，在庫計画，販売計画そして補充計画を最適化し，それらの計画に沿った生産や物流を行うものである。 (馬場)

差別価格政策

同一商品について，用途・購入者・支払方法・購入数量・購入時期などにより，価格上の差別を設ける政策のことである。買い手が置かれている購入時点での特定の状況に合わせ，同一の商品に対して，費用の差に対応しない異なった価格を課すること。実際に用いられている差別価格としては，買い手の購入数量に基づく価格差別（数量割引），買い手の立地の差異によって設ける地理的差別（均一納入価格制，基準点価格制，積出し価格制など），時間的差別（遠距離電話料金の昼夜の差別，ホテルの季節別料金など），製品用途差別（買い手の性格あるいは買い手がその製品をどのような用途に用いるかによる差別化で，映画館，理髪店などの成人，子供の料金の区別，電気やガスの家庭用，営業用の別料金など）などが挙げられる。売り手の立場からみると，差別価格の設定は市場細分化，市場の拡大，生産費の削減，競争への適応のためなどの目的によるものであるが，合法性をめぐっての問題も多く，日本の独占禁止法においては，差別価格の一部は，不公正な取引方法として禁止している（独占禁止法2条9項）。 (馬場)

差別化戦略　差別化戦略とは，競合他社とどのように差別化を行うのかが競争優位の源泉となることを強調する戦略で，ポーター（Porter, M.E.）が示したジェネリック戦略と呼ばれるフレームワークの一部を構成している。差別化戦略は，価格以外の特徴に価値を見出す顧客に対して，標準化されていない独自の差別化要素を取り入れた製品やサービスを提供する戦略である。また，他社とは異なることを行うだけではなく，顧客にとって他社よりも価値が高いと認識されることが必要となる。差別化戦略では比較的高い価格が受容されるが，競争的な価格で商品やサービスを提供する必要がある。つまり，差別化によって顧客が受容する価格を上回ってしまうことに注意が必要である。差別化戦略にはリスクも存在する。第一に，行き過ぎた差別化によって，顧客の需要を満たさなくなってしまうことである。第二に，同程度に差別化された製品やサービスをより低コストで提供する競合の模倣を考慮する必要がある。差別化の方法としては，顧客サービス，ブランド力，評判などが含まれるが，差別化戦略の例としてわかりやすいのが製品差別化である。製品差別化とは，他社にはない機能や性能，デザインを製品に付与することで差別化を図り競争優位を構築することを意味する。　（安田）

差別的選好　ベッカー（Becker, G.S., 1971）らによる「企業の差別的選好」を指す。企業が，労働者が供給する生産性とは別の理由，例えば，性別，出身地等によって一部の労働者を区別・差別し，例えば性別や人種で賃金格差があることを説明するとき，同一の能力を有する人材に対して，賃金率に一種のプレミアムを乗ずるなどが具体例として挙げられる。差別的選好は，次の前提から始まる。まず賃金（労働の価格）は自由で競争的な市場で決まる。次に，企業の目的は利潤の最大化である。そして，賃金は労働をめぐる需要と供給で決まるが，それは労働者の機会費用と限界価値生産性が一致する均衡点を意味する。また男女とも同じ能力を持ち，1単位の労働によって同一財を供給できる，という前提を置く。この前提に立てば，男女に均衡価格の違いが生まれることはない。しかし，現実には日本をはじめ各国で，男女や人種などをもとに，同程度の能力を有する人材でも登用や処遇で区別してきたことが知られている。総合職と一般職などのコース制採用，フルタイムとパートタイムなどの違いが男女の雇用と密接に関係していることから，これらが，給与の差別的選好の具体例として指摘されることは多い。この点，同一労働同一賃金を掲げる政策は，差別的選好の解消に有益な政策といえる。　（馬場）

産業クラスター(産業集積)

特定分野における関連企業，専門性の高い供給業者，サービス提供者，関連業界に属する企業，関連機関（大学，業界団体，自治体など）が，地理的に集中し，競争しつつ同時に協力している状態をいう。クラスターとはブドウなどの房を意味し，限られた地域の産官学が互いに競争，協力しながらイノベーションを重ね，新たな商品やサービスを生み出すことで産業育成と地域振興を目指す概念で，米国の経営学者ポーター（Porter, M.E.）が提示した。実例として，米国のシリコンバレーやテキサス州オースティン，イギリスのケンブリッジ，ドイツのミュンヘン，フィンランドのオウルなどが知られている。日本では経済再生を図るために，全国で40カ所以上の産業クラスター計画が経済産業省の主導のもと，文部科学省や地方自治体などとも連携してすすめられた。今までにない新しい組み合わせのネットワークを構築することで，新産業を生み出し，従来の垂直型産業組織や，企業誘致に重点をおいた地域経済振興から政策変換し，各地域で取組みが行われている。新事業が次々と生み出されるような事業環境を整備することにより，競争優位を持つ産業が核となって広域的に産業集積が進むことを目標としている。

(髙垣)

産業再生法 (Industrial Revitalization Law)

企業の経営資源の効率的な活用を通じて，生産性の向上を実現するとともに，産業活力の再生を実現することを目的に施行された法律である。この法律は，通産省が主導となって，産業界のメンバーを交えた首相直属の産業競争力会議における議論を土台にして，1999年に2003年3月までの時限付き立法として成立した産業活力の再生及び産業活動の革新に関する特別措置法（産業活力再生特別措置法）のことである。略して産活法とも呼ばれている。ひとたび経営破綻した企業は，一般的に，再建に向けて適切な法的処理を行う（民事再生法）か，それとも企業それ自体を解体してしまう（会社更生法）かの清算的措置のどちらかが行われる。産業再生法はこれらの法律とは異なり，経営状態の悪い企業に対して，事業の再構築，共同事業の再編，経営資源の再活用，事業革新設備の導入などを支援する。再建を図る事業者は，所管官庁の認定を受ければ，設備廃棄の除却損の繰越期間の延長，登録税や不動産取得税の軽減のほか，日本政策銀行の低利融資などが産業再生機構の支援によって，企業体質の改善を図る目的で適用される。この法律は，その後，2014年1月に産業競争力強化法の施行に伴って廃止された。

(當間)

産業財マーケティング (industrial marketing)

産業財マーケティングとは、企業間取引（BtoB=business to business）を対象とするビジネス領域におけるマーケティングのことである。これまでBtoBビジネスでは、価格・品質・納期などに注目して営業活動が行われていた。しかし従来型の固定的な取引関係が衰退し、グローバル市場における事業展開への対応の必要性が高まるなど、現在は企業間取引の環境そのものが変化している。そのような現状を踏まえ、BtoBにおける企業の購買行動の理解、BtoBの市場の捉え方、顧客接点のマネジメント、ブランディングの方向性、顧客満足度の向上などが重要視されている。BtoBの特徴として、①合理的で客観的な意思決定がなされる、②購買関与者が人数・階層ともに多数にわたる、③承認者や経営トップなど多層な関与者の意向や判断が購買に対して影響力を持つ、④購買が定期的に行われることが多い、⑤取引１回当たりの購買金額や購買量が多い、⑥リスクを回避するため、過去の利用経験や企業間での信頼関係に基づき取引先が選定される、⑦固定的で長期的な取引が行われる、を挙げることができる。これらの特徴を踏まえ、BtoBでは、BtoCとは異なる視点でマーケティング戦略を立案する必要がある。

（那須）

産業立地 (industrial location)

産業立地は、産業活動を行うための場所、あるいは場所の選択をいう。工業立地、農業立地といった表現もあり、企業が工場を建設する立場からは工場立地という。工場、事業所などを建設する地点の選択や決定は、その後の産業、企業の活動状況に大きな影響を与える。立地条件を大別すると原料立地、消費立地に分かれ、原料立地は原材料の入手に便利な地点、消費立地は消費地に近い場所をいう。このほか地価、労働力、工業用水、輸送施設なども考慮される。地域開発、公害防止など政策上の産業配置の立場からも問題となる。具体的には、原材料の入手に便利なこと、製品の消費地への輸送に便利なこと、労働力、電力、工業用水などが入手しやすいことなどの諸条件を考慮した上で、それぞれの産業事情に応じて選択される。日本では製鉄、石油精製など原料の輸入を必要とする産業は臨海地に立地を求め、紡績工場などでは労働力立地の色彩が濃く、製紙工業は水資源が豊富な地域に立地している。食品加工、自動車は消費地立地産業の代表である。最近は、遠隔地でも、自動車輸送の発達に伴い、幹線高速道路沿線への立地がみられる。なお過去には製造業を主として議論されたが、第３次産業の事業所も含まれる。

（高垣）

3C分析 (3C analysis)

企業を取り巻く環境を把握する際に用いられるフレームワーク(分析の枠組み)であり,環境を構成するプレーヤーである顧客(customer),競合(competitor),自社(company)を対象に分析をすることから,それぞれの頭文字をとって3C分析と呼ばれている。実際の分析の流れとしては,初めに外部環境の動向として,顧客と競合に関する動向の分析を実施する。続いてこれをもとに,内部資源の状況として,自社の経営資源の状況に関する分析を実施する。顧客に関する分析としては,主に消費者の現状の購買行動について把握するために,マーケティング・リサーチなどの手法を用いて分析を行う。競合に関する分析は,自社の競合事業者(ライバル)の動向について把握するため,業界のプレーヤーや新規参入事業者,代替品などの観点から競合の動向を捉えるファイブフォース(5Forces)分析などの手法が用いられる。そして自社に関する分析としては,主に自社の内部資源の状況に関する分析であり,自社に蓄積されている経営資源を把握するVRIO分析や製品・サービスの提供プロセスにおける自社の強み・弱みを分析するバリューチェーン分析などの手法を用いて分析を行う。

(小具)

参入障壁 (barriers to entry)

参入障壁とは,ある産業や市場に企業が新たに参入しようとする際に障害となる要因のことである。ポーター(Porter, M.E.)は主な参入障壁として,①規模の経済性が働く業界であること,②垂直統合が進んでいて原材料の購入などに支障を及ぼす可能性があること,③製品差別化が進んでいて,顧客が既存業者に高いロイヤルティを持っていること,④参入に当たって巨額の投資が必要であること,⑤参入に当たって仕入れ先を変えるコストを負担しなければならないこと,⑥流通チャネルへのアクセスの難易度が高いこと,⑦独占的な製品テクノロジーを所有する企業がいること,⑧原材料入手の難易度が高いこと,⑨立地条件が業績を大きく左右すること,⑩政府の援助の有無や政府の政策動向が強く影響を及ぼすこと,⑪習熟または経験曲線による競争優位が強く存在すること,⑫参入に対して予想される報復が厳しいこと,などを挙げている。これらの障害となる要因がある場合,競合他社は新規参入を思い留まる可能性が高い。したがって,その業界や市場の既存業者はこれらの参入障壁を築くための戦略を実行して,競争を優位に進めようとすることとなる。しかし,技術進歩や規制の変更などが産業構造と参入障壁を変えてしまうこともあるため注意が必要である。

(那須)

シェアリング・エコノミー（シェアリング・ビジネス）

シェアリング・エコノミーとは，個人が持つ遊休資産（有形，無形を問わない）の貸し借りを仲介するサービスである。貸し出す側は遊休資産を活用することで収入を得ることができ，借りる側は利用に対するコストを抑えることができる。個人間での物の貸し借り・共有，育児における助け合いなど，シェアリング・エコノミーの考え方は古くからある。しかし，貸し借りには信頼関係の構築が必要であることから，遊休資産を持つ個人がいることがわかっていても，簡単に貸し借りを行うことができなかった。一方で，近年はSNSサービスの活用により他者との距離が近づき，さまざまなコミュニティが形成されるとともに，多種多様な事柄に対して口コミによる評価が行われるようになった。さらにスマートフォンが普及したことで，さまざまな機能をリアルタイムに利用できるようになっている。インターネットへのアクセスの容易さから，利用したいものの検索，遊休資産の情報発信ができるだけでなく，位置情報の確認や決済までも可能になっている。ICTの活用により，個人間の取引を容易に行えるプラットフォームが提供されるようになり，口コミによる評価などを用いることで，広域的なシェアリングのビジネス展開となった。

〔米岡〕

時間研究／動作研究（time study／motion study）

テイラー（Taylor, F.W.）が提唱した工場の労働現場における時間研究から，標準時間と作業量の設定を行い，これにギルブレス（Gilbreth, F.B.）が開発した作業方法である動作研究による作業の簡素化と標準化を加えた管理方式のことを意味する。この2つの研究は，テイラーの科学的管理法において，しばしば狭義の意味で用いられることがあるが，元々は，別々の研究であった点が重要である。テイラーによる時間研究は，作業を基本動作に分解して，ストップ・ウォッチを用いて各動作の時間を測定し，これを分析して各作業の標準時間を決定する技法である。これに対してギルブレスによる動作研究は，作業の能率を高め，同時に作業者の疲労を軽減するために，作業者の動作を研究し，あわせて設備などの改善をはかり，最も適した作業方法を見出そうとする一連の研究であった。ギルブレスは，自身の研究で労働者の福祉を重要なものと考えることが根底にあるが，テイラーの研究は，労働者自身が利益の追求と感じているものであるとの認識から，この2者間に見解の相違が生じ，個人的な亀裂をもたらすこととなった。その後，ギルブレスはテイラーのグループを離れることになったという経緯がある。

〔當間〕

指揮の一元性

あらゆる組織には，管理機能が必要である。そして管理機能を遂行するためには，判断の基準となる原則が必要となる。ファヨール（Fayol, J.H.）は，管理の原則はそれを適用する際に厳密なものでなければ，絶対的なものでもないとしている。組織が置かれる状況は多様で変化しやすいからである。したがって，原則の適用にあたっては柔軟性が重要であり，原則を使いこなすには知性，経験，決断，節度などを必要とする。ファヨールは管理の一般原則として，分業，権威と責任，規律，命令の一元性，指揮の一元性，個人的利益の全体的利益への従属，公正な報酬，権限の集中，階層組織，秩序，公正，従業員の安定，創意，従業員団結，などの14の管理の原理を挙げている。特にその中で，命令の一元性と指揮の一元性は明確に区別されるべきとしている。命令の一元性とは，各構成員は常に1人の上司からのみ命令を受けるようにしなければならないという原則である。命令の2元性はしばしばみられるが，そのような場合には，権限は害され，規律は損なわれ，秩序は乱され，安定は脅かされる。一方，指揮の一元性とは，同一の目的を目指す組織は，諸活動の全体についてただ1人の責任者と1つの計画を持つべきであるという原則である。これは行動の統一，諸力の調整，努力の集中のための必要な条件である。

(郭)

事業承継 (succession)

事業承継は，一般に企業経営者が自らの事業を後継者に受け継ぐことをいう。超高齢社会の日本において，経営者の引退が問題となっている。自らの事業を受け継ぐ後継者の不在を理由とした廃業は，全体の廃業の中でもかなりの比率を占める。事業承継には後継者候補の不在といった問題のみならず，技術・ノウハウやブランドの承継の問題，さらに株式譲渡や相続に伴う税の問題もある。事業承継では，子に継がせる親族内承継や従業員への承継，あるいは会社を売却するM&Aがとられる。後継者が決まっている場合には親族内承継の割合が多いが，そうでない場合には親族に継がせるとは限らない。2007年以降の経営者交代件数の5割超は親族外承継である（『中小企業白書2017年版』）。そのため，事業承継をめぐっては，相続に関するサービスを行う事業者やM&A仲介業者が存在感を高めている。日本のファミリービジネス研究の特徴として，数百年単位で事業を継続させた長寿企業が挙げられることがある。これら長寿企業には，事業承継を何度も成功させてきたという点で，経営者の高齢化に伴う事業承継が課題となった2010年前後から注目が高まった。

(小野瀬)

事業戦略　事業戦略とは，自社の強みを活かすことによって競争優位を獲得するための活動である。全社戦略（企業戦略）との関連で使われ，全社戦略（企業戦略）は組織が戦うフィールドを示すのに対して，事業戦略は，組織が競争相手とどのように戦うのかを示す。全社戦略の問いが「where」であるのに対して，事業戦略の問いは「how」になる。事業戦略は競争戦略と呼ばれることもあり，その目的は，自社と競合他社のポジションに相違点を創り出すことにある。ポーター（Porter, M.E.）によって提示されたジェネリック戦略に基づけば，事業戦略はコスト・リーダーシップ戦略，差別化戦略，さらには集中化戦略に分類される。つまり，他者と違うやり方で同じ活動を行うのか，他者と異なる活動を行うのか，そしてそれらは特定のセグメントに集中するのかしないのか，に関する決定である。コスト・リーダーシップ戦略とは，競合他社よりも低いコストで顧客が受け入れ可能な特徴を備えた製品やサービスを提供する戦略である。差別化戦略とは，競合他社とは差別化された製品やサービスを顧客に提供することを意味する。集中戦略とは特定のセグメントに製品やサービスを導入することを意味し，例えば，高齢者などの購買者層に集中する方法，1つの都道府県に集中する方法が挙げられる。　　（安田）

事業部制組織　事業部制組織とは組織構造の1つで，1つの本社部門と，事業や顧客を事業単位とする複数の事業部によって構成される組織である。各事業部のトップには，本社部門から事業運営に関する権限移譲が行われ，独立した事業として運営される。起源としては，チャンドラー（Chandler, A.D.）がデュポン社やゼネラルモーターズ社などを対象にして，環境変化と戦略変化に伴う職能別組織から事業部制組織への移行過程を分析したことで知られている。日本では1933年に松下幸之助によって当時の松下電器（現パナソニック）が導入したのが最初である。多角化している組織を機能別組織で運用すれば，処理すべき情報量が膨大となり調整やコントロールに大きな問題が生じるため，事業部制組織は高度に多角化している組織に適しているとされている。事業部制組織には一般に3点の利点がある。第一に，事業部の業績を監視することが容易になるというコントロール上のメリットである。次に，利益責任を含めて各事業部が独立して事業を行うことからフレキシブルな事業運営が可能になり，資源配分プロセスの改善が可能になる。さらに，事業間の競争原理が働くことも事業部制のメリットとなる。一方で，独立性が高い故に事業部間の横断的な活動が困難となる，人事などの諸機能が事業部間で重複するなどのデメリットも指摘されている。　　（安田）

事業別セグメント情報　事業の業績は，有価証券報告書での事業別セグメント情報として掲載されている。セグメントとは，企業経営の成果について，事業部別，もしくは地域別に区分された報告書である。その情報として，売上高，利益，総資産などが掲載されている。これらの情報により，収益性の分析が可能となる。ROA（return on assets, 総資産利益率，営利利益÷総資産×100），売上高営業利益率（営業利益÷売上高×100），総資産回転率（売上高÷資産）を算出することができる。ROAは，売上高営業利益率と総資産回転率に分解することができる。売上高営業利益率は，収益性を示す指標であり，総資産回転率は効率性を示す指標である。この分解式から，ROAの結果については，どちらの要素が働いたのかを把握することができる。さらに，売上高や利益に関する前年度からの伸び率についても明らかになる。連結会計制度が導入され，親会社，子会社，関連会社の業績が，1つの企業組織として公表されている。そのため，事業内容などが理解しにくいため，事業部もしくは地域別の情報を発表することにより，活動の内容が明確になってくる。さらに，同業他社を比較することにより，事業投資，事業売却・撤退などを遂行するかどうかの経営者の意思決定を迅速に進めることができる。

（森谷）

事業持株会社（operating holding company）　持株会社は，ほかの会社の事業を支配することを目的に，その会社の株式を保有する会社のことをさす。ほかの会社の株式を保有しながら自らも事業を営むのが事業持株会社であり，事業を営まないでもっぱらほかの会社を支配することに徹するのが純粋持株会社（pure holding company）である。一部の事業部門を独立させて子会社化する分社化は，典型的な事業持株会社の例である。純粋持株会社は，長らく私的独占の禁止及び公正取引の確保に関する法律（独占禁止法）によって禁止されていたが，1997年に改正され，純粋持株会社をつくることが可能になった。持株会社（親会社）となって事業部門を子会社にすることよって，①子会社の意思決定が迅速化されるなど経営スピードが上がる，②親会社と子会社で異なる人事労務制度を採用できるため人件費を抑えられる，③子会社の買収や売却がしやすくなることで思い切った事業再編が可能になるなどのメリットがある。しかし，1つの会社内の事業部門と異なり，親会社と子会社のあいだや子会社間のシナジーが効きにくくなる，間接部門がそれぞれの子会社に存在するため間接費が増えやすくなるといったデメリットもよく指摘される。

（松村）

資源依存理論

資源依存理論は，資源依存モデルあるいは資源依存パースペクティブとも呼ばれ，フェッファーとサランシック（Pfeffer, J. & G.R. Salancik）によって提示された。彼らは，エマーソン（Emerson, R.M.）の「AがBに対して依存すればするほど，BはAに対して権力を有する」という権力関係を依存関係として定義する理論に基づいて，組織における権力現象や組織間関係を資源依存関係によって体系的に説明した。彼らによれば，組織における権力が，組織にとって決定的に重要な資源の獲得やそうした資源を供給する能力を基盤として形成されるとともに，組織内における決定的に重要な資源の配分において行使されるということを理論的命題として提示している。また，資源依存理論は，こうした組織内の権力現象の分析のみならず，組織間関係の分析に対する有力な理論となっている。すなわち，組織は存続していくためには外部環境からさまざまな資源を調達，獲得し，それを活用しなければならないため，自己充足的な存在ではなく外部環境，とりわけ組織にとって必要なさまざまな資源を所有し，コントロールしている他の組織に対して依存することとなる。こうした諸資源の獲得，調達，使用をめぐる依存関係によって組織間関係の形成と維持が説明される。　　（山中）

資源ベース理論

経営資源をベースに戦略をみる視点を，資源ベース理論あるいは，リソース・ベースト・ビュー（RBV：resource-based view）という。資源ベース理論は，ワーナーフェルト（Wernerfelt, B.）に端を発し，その後バーニー（Barney, J.B.），ハメルとプラハラード（Hamel, G. & C.K. Prahalad）などによって確立されたとされている。企業を分析する視点は，企業の「外」と「内」の2つに分類することができる。企業の利益の源泉が，企業内部の能力や経営資源にあるのか，それとも企業を取り巻く外部構造にあるのかという分類である。「外」とは企業を取り巻く経営環境にいかに適応するかが戦略の主眼で，経営環境の機会と脅威を分析し，その中で自社の位置付けを行う「ポジショニング理論（positioning theory）」のことである。それに対して「内」とは，企業内部の能力に注目し，他社には真似できない企業独自の競争優位をもたらす経営資源に価値を見出し，蓄積・育成し事業の展開をいかに行っていけばよいかを議論の中心とする「資源ベース理論」のことである。「内」に注目する「資源ベース理論」では，市場から容易に調達することができない企業独自の資源に注目することによって，他社や従来とは異なった戦略策定を行い，他社に真似されない企業独自能力とは何かについて考えるための枠組みを提供する。　　（大杉）

自己実現欲求 (self-actualization needs)

欲求階層理論の最高位に位置付けられ、自身の成長の機会や能力を十二分に発揮、開発を求める欲求のことである。これは、動機づけ理論を構成する内容理論（content theory）の1つの理論であり、マズロー（Maslow, A.H.）によって提唱された。マズローは、人間の欲求を5つの段階に分類した。第1の階層は、生理的欲求（食料、水、空気、睡眠などを求める）である。第2の階層は、安全欲求（安全で安定した物的・情緒的環境を求める）である。第3の階層は、所属欲求（集団への所属や友情、愛情を求める欲求で、社会的欲求とも呼ばれる）である。第4の階層は、尊厳欲求（自己の行動に対し、他者からの承認、注目を得たいとする欲求）である。そして第5の階層が、この自己実現欲求である。そして、この理論は、①5つの欲求は、最低次の生理的欲求から最高次の自己実現欲求へと階層構造を形成していること。②より高次の欲求は、その1段下の欲求が充足されない限り行動を誘発するほど活性化しないこと。③自己実現欲求は、充足されても沈静化することはなく永続的に自己実現へと動機づけていくこと。このような理由から、動機づけ理論の分野の中で、この階層理論の貢献は非常に大きいとされている。 (當間)

市場価格政策

一般に、企業がみずからの製品の価格決定を戦略的に行うことをいう。経済学では、完全競争企業は利潤を極大化するべく、市場が示す価格を自動的に設定するものとして理論を構築しているが、寡占企業などは他の企業の行動を考慮に入れて、さまざまな目標を達成するために価格を戦略的に設定することがある。例えば、投資に対する利益率の目標を達成すること、価格および生産量を安定させること、市場占有率の目標を達成すること、競争企業に対抗すること、など多様な目標がある。価格政策には、市場価格の存在を前提にした受動的順応策である順応的価格政策および消極的価格政策と、価格自体をつくりだす能動的適応策としての積極的価格政策および有機的価格政策とがある。順応的価格政策は、価格とコストの適合を図るもので、操業度の変化によるコスト増減をいかに吸収するかに関心が置かれる。その具体例が段階価格と最低価格である。段階価格は、コストの構成要素について回収断念順位を設定し、不況時にはその程度に応じた回収断念によって順応し、好況時にその分を回収する。段階価格の最下限が最低価格であり、価格をそれ以下にするよりは、むしろ操業休止などの政策をとることになる。消極的価格政策の具体例としては、おとり価格、紹介価格、見切り価格などがある。 (馬場)

市場ニーズ（market needs）　市場ニーズとは，顧客が解決したい困りごとであり，主として顕在ニーズと潜在ニーズの2種類に分かれる。顕在ニーズとは，顧客が自分自身ですでに気づいているニーズのことであり，潜在ニーズとは，顧客自身がまだその存在に気づいていない，隠れたニーズのことを指す。こうした市場ニーズを把握して分析するための調査が，マーケティング・リサーチである。具体的な調査手法としては，アンケート調査やグループインタビュー等の調査形式があるが，これらは顧客が自らのニーズを明確に表現（言語化）できるため，主に顕在ニーズを把握するために用いられることが多い。一方で潜在ニーズは，顧客自身がニーズを表現（言語化）することが困難である。このため，顧客の行動を観察することにより，その内に秘められたニーズを洞察して把握する行動観察などの手法が用いられる。企業はこれらの調査を実施することにより，顧客が有する困りごとである市場ニーズを把握し，その具体的な手段への欲求であるウォンツを検討する。例えば健康飲料の場合，「体に良い飲み物を摂取して健康になりたい」というのがニーズであり，「特定保健用食品マークの付いている緑茶が欲しい」というのがウォンツとなる。

(小具)

市場の不完全性　企業はなぜ多国籍化するのかという問いは，内部化理論の主要テーマであった。内部化理論は，市場の不完全性（imperfections in the markets）から，この問いに対する解答を行ってきた。多国籍化するということは，相互依存的な活動の調整を，市場ではなく国境を越えて組織内部で行うということである。市場が完全であれば，活動の調整はすべて市場に委ねればよい。しかしながら，市場にはさまざまなタイプの不完全性が存在する。内部化理論では，この市場の不完全性を，取引相手の発見や契約の困難性などの市場取引に内在する自然的不完全性と，関税や政府の規制など人為的に生み出される外生的不完全性に区分してきた。こうした市場の不完全性の中でも，とりわけ内部化理論が焦点を当てたのが知識市場の不完全性である。知識は公共財的性質を持つため，市場で知識を取引した場合（ライセンス契約），その知識がライバル企業に流出してしまう危険性が生じる。一方で，こうしたリスクは，知識を市場で取引せずに，直接投資を行い海外子会社内部で利用するようにしておけば回避できることになる。内部化理論では，こうした市場の不完全性を，企業が多国籍化する最大の理由として位置づけてきた。

(金綱)

シックス・シグマ（six sigma）

品質を「シグマ」という数値で表現したものである。品質に重要な欠陥をもたらすものをCTQ（critical to quality）というが、これらの課題をいかに見つけ、的確で迅速に解決するのかが経営上解決すべき課題の重要なポイントとなっている。このシックス・シグマは、1980年代から1990年代までの第1世代、1995年から2004年までの第2世代、それ以後の第3世代に分類されている。特に、1980年代には日本製品が米国市場を席巻したことを背景に、米国では当時、日本のTQC（全社的品質管理）を徹底的に分析するなどのブームが引き起こされていた。このTQCは、1990年代の日本でさらにTQM（総合的品質管理）の形で日本の産業現場にも大きな影響を及ぼしたと評価されている。シックス・シグマの品質改善プロセスは、基本的に「測定（measurement）」→「分析（analyze）」→「改善（improve）」→「管理（control）」という流れで行われる。このシックス・シグマが注目されたのは、かつては生産現場における品質管理という狭い次元にとどまっていた効率化の視点を、企業経営全般にまで広めた点にある。米国で導入して大きな成果を上げたといわれた企業が、1995年のGEであった。日本では1997年にソニーが初めて導入し、その他に東芝、日立マクセル、シマノなどの事例が紹介されている。　　（文）

実践知（practical intelligence）

実践知とは、経験や実践を通じて得た知性であり、仕事をはじめとする実践場面での知能を説明・予測するために提唱されたものである。熟達者は実践を通じてさまざまな知識を得ており、それを状況に合わせて活用している。熟達者は、これらの知識を観察学習、職場における他人との相互作用、経験の反復、経験からの帰納と類推、メディアによる学習などから身につけている。実践知は、形式的な知識と暗黙知を含んでいる。実践知の特徴として、アメリカの知能心理学者であるスタンバーグ（Sternberg, R.J.）は以下の点を挙げている。①個人の実践経験によって獲得されること。②仕事において目標指向的であること。③仕事の手順や手続きに関わること。④実践場面で役立つこと。また、心理学者である波多野誼余夫は、実践知の内容について以下のように整理している。①実践知は、手続き的知識とその対象の理解を可能にする概念的知識から構成されている。②概念的知識を獲得することにより、人は問題状況を適切に解釈し、その問題状況に関わる本質や原理に関する概念的知識を自動的に働かせ、スキルを実行するための手続き的知識を行為に変換する。③メタ認知的知識が、通常の知識よりも一段高いメタ水準から知識をコントロールしている。　　（那須）

実装主義

ソフトウェアや通信プロトコル等の標準仕様策定時における，プロセス運営ルールのこと。代表例は，ウェブ標準化団体W3Cが採用する「複数の独立した相互可用性のある実装事例が存在しなければ，標準として採択されない」である。原点は，インターネット技術の標準化団体であるIETFにおける，"Rough consensus, running code"（厳密な仕様を突き詰めるために時間を費やすのではなく，大まかな内容で合意して速やかに相互接続性試験や実運用を開始し，改良しながら詳細な仕様を定めていく）というコンセプトである。旧来の物理的な製品ベースの標準は，厳密な仕様確定まで準拠製品の設計が完了できず，製造ラインを設けることもできない。そして，一度標準が定まると比較的長期間，仕様は変化せず，準拠製品も継続的に供給される。一方，インターネットの普及とモノのサービス化は，ソフトウェアの担う領域を拡大させるとともに，継続的に仕様がアップデートされ続けるという運用体制を可能にした。そのため，仕様が確定する前に準拠製品・サービスが市場投入され，利用・運用からのフィードバックをもとに改良されて安定版へと進化していくという実装主義のスタイルが普及することとなった。

(深見)

自動運転車

自動運転車とは，人間が運転操作を行わずに運行できる自動車である。特に近年，一般公道を走行する自動車への実装が注目されており，すでに完全な自動運転／自立運転ではないものの，車間距離を自動的に調整するオートクルーズや，衝突を防止する自動ブレーキ等，人間が行う運転操作を補助する機能は多くの自動車に搭載されている。自動運転は，走行状態や周囲の状況をセンサーから収集したデータによって把握し，ハンドルやアクセル，ブレーキ等を自律的に操作する。現在進められている多くのプロジェクトは，自動車のみにセンサーを敷設するタイプの設計を採用している。運転手がいないのを前提とする自律型の自動運転車は，無数の車両，二輪車，歩行者などが行き交い，予期せぬ障害物や想定外の挙動をする車両や歩行者がいる公道上において，実用化になかなか至らない状況であった。この状況を変えたのが，センサーデバイスの低価格化と小型化，センサーが取得した大量の情報を処理することを可能にした人工知能技術の進展である。モビリティ提供において最も大きなコストは人件費であり，運転手が不要になることで運輸・交通のコスト構造は大きく転換する。これは，あらゆる産業に影響を及ぼすため，経済活動のあり方を含む社会構造の再編成が予想される。

(深見)

シードキャピタル（seed capital）

シードキャピタルとは，立ち上げ直後のベンチャー企業に着手金を出資する投資ファンドのことをいう。シードキャピタルは，アーリーステージの初期段階に，事業の種（シード）を評価しなければならない。したがって，起業家の能力を育成する目的を持つと同時に，シードを評価できる投資ファンドである。企業は，事業の立ち上げから市場に製品やサービスを提供し，存続可能な状態になるまでに，多くの資金が必要になる。資金は，起業したメンバーの生活費や開発にかかる材料費，製品製造のための設備投資，完成した製品を販売するための広告費や営業のコストである。起業段階における資本供給は，過去の実績がないため，投資家のリスクは高い。とりわけ，新規事業を担うベンチャー企業への出資は不確実な投資となる。起業直後は，商品やサービスに関する漠然としたアイデア段階にあり，技術的にも不完全で，製品としては完成するか否かが判断できない状態にある。プロトタイプもなく，サービスの内容も不明確である。市場が存在しないため，当然ニーズを測定することもできない。したがって立ち上げ直後のベンチャー企業にとって，シードキャピタルは重要な役割を果たすのである。

（大野）

シナジー効果（synergy effect）

相乗効果と和訳され，複数の経営資源を組み合わせることで，単なる算術的効果ではなく級数的効果が期待でき，新たな付加価値が生まれるという意味で使用される概念である。よりわかりやすくいえば，企業が多角化戦略やM&Aを行う際に，経営資源の有効活用や異なる事業を組み合わせることで，単なる利益の合計だけでなくより大きな付加価値を生み出す効果が得られることから，１＋１＝３あるいは２＋２＝５などと表現されることが多い。既存の生産設備を他の製品製造のために転用や共用することができれば，最初から新たに投資する場合と比較すると，コスト面で格段に有利になる。同時に，従来の研究開発部門が有している技術を活用して新たな製品開発が可能であれば，これもまたより有利な条件となる。シナジーは，機能別に販売シナジー，生産シナジー，投資シナジー，管理シナジーなどに分類される。それぞれのシナジーが高いほど収益力，競争力，成長性などの点で，競争他社に対して優位な戦略展開ができることになる。このシナジー効果に対して，多角化戦略やM&Aを行ったとしても期待値以下の結果になってしまうアナジー効果もあるため，より達成の目的や効果を考えて行う必要がある。

（當間）

資本係数

一単位の産出量を得るのに必要とされる資本投入量をいう。資本ストック（資本の存在量）（K）と生産高ないし所得（Y）の比率（K/Y）のことである。資本係数は一定ではなく，一般に好況時には小さくなり，不況時には大きくなる。資本係数が小さいほど資本ストックは効率的に利用されたことになる。資本－産出量比率，資本の産出係数ともいう。一定の生産物を生み出すためには，生産要素の1つとして資本（例えば機械，工場設備等）が必要とされるが，いま1単位の生産ないし所得を生み出すのにどれだけの資本ストックが必要とされるか，これを表すのが資本係数となる。最も代表的な資本係数は，国民経済全体についての係数，すなわち一国の総資本ストックを例えば国民純生産（NNP）で割ったものがある。これはハロッドとドーマー（Harrod, R.F. & E.D. Domar）らによって展開された経済成長理論（ハロッド＝ドーマーの成長モデル）において重要な役割を果たすものである。特に一国の貯蓄率を資本係数で割った比率は，経済が資本設備の完全利用を実現しながら成長していくために必要となる適正成長率となる。

(馬場)

資本系列 (capital ties)

戦後，株式の持合いによって行われた系列化の1つの形態である。ある特定の大企業を頂点にして結ばれる企業間の固定的な関係や密接な連結を，系列化という。系列化の原理には，基本的に販売系列化，生産系列化，資本系列化がみられる。これらの系列化の原理に対しては，企業間の分業関係によって一定の経済的な合理性を追求するという側面も強調される反面，反競争的で非開放的な側面もあることに対して批判の声も多い。株式の相互持合いによって形成される資本系列化は，いったん形成されると，業務提携，重役派遣，社長会形成などの手法によってさらに強化される傾向があった。この系列化の問題は，日米構造協議によってクローズアップされ，米国側によって日本企業間での排他的な関係が取り上げられた。すなわち，日本の系列企業以外の企業へ，より開放的な関係改善を要求する契機となった。これは系列内の企業間では長期的かつ反復性を予定する取引が大前提であるためであった。日本の場合，戦後，主に銀行による投融資を通して排他的な系列関係を形成する銀行系列，半製品・中間部品を供給するための形成された生産系列，そして完成品の販売のために形成された商社系列という3つの形態が見られた。商社系列の場合，総合商社と専門商社を形成することによって排他的な系列関係を保ってきた。

(文)

資本コスト／加重平均資本コスト (cost of capital／weighted average cost of capital：WACC)

資本コストとは,資本を受託する企業が資本の委託者に対して負担する費用を意味し,委託者の側からは資本の適正な報酬を意味する。企業の受託する資本は株主より出資を受ける株主資本と,金融機関やその他の債権者から調達する負債があり,株主資本は株主資本コスト,負債は負債コストとなる。委託者である投資家は,受託側の企業に対して投資に際してリターンを期待する。資本コストは投資家が期待する期待収益率でもある。この期待収益率は,割引率として将来の現金を現在の価値に割り引く際に使う係数であり,将来の現金を現在価値に割り引く(DCF法 ディスカウントキャッシュフロー法)際の割引率として用いられる。加重平均資本コストは,株主資本コストと負債コストの加重平均したものを表す。加重平均コストは以下により計算される。　　　　(羽田)

$$\text{WACC} = [rE \times E / (D+E)] + [rD \times (1-T) \times D / (D+E)]$$

rE＝株主資本コスト　　　D＝有利子負債の額(時価)　　　T＝実効税率
rD＝負債コスト　　　　　E＝株主資本の額(時価)

資本市場理論

米国のノーベル賞学者,マーコビッツ(Markowitz, H.M.)のポートフォリオ選択理論を発展させ,機関投資家の実際の証券運用にも役立つようにした資産価格形成の理論である。同じく米国のノーベル賞学者,シャープ(Sharpe, W.F.)の貢献によるところも大きい。株式や債券などの個別証券は,それぞれの証券に投資することによって得られる収益と,その収益の変動リスクがあるが,投資家がリスク回避的な行動をとることを前提にした場合に,どうすれば最適なポートフォリオを組めるかを追究したのがマーコビッツのポートフォリオ選択の理論である。現代の資本市場理論は,マーコビッツの資産選択論から始まり,シャープによるCAPM(資本資産価格モデル)によって資本市場均衡下の資産価格論として登場した。この資産選択論と均衡資本市場論の奇妙な統合を特徴とする現代資本市場論は,ファーマ(Fama, E.)による効率的市場仮説において,資本市場の一般論として提示される。しかし,現代資本市場論は,マクロ経済学の含意を引き出すために要請される比較静学による均衡制約のために,証券市場の需給を規定する証券市場の構造的要因が分析対象から抜け落ちてしまう点に致命的な欠陥がある。現代資本市場の意義や役割を認識するには,均衡制約付きの静学モデルに代えて,証券需給に作用する証券市場構造を取り込みえる構造的需給関係を捉える動学アプローチを採用する必要がある。(馬場)

資本調達 企業がその経営活動を持続的に遂行してゆくために，生産要素の1つである資本を調達するための活動の総称。企業外部から借入金あるいは株式資本などの形で行われる場合（外部調達）と，企業内部における利益の留保などによる自己金融として行われるものがある（内部調達）。資金調達方法を勘定科目によって大別すると，自己がすでに有している資本（勘定科目上で自己資本にあたるもの）を用いる方法と，外部から新たに調達する方法（他人資本：いわゆる借金をする方法。勘定科目としては「負債」にあたるものを作ったり増やしたりする方法）の2つに分類できる。また，内部調達としては，資産による資金調達と呼ばれ，企業がすでに保有している資産の一部を売却し，現金化することで資金を得る方法（あるいは，すでに保有している現金の一部を当該目的のために割り当てる方法）がある。負債による調達はデット・ファイナンスと呼ばれ，例えば金融機関からの借入れ，コマーシャルペーパー（CP）や社債の発行による資金の調達などがある。資本を用いる調達は，エクイティ・ファイナンスと呼ばれ，株式を新たに発行することによる資金調達を指す。

(馬場)

資本予算 資本予算とは，投資意思決定と実行に関わる計画をいう。一般に投資は巨額であり，回収は長期間にわたるので，投資計画は慎重かつ綿密に行われる。投資の評価には，時間価値を考慮する方法としない方法がある。時間価値を考慮する方法には，正味現在価値法（net present value method；NPV法）と内部利益率法（internal rate on return method：IRR法）がある。正味現在価値法は，期待される将来キャッシュフローの現在価値合計が投資額を上回るか否かで評価する。内部利益率法は，投資案の利益率（内部利益率）を推定し，市場利子率と内部利益率を比較して投資の可否を判断する。時間価値を考慮しない方法の代表は回収期間法（payback period method；PP法）であり，投資資金の回収に要する年数で可否を判断する。企業は投資判断となる回収基準年を設定し，その範囲内にある投資案の中から回収期間の短い順に採択が決定される。ただし，回収期間後のキャッシュフローが考慮されないため，投資期間の後半に成長が期待される投資案は否決される可能性が高い。会計的利益率法（accounting rate on return method；ARR法）は，投資期間における使用総資本と利益から投資利益率を算出し，目標利益率を上回る投資利益率の投資案を採択の対象とする。

(青淵)

指名委員会等設置会社

日本の株式会社の企業統治の形態の1つである。2003年の「株式会社の監査等に関する商法の特例に関する法律（商法特例法）改正」により，経営の監督と業務執行を分離し，経営監督機能の強化および経営の透明性を高めることを目的として，委員会等設置会社を導入した。取締役会の中に社外取締役が過半数を占める指名委員会，監査委員会，報酬委員会を設置するものである。2006年施行の会社法で，委員会設置会社という名称に変更，2014年に監査等委員会設置会社が導入されたことで，指名委員会等設置会社と改めた。指名委員会等設置会社は，取締役会と執行役に加えて，取締役会の内部機関としての3委員会を設置する。指名委員会は取締役の選任と解任，監査委員会は取締役および執行役の職務の監査と会計監査人の選任および解任，また執行役などの行為の差止め，報酬委員会は取締役や執行役の報酬などを決め，株主総会に諮る。3委員会の他に，必要に応じて委員会を追加することができる。指名委員会等設置会社の特徴は，執行役にある。執行役は取締役会から委任された事項の業務を執行するが，取締役会が委任できる事項は，監査役会設置会社より広範であり，執行役の戦略的意思決定は迅速に行える。

(粟屋)

社会関係資本（ソーシャルキャピタル）（social capital）

社会関係資本とは，社会的ネットワークに組み込まれた社会の無形資産のことである。道路や水道などを意味することの多い「社会資本」と区別するため，社会関係資本と訳される。社会関係資本は，特に社会学の分野で注目された概念であり，ハニファン（Hanifan, L.J.）が最初に用いたとされ，ブルデュー（Bourdieu, P.）などによって議論が深められた。『孤独なボウリング』においてパットナム（Putnam, R.D.）は，人々の協調行動を活発にすることによって社会の効率性を改善できる信頼・規範・ネットワークであると位置付けた。経営学の世界では，経営者のネットワークとそれに内在する資源として位置付けられることが多い。特に企業家研究の領域では，社会関係資本と企業家活動（entrepreneurship）との関係には多くの調査がなされている。企業家はソーシャルキャピタルの影響により創業したり，資金調達したり，多くの資源にアクセスしたりしてパフォーマンスを向上させる，という調査結果がそれら研究の内容である。しかし，社会を維持しようとするプレイヤーが，新参者として業界を脅かす存在となりうる企業家を無条件に受け入れられるかどうかがしばしば議論される。

(小野瀬)

社会資本　国民経済発展の基盤になる公共諸施設(道路・鉄道・港湾・空港等の運輸施設,郵便・電信・電話等の通信施設,電気・ガス・水道,堤防,ダム,住宅,土地造成等)。インフラストラクチャー(インフラ)とも呼ばれる。政府または公共団体の手で整備されるのが通例であり,社会資本の拡充は経済政策の主柱となる。したがって,公共投資をいかなる目的に基づいて遂行するかは,社会資本の構成や大きさという点から重要な問題となる。ケインズ経済学の登場によって,最もよく知られるようになったのは,景気対策としての公共投資である。日本では欧米諸国に比して,特に生活基盤に関する社会資本がまだかなり立ち後れていることはしばしば指摘されるとおりである。しかし,政府の公共投資は,民間企業の場合と異なり,明確で客観的な投資評価のもとに遂行されるわけではない。また社会資本から生み出される財・サービスも,公共財としての性格を持つものが多く,民間財のように,受益者負担原則に基づいて,その利用者から料金を徴収することは困難である。したがって,社会資本の受益に関しては,財・サービスはゼロまたは低廉な価格で供給されることになる傾向がある。　　　　(馬場)

社会人モデル　社会人モデルとは,人間関係論によって提示された人間仮説であり,集団への帰属や人間関係といった社会的欲求を人間行動の動機と捉えるモデルである。人間関係論を理論的に確立したレスリスバーガー(Roethlisberger, F.J.)は,ホーソン実験の結果に基づいて,経営における人間仮説は再定式化されねばならないとした。彼によれば,人間は各々孤立した原子的存在ではなく,何らかのかたちで集団に所属し,集団の中でさまざまな気分や感情を持ち協動の中で相互に連帯する存在である。人間の感情は必ずしも直接的には表現されないし,容易に偽装される。表現された感情も,その表現のみからは理解できない。それゆえレスリスバーガーは,人間の感情は個人を取り巻く「全体的情況」においてはじめて理解されるとした。「全体的情況」は,個人が社会的学習を通じて職場に対して抱くに至った感情や,職場の仲間や上司との人間関係の中で抱く感情に依存しており,こうした感情が個人を動機づける。感情によって動機づけられた行動は,論理的でも非論理的でもなく,没論理的な側面を持ち,往々にして経済的合理性や機械的反応とは異なる行動となる。人間は個人的経験やキャリア,職場組織の人間関係の中での社会化の過程を通して内面化された感情の体系を持つ「社会人」として理解されるのである。　　　　(山中)

社会的責任投資（SRI）（socially responsible investment）

社会的責任投資とは，投資や資金の運用時に，投資先の企業の財務状態に加え，社会性をも考慮する仕組みのことである。環境配慮をし，倫理や法令遵守に取り組んでいる企業を，資金調達の面で応援しようとする投資システムであり，CSRの観点に基づいて企業の株式や社債を集めて組んだファンドへと発展している。SRIは，一般的に社会が企業に期待することを，投資行動に反映させたものであるが，その期待は時代により変化する。SRIの始まりは，1920年代のアメリカであり，武器，タバコ，ギャンブルなどの事業を行う企業には投資をしないネガティブ・スクリーニングが行われた。2000年代になると，社会問題に積極的に対応する企業を選んで投資するポジティブ・スクリーニングが広がった。2006年の国連責任投資原則（UNPRI）ができて以来，ESG投資（環境（E）・社会（S）・ガバナンス（G））の概念が広まった。ESG投資は一部の企業を選択した特別な投資ではなく，SRIのコンセプトを通常の資産運用に発展させた概念である。日本では，他国と比較してSRIやESGのような投資額が低い。

（粟屋）

社会的費用（social cost）

社会的費用とは，経済学の費用概念の1つである。社会的費用の定義は，広義には外部経済における市場交換の私的費用と外部費用の総和であり，狭義には外部費用のみを示す。一般には後者で使用されることが多い。社会的費用は，ピグー（Pigue, A.C., 1920）が論じた厚生経済学の概念より始まり，カップ（Kapp, K.W., 1950）がより包括的な立場からとりあげ，明確にした概念である。カップは社会的費用を「私的経済活動の結果として第三者または一般公衆が蒙る全ての直接間接の損失」を含み，「企業家の支出の中には算入されず，第三者または社会全体に転嫁されそれらによって負担される」ものと定義している。市場では，交換価値のある商品（グッズ Goods）の取引は可能であるが，交換価値のない，例えば廃棄物などの負の財・サービス（バッズ Bads）は取り扱えない。したがって負の財・サービスは，市場の外にはみ出すが，それらは税金で処理するなど，不特定多数の社会が負担している。この社会的な負担が社会的費用である。一般に社会的費用は，私的な所有財産の交換（収入と費用の関係）で捉えることは難しく，その所有権の所在も不明であるため，数値化や負担する責任を有する者の特定が困難な費用である。

（粟屋）

社外取締役 (outside director)

文字通りの意味として,社内取締役以外の役員の総称である。近年では,コーポレート・ガバナンスにおける監視や監査という面において重要な役割が期待されている。経営者の監視機能に大きな役割を果たすであろうと期待されている社外取締役は,アメリカにおいて実に多義にわたって使用されている。これに当たる用語には,「社外取締役 (outside director)」,「独立取締役 (independent director)」,「利害のない取締役 (non-affiliated director or disinterested director)」などがある。社外取締役における監督機能には,①助言機能,②経営監督機能,③利益相反監督機能,④ステークホルダーの意見反映機能などがある。日本で社外取締役という名称が法律に登場したのは,2001年12月の商法改正の時期からであった。社外取締役を強制的に導入することを通して,取締役会の業務監査機能を強化する意図であった。2018年現在,日本では監査役会設置会社(取締役が10人以上の会社は最低2人の社外取締役が必要であり,取締役が5人〜9人の会社は最低1人の社外取締役),指名委員会等設置会社(その委員の過半数が社外取締役),監査等委員会設置会社(参加する委員は取締役が3人以上であり,その過半数は社外取締役)の形態となっている。 (文)

社内ベンチャー (intrapreneurship)

会社内で新規事業を展開するにあたり,新たな会社形態をとるか,もしくはそれと同様の権限を与える制度が社内ベンチャーである。この制度は,特に大企業においてみられる制度で,新規事業プロジェクトよりも独立性が高いとみられることが多い。制度を設けている会社にとってみれば,これまでとは異なった市場,あるいは異なった製品を手掛けることで,その会社のイノベーションの停滞を防ぐメリットがある,という期待が持たれている。社内ベンチャーを立ち上げる側からみれば,完全独立してベンチャー企業を立ち上げる場合よりも,制度を設置している会社の社内のリソースを利用できるという利点を持つ。反面,その会社の制約も受けるというデメリットもある。オープンイノベーションと対比される社内ベンチャーであるが,事業で成果を上げ,上場に結びつく事例も多くみられるようになった。社内ベンチャーを立ち上げる人物をイントラプレナー (intrapreneur) といい,「社内企業家」あるいは「社内起業家」と訳される。近年注目を集めるコーポレート・ベンチャリングには,社内ベンチャーを立ち上げるのみではなく,外部のベンチャー企業への投資や提携なども含まれる。 (小野瀬)

集中戦略

フォーカス戦略とも呼ばれる集中戦略とは，特定の市場や限られた顧客セグメントにおいて，コストまたは独自性を追求するために経営資源を集中する戦略である。ポーター（Porter, M.E.）が提唱した戦略の1つであり，低コストを活かす「コスト集中」と，独自性を活かす「差別化集中」に細分化される。つまり，集中戦略は特定のセグメントを見いだしてコスト・リーダーシップ戦略，または，差別化戦略を採用することといえる。多くの場合，経営資源の量では大企業にかなわない中小企業や，リーダー企業に対抗して新たにビジネスをスタートさせる企業などが採用する戦略であり，創業者利益を狙い，競合企業が発見できないような隙間的なセグメントを見つけ出すことが課題となる。売上高を増大させるというよりも，収益性を重視した戦略である。問題点としては，特定市場セグメントの中にさらに小さなセグメントを見出した競合他社に見抜かれることがあること，競合他社が注目していないような魅力的な市場セグメントを見つけ出してアプローチすることが難しいこと，業界のリーダー企業が大胆なコスト・リーダーシップ戦略を採っている場合に対抗することが難しいこと，特定したターゲット市場におけるニーズや嗜好が変化する場合があること，などが挙げられる。

（郭）

集約型多角化／拡散型多角化

現在の事業とは本質的に異なる，新規の市場に新規の技術で挑む分野において事業を営み，成長の機会を求める戦略を多角化戦略というが，ルメルト（Rumelt, R. P.）や吉原ほかによると，多角化戦略は，量的尺度と質的尺度に基づきいくつかに分類できるという。量的尺度とは諸々の売上高比率のことであり，多角化は，量的尺度によって①専業型，②垂直型，③本業中心型，④関連型，⑤非関連型に分類される。このうち③本業中心型と④関連型について，さらに質的尺度によって集約型（constrained）か，拡散型（linked）に分類される。集約型多角化は，経営資源をさまざまな分野において何度も共通に利用していくものであり，事業と事業が網の目のように緊密につながる。対して拡散型多角化においては，新分野でこれまでの経営資源が利用されるものの，それ以上ではなく，事業と事業が1つずつ結びついていく。上記①から⑤へ，そして集約型より拡散型がより多角化の程度が高いと考えられており，多角化の程度が高いほど成長性が高くなるという結果が出ている。対して収益性に関しては，中程度の多角化である③本業中心型・集約型が最も高く，これより多角化の程度が低くても，高くても収益性が下がるという。

（松村）

受託責任 (fiduciary duty)

企業の所有者である株主から信任を受けて業務遂行を行う者(受託者)は,所有者である株主の利益のために行動しなければならないという責任のことをいう。この受託責任は,説明責任(accountability)とともに経営者(agent)が株主(principal)に対して果たすべき最も重要な責任の1つであると知られている。この受託責任は,いうまでもなく所有と経営が分離されている株式会社の特性から生じたものである。信託法の規定によれば,受託者は,善管注意・忠実・分別管理・自己執行などを果たすことが義務付けられている。この責任を受託者である経営者が忠実に果たさない場合,受託責任を要求する株主から不信任され,事後的に解雇や株主代表訴訟による賠償要求などの厳格な措置がとられる場合がある。一方で,経済のグローバル化の進展とともに,エージェントである経営者がプリンシパルである株主に対してこれらの責任を果たすだけではなく,当該企業をめぐるステークホルダーに対してもこの受託責任と説明責任が問われる傾向もある。近年,日本では,受託責任を十分に果たさなかったり,経営に失敗したりする経営者に対する株主からの厳格な追及は,多くの新入社員や若年層の社員が取締役や執行役の地位をめざさない大きな原因にもなっているという。　　　　　　　　　　　　　　　　　　(文)

純粋持株会社 (holding company)

純粋持株会社とは,自ら製造や販売といった事業は行わず,子会社の株式等を所有することで傘下の会社の事業活動を支配することのみを事業目的とする持株会社であり,子会社からの配当が売上となる会社のことである。これに対して,事業持株会社は本業に従事しながら,子会社等の株式を持つことで子会社を支配する一方で,自らも生産活動などの事業を営む持株会社である。純粋持株会社は,1997年6月に独占禁止法の改正により設立が可能となった。法改正からしばらくの間は,純粋持株会社に移行する企業は少なかったが,1999年10月の株式交換・移転制度の創設,2001年4月の会社分割制度の創設などによる移行手続きの簡略化から,移行企業は徐々に増加している。純粋持株会社は,グループ全体の経営戦略に専念する一方,子会社はそれぞれの事業活動に専念することになる。純粋持株会社に移行するメリットとして,①戦略と事業の分離が図れること,②経営構造変革のスピードアップが図れること,③経営責任の明確化が図れることがある。一方,デメリットとして,経営の求心力の低下の懸念が指摘されている。　　　　　　　　　　　　　　　　　　(羽田)

純粋リスク／投機的リスク　純粋リスクは，リスクが顕在化した時に，損失を被る機会である。地震や風水害などの災害，自動車事故や火災，爆発などの損害，製造物責任の賠償責任や有害物質の流出などによる環境汚染の処理費用，労働災害などによる損害賠償，情報システムの停止などといった事故や過失によるリスク，海外での誘拐やテロ対策の費用，社内外の犯罪行為や機密情報の漏洩による損害が発生する。こうした自然災害や人為的ミスに基づく損害，あるいは意図的かつ攻撃的なリスクがある。純粋リスクの対策は，直接的なリターンにつながらないが，これを怠ると企業の存続にかかわる。しかし，自然災害への備えやテロ対策などは，私企業にとって限界がある。これに対して，投機的リスクは損失と利益の双方のチャンスがあるリスクである。企業を取り巻く環境要因の変化は，投機的リスクを生む。外国為替や国債，株式，債券といった金融資本市場の価格変動は，企業の利益に貢献する可能性があるが，損失をもたらす可能性もある。原材料や部品価格の変動，取引先の信用リスク，技術進歩，社会的嗜好の変化，法律の変更（規制緩和や規制強化），消費税や法人税などの税制変更も，企業にとって追い風になることも向かい風になることもある。投機的リスクは，リターンとリスクのトレードオフを比較しながら管理しなければならない。　　（森谷）

上場基準　(initial listing requirement)　上場基準とは，新たに株式を市場に上場する際に受ける各金融商品取引所が行う審査の基準のことである。第一部，第二部，新興市場では市場ごとに異なる上場基準を設けている。上場基準の形式要件には，①株主数，②流通株式数，③上場時時価総額，④純資産額，⑤利益の額または時価総額，⑥事業継続年数などに，それぞれの市場ごとに基準値が設けられている。さらに上場に際しては，形式要件を充足することに加えて上場企業として適格であるかが問われる実質要件をクリアする必要がある。具体例として東京証券取引所第一・第二部では，①「企業の継続性および収益性」，②「企業経営の健全性」，③「企業のコーポレートガバナンスおよび内部管理体制の有効性」，④「企業内容などの開示の適切性」，⑤「投資者保護の観点から取引所が必要と認める事項」等について，関係者へのヒアリングや実地調査，経営者や監査役等への面談や東京証券取引所での社長説明会を通じて確認を行っている。一方，上場廃止は，上場した株式について，証券取引所が上場継続不適と判断し，投資者保護の目的から証券取引所での取引を終了することである。　　（羽田）

情報銀行　複数の異なる事業者が蓄積する個人情報を，所有者である個人との契約によって集約して保存し，さらに他の事業者に提供するサービスである。個人の好みに応じたサービスのカスタマイズを実現するには，事業者は顧客の情報を事前に収集していなければならず，多量のデータを活用できるほどきめ細かなサービスを実現することができる。商取引によって生み出される購買履歴などの個人情報は，取引相手の個別企業ごとに蓄積される。きめ細かなサービスを提供するためには，複数企業が蓄積したデータを集約して分析することが必要である。その一方で，多様な個人情報を集約して保有し，それを個人の意図に沿わない形で活用することはプライバシーの侵害につながる。これまでポイントカードなどで，企業を横断した形で購買等の履歴データを取得・集約し，サービスを提供するといった事例が存在したが，個人情報保護の観点から運用ルールにおける問題点が指摘されることもあった。決済の電子化が進み，より多様な機会でデータの収集が行われるようになると，個人情報の取扱いについて明確なルールと，保護のためのしくみが求められるようになる。このようなニーズに対応したのが情報銀行だといえる。

(深見)

情報セキュリティ　企業は，企業を取り巻くさまざまな脅威から，情報システムやデータなどの資産を守ることが必要である。情報セキュリティへの脅威としては，外部からの不正侵入などだけではなく，内部の操作ミス，地震や落雷などの自然災害，システムそのものの故障や通信障害なども含む。そのため，情報セキュリティは，情報システムの機密性，完全性，可用性（情報セキュリティの3要素）を維持することとされる。機密性は，第三者に情報が漏えいしないように，許可された者だけが情報にアクセスできるようにすることである。完全性は，情報の改ざん，必要な情報の削除などがされないように，情報およびその処理方法が正確・完全であるようにすることである。可用性とは，情報利用者が必要な時に情報にアクセスできるように，情報システムが停止しないようにすることである。情報セキュリティを向上させるため，暗号化，デジタル署名，システムの二重化などの技術が用いられる。さらに情報システムの安全性や信頼性を確保するためには，操作マニュアルの整備，バックアップの体制構築などの管理的対策，セキュリティ教育などの人的対策も必要である。企業には，情報セキュリティに対する考え方や取組みを示す，情報セキュリティポリシーの策定が求められる。

(米岡)

情報の非対称性 (asymmetric information)

情報の非対称性とは、取引をする際、一方は豊富な情報、他方は貧弱な情報と、情報に格差があることである。これは、売り手と買い手の利害が一致しないことが要因となる。アカロフ（Akerlof, G.A., 1970）は情報の非対称性により均衡価格が歪められていることを指摘した。例えば中古車市場では、情報の非対称性により、買い手は不具合のある中古車を購入するリスクを負う。アメリカ英語では中古車を「レモン」と呼んでいることより、情報の非対称性市場をレモン市場と呼ぶ。この損失を回避するために、一種の取引コストとして情報を探索するコストが必要になる。エージェンシー理論では売り手はエージェント（代理人）、買い手はプリンシパル（依頼人）とされる。エージェントはプリンシパルの意図どおりに行動しない可能性があり、情報の非対称性を解消するために、プリンシパルにはエージェンシーコスト（agency cost）が生じる。エージェンシーコストにはエージェントの利益相反的行動を監視するモニタリング・コスト（monitoring cost）、主体がその立場にあり続けるためのボンディング・コスト（bonding cost）、エージェントを利用することにより発生するその他の諸種のコスト（residual cost）などがある。

(粟屋)

常務会

常務会は、1960年代に多くの大企業で設置されるようになった実質的な最高経営意思決定機関であり、全般的執行機関を兼ねた協議機関。法律上の設置機関ではないが、経営の重要事項を機動的に協議・決定するため、比較的少人数の経営首脳陣（業務執行の取締役など）で構成される会議体である。コーポレート・ガバナンスが問われる近年、取締役会に一定数以上の外部取締役などが義務付けられるため、定例会議のスケジュールが固定されるので、タイムリーな意思決定や業務執行が行えない。そのため、常務会や最高経営会議などの会議体を設けることとなる。常務会は法律上の機関でないため、企業によっては最高経営会議など多様な名称をつけることができる。そのメンバーは、社長、副社長、専務取締役、常務取締役などであるが、これらの職制上の名称も法律によって定められたものではない。そのため、経済活動のグローバル化を反映して、英米型企業の名称であるCEO（最高経営責任者, chief executive officer）やCOO（最高執行責任者, chief operating officer）、CFO（最高財務責任者, chief financial officer）などを使用する企業も増えているが、そのメンバーはトップ・マネジメントを構成する。

(大野)

職能 職能とは,企業ないし組織体にとって遂行されなければならない業務あるいは活動であると理解できる。こうした職能は,組織において階層的に垂直的に分化して,最高経営者による戦略的役割,中間管理者層による調整的役割,下級管理者層による業務的役割といった管理職能を形成する。また,組織の目的達成のための活動が水平的に分化して,購買,生産,販売,財務,労務,経理,研究といった職能を形成する。購買,生産,販売といった職能は,製造業などの企業にとって,物的財の生産と販売という中核的な企業活動を担う職能であり,基幹職能あるいは基幹業務と呼ばれる。また,企業活動を顧客にとっての価値を形成する一連の価値形成プロセスであると考えるならば,こうした職能は価値連鎖(バリューチェーン)の各過程を担う活動と考えることができる。職能は,同種の専門的知識やスキルを必要とする業務のまとまりとして捉えることもできるが,こうした職能ごとに部門を編成して全体の組織を形成するような組織形態を職能別部門制組織という。職能を基準とする部門形成は,専門化による分業の利点を追求することを可能にする。

(山中)

職能別組織(機能別組織) (functional organization) 職能別組織とは,権限と責任を職能別に区別し,職能に応じて機能するようにした組織のことで,職能組織,職能的組織,あるいは機能別組織と呼ばれる。職能(function)とは,組織における機能を基準に分類した仕事のまとまりのことで,特定の専門的な知識と熟練を必要とする一群の仕事のことである。つまり,製造,営業,経理などの職能別に上位層が下位層に指示・命令しながら職務を遂行する組織のことを指す。職能別組織は,仕事を細かく分けて,同じ者が同じ仕事に専門的にあたるという「専門化の原則」に基づいており,ルーツはテイラー(Taylor, F.W.)の職能別職長制組織にあり,命令・指示は直接の上位者1人から受けるべき「命令一元化の原則」に反する。職能別組織の長所としては「1人の上位者に権限が集中しない」,「管理者の負担が軽減する」,「専門的知識が深められ,専門家が養成できる」,「業務の標準化が可能」などが挙げられる。短所としては「指揮命令系統が複雑である」,「責任の所在が不明確になりやすい」,「部門間の調整などトップの負担が大きい」,「各部門への依存度が高いため業績評価が困難」などが挙げられる。職能別組織の適している組織としては,研究所のような専門組織が挙げられる。

(大杉)

職務拡大　職務拡大とは，担当業務を新たに追加することによって，職務の範囲を拡大することをいう。分業により細分化された業務をしている中から生じる疎外感や単調感を防ぐために行われるもので，例えば，ある一定の業務を担当していた従業員に，それの関連業務も担当させることなどが該当する。まとまった単位の業務を行うことにより，従業員が業務の目的や位置づけを認識できるようになる，各業務の間にあったムダを削減できるなどのメリットがある。職務拡大は，職務の水平的負荷と呼ばれるもので，職務の要素を増やしていくことによって，職務を再設計するものである。職務が拡大されたならば，人々は，これまでの断片的な職務よりも，多様性を伴った，より大きな単位の職務を行うことになる。従業員の動機づけを積極的に高める動機づけ要因は，職務そのものであり，職務の人間関係や福利施設などは衛生要因にすぎないというハーツバーグ（Herzberg, F.）の「動機づけー衛生理論」を理論的基礎にしている。職務拡大は，担当業務の幅を広げる「水平的な拡大」として，職務充実は，業務に関する権限や責任を広げる「垂直的な拡大」と捉えられており，両者とも職務を再設計するときの重要な手法である。

(郭)

職務権限　組織構成員に割り当てられる仕事の総体である「職務」には，その職務遂行に伴う責任や義務，さらに職務権限が賦与される。職務権限とは，組織内で職務遂行の担当者がその職務に割り当てられた責任の遂行のために，他者や組織内の資源を正当かつ公式に支配し統制できる権利あるいは影響力と考えることができる。こうした権限は，個人の自然人として保有する権利ではなく，当該個人が担当する職位に対して賦与されるものであり，職務遂行の責任と分かち難く結びついている。これは「権限と責任の一致の原則」と呼ばれている。こうした権限は，担当する職位が執行の職位であるのか，管理の職位であるのか，スタッフ職位であるのかによって異なる。一般的に，執行職位には執行権限や使用権限が賦与され，管理権限には意思決定権限や指令権限，職位代表権限が賦与される。スタッフ職位には協議権限や提案の権限が賦与されることとなる。

(山中)

職務充実 職務充実とは，職務の権限や責任の範囲を拡大することをいう。業務に関する従業員の裁量の幅を広げることによって，モチベーションや業務改善意識の向上などを図るもので，例えば，目標管理制度（MBO）を通じて，担当業務の目標や業務の進め方を従業員自身に決定させることなどが，これに該当する。職務充実は，職務の垂直的負荷と呼ばれるものであるが，かつては管理者レベルに限定されていた管理職能の行使を，一般の作業者にも委譲するものである。ハーツバーグ（Herzberg, F.）は，職務充実によるモチベーションを高く評価し，「職務充実とは，人々の職務の中に明確かつ広範な個人的達成とその承認をおりこみ，挑戦的かつ責任のある職務（more challenging and responsible work）と個人の前進と成長（individual advancement and growth）に対する，より多くの機会の創造によって，作業能率と人間的満足の両者について改善を求めるものである。」と述べている。このように職務充実は，達成，成長，承認，責任などの内的報酬を期待する成熟度の高い人々に適合するものであり，具体的には，意思決定への参加，自律性の負荷，責任の委譲などの要因で具現化される。

(郭)

職務設計 組織において，その構成員に割り当てられる仕事の総体を「職務」といい，そうした職務には責任や義務，相応の権限が賦与され，職務の遂行は一定の職位において遂行されることとなる。こうした職務を形成し，組織における職務と職務の関係を構築すべく，タスクと責任を組み合わせていく一連の過程が職務設計である。組織を，分業を通じて組織目的を実現していく存在であると考えれば，職務設計はいわばこうした分業構造の設計とみなすことができる。職務設計のアプローチとして，初期のテイラリズムでは職務の最大限の細分化，計画と実施の分離，スキルと訓練時間の最小化といった原理に基づいていた。フォード（Ford, H.）はテイラリズムの原理を基礎としつつ，専門機械，流れ作業組立方式の導入に基づくフォーディズムと呼ばれるアプローチを発展させた。その後，労働問題の発生とそれによる生産性の低下は，テイラリズムに基づく職務設計の見直しを迫ることとなり，人間関係論，さらに職務再設計運動や労働の人間化といった職務設計アプローチが展開された。職務充実を志向するハックマンとオールダム（Hackman, J.R. & G.R. Oldham）の職務診断サーベイは職務特性モデルと呼ばれ，職務設計の有力なモデルとなった。

(山中)

職務等級制度

資格等級の区分を職務で行う仕組みであり、職務の内容を「職務記述書」として明確にし、その内容により等級を区分する制度である。職務構造が安定した企業では実力主義的な運用が可能、各職務の比較が可能、人材の流入出への対応が比較的容易等のメリットがあるが、職務構造が変動する場合について、制度メンテナンスが煩雑、担当職務のみに固執する傾向が生じがちで、業務全体の硬直化といったデメリットもある。職務等級制度とは、アメリカをはじめ、海外で発展した人事制度の1つで、仕事の内容で賃金や業績を評価する等級制度といえる。担当する職務は職務記述書に記述された内容に限定され、資格や熟練度などの項目で審査・評価し、賃金や報酬を決定する成果給を採用する。日本では、職務等級制度は、正規社員と非正規社員の格差是正のため、内閣府が打ち出した同一労働同一賃金が原則とされている。職務と給与が合理的に決定されるため、人件費の削減、スペシャリストの育成などにメリットがある。その反面、職務が明確に規定されているため、組織の硬直化や生活給への配慮が難しいというデメリットがある。職務を明確にしやすい製造業や職務等級制度が根付いている外資系企業で導入実績が多い傾向にある。

(高垣)

職務満足

職務満足とは、職務のさまざまな側面に対する個人のポジティブな情動的態度を意味する。すなわち、組織構成員が特定の組織に所属し、特定の職務に従事することにより形成されるものであり、仕事内容そのもの、職務権限、職場における人間関係、作業条件、組織に対する忠誠心、給与、地位などに対して、どの程度の満足を感じているのかを示すものである。職務態度やモラールと同義的に使用されることがある。職務満足は、経営組織の中の人間行動を研究する上で重要な構成概念である。代表的な研究としては、個人の広範な職務態度に関する調査を実施し、その調査結果に基づいて、組織行動を職務満足によって説明したハーツバーグ(Herzberg, F., 1959)の「動機づけ-衛生」理論がある。彼は、職務に対する満足要因として、達成、承認、仕事自体、責任、昇進などを動機づけ要因とした。一方、職務に対する不満要因として、会社の政策や管理、監督技術、給与、対人関係、作業条件などを衛生要因と名付けた。彼の研究の重要な特徴は、動機づけ-衛生理論に基づいて、衛生要因を整備することにより職務不満を予防するとともに、それ以上に動機づけ要因に配慮することで、個人の職務モチベーションを高めていくことが重要であることを示唆したことである。

(郭)

ジョブ・ローテーション 職務ローテーションとも呼ばれるジョブ・ローテーションとは、従業員の能力開発のために、単一の職務ではなく、多くの職務を経験させるよう定期的に職務異動を行うことである。人材育成の手法であるOJTの一環でもある。ジョブ・ローテーションには、同一の部門内で他職務に従事する場合と、他部門で職務に従事する場合がある。欠員補充のような業務上の必要から生じる配置転換とは異なる。日本の雇用慣行では、総合的な知識や判断力を高めるために、定期異動に組み込まれたジョブ・ローテーションによって複数の職務を経験させるという長期的な人材育成が図られている。ジョブ・ローテーションは、人材育成だけではなく、従業員の適性発見、マンネリズムの打破、モラール高揚、セクショナリズム防止などにも役に立つ。一方、ジョブ・ローテーションを行った直後には業務スキルが低下する、習得に時間を要する専門スキルを獲得しづらいなどのデメリットもある。今日では、職務の専門化が進むとともに従業員自らの意思がより尊重されるようになり、ジョブ・ローテーションを経ることなく専門職として1つの職務に従事することも増えている。 (郭)

所有と経営の分離 所有と経営の分離とは、株式会社の所有者すなわち出資者である株主と、企業の経営を司る経営者が異なることである。起業時や企業規模が小さい時には、出資者（株主）と経営者は同一であることが多い。企業規模が拡大し経営が複雑になると、大株主である経営者は専門経営者に経営を委託する。これが所有と経営の分離である。経営を委託された経営者は、株主である必要はない。経営を委託しても、大株主が株式の過半数を所有していれば、株主総会で支配権があり、経営者の選任や罷免を行うことができる。これを所有と支配の統一という。企業が事業を成長させるために必要な資本を、株式を発行し集めると、株主数、株式数も増加し、大株主は不在となる。大規模化した株式会社では、不特定多数の投資家が株主となり、専門経営者に経営を委託する。経営者は取締役会の代表として取締役を選任することができ、株主からの委任状を集めることで株主総会の決議に支配力を持つ。このように経営と支配が統一すると同時に株主による支配力は消滅し、所有と支配は分離する。経営者による支配が強大になることを抑制するために、コーポレート・ガバナンスが必要となる。 (粟屋)

シンクライアント (thin client)

シンクライアントは，情報利用者が使用するPCなどのクライアント端末の機能を，キー入力や画面表示などのユーザーインターフェースとネットワーク接続機能など最小限にし，サーバーで管理されているOSやアプリケーションを利用し，ネットワークストレージに保存されているデータを利用するしくみである。シンクライアントの利用によるメリットは，セキュリティの強化と情報システムの管理コストの低減が挙げられる。データをクライアント端末に保存することはなく，すべてサーバー側で管理されるため，クライアント端末が盗難にあっても情報は守られることになる。クライアント端末は最低限の機能で済むことから，頻繁な買い替えは不要で，クライアント端末を延命化できる。サーバーでOSやアプリケーションの集中管理を行うことで，更新作業などのコストを削減できる。デメリットとしては，利用環境の制限，ネットワーク負荷が挙げられる。クライアント端末は，ネットワークを介してサーバーに接続していなければ使用できず，周辺機器の利用も制限される。また，サーバーですべての処理を行うことから，サーバーとクライアント間では大量のデータをやり取りすることになり，ネットワーク帯域を圧迫することになる。（米岡）

人材戦略

人材戦略とは，企業の事業戦略を実現させるための，人材の確保や育成，配置に関する戦略を意味する。近年では，より実践的かつ積極的な経営戦略を実行するために，適切な人材が，適切なタイミングで，適切な職務に配置されるように構築する必要がある。このような人的体制を構築することが人材戦略の目的であり，経営戦略との整合性が重要とされる。経営戦略と人材戦略の整合性が取れると，企業価値の向上，社内士気の向上，自己裁量業務の増加，離職率の低下，顧客満足度の向上，プロセス効率の改善，社内イノベーション力の向上，企業業績の改善などのメリットがある。人材戦略の構成要素としては，①必要な人材の採用，②業務遂行の最大化とともに，新たな能力開発や経験蓄積のための配置，③社内の資源の１つである人材を，効果的かつ効率的に活用し，競争力を向上させ，利益を最大化するための人材育成，④長期的な視野で人材育成を実施するための定着などが挙げられる。従来の日本型雇用システムでは，採用，配置，人材育成などは特に連動する必要はなく，それぞれの業務に割り当てられたミッションをこなせることでよかったが，近年の人材戦略では，これらの業務をバラバラに行うのではなく，経営戦略に一貫した形で，採用，配置，人材育成といった各職務を連動させることが重要である。（郭）

人事考課(personnel evaluation) 人事考課とは,社員の行動,能力,業績などを公正に評価し,その評価結果を適切に処遇に反映することで組織全体のモラルの向上や従業員のモチベーションを高めることに役立てる制度である。人事考課では,従業員の現在の状態を知り評価することにより,人材をより適正に配置すること,人材をより有効に活用すること,人材をより公正に処遇するといったことが期待されている。人事考課を通して,会社が従業員に対して何を期待しているのかを示し,従業員の行動を変えるという役割も果たしている。人事考課制度の基本原則としては,公平性と客観性,透明性と加点主義が重視されている。人事考課の評定方法としては,業務能力評定,業績評定,執務評定による評価,目標管理による評価(MBO)などがある。日本企業は従業員の潜在能力に基づく職能資格制度を,欧米企業は業務の重要度に基づく職務分類制度を導入しているケースが多い。そのため,人事考課においても日本企業は,職種に関わらず,個人が持っている潜在能力を評価する長期評価と業績評価が中心となる短期評価の組み合わせ,欧米企業は,ホワイトカラーについては長期評価と短期評価の組み合わせ,ブルーカラーについては仕事重視の長期評価という構成で人事考課を行う傾向が強い。 (那須)

人的資源管理(HRM) 人的資源管理とは,人を対象としたマネジメントのことである。人的資源管理において必要となる事項には,人材の採用・選抜・配置・退職,教育・人材育成,評価・報酬,労働条件,福利厚生,労使関係の調整等がある。採用に関しては,働き方の多様化に伴い,正社員だけではなく,パート社員,契約社員など非正規社員としての採用も増加してきている。配置転換に際しては,自己申告制度や社内公募制度などの制度が利用されることもある。また,人材育成はOJT(on the job training)とOff-JT(off the job training)を組み合わせて行われている。OJTとは,仕事をしながら学習し能力を高める方法であり,Off-JTとは,仕事の場を離れて教育訓練を行うことである。評価方法には,職務遂行能力を基準に評価を行う能力評価,日常の行動を観察し評価する情意評価,職務内容の困難度や責任度を基準に評価を行う職務評価,目標の達成度で評価する業績評価がある。労働条件に関しては,長時間労働がもたらす弊害が問題化しており,一人一人が仕事上の責任を果たしながら,家庭や地域生活などにおいてライフステージに合わせた多様な生き方を選択・実現できるようにしていくワーク・ライフ・バランスの実現が社会的な課題となっている。 (金網)

人的販売 (personal selling)

人的販売とは，マーケティングにおけるプロモーション・ミックスの1つであり，営業担当者や販売員など人を介した顧客との直接的なやり取りを通じて行う活動である。人的販売は消費財の分野でも行われるが，生産財などのように限定的な顧客を対象とする場合や，ソリューション提案営業のように顧客との直接のやり取りを通じた情報収集や説得，共同作業といったプロセスが重視される場面で活用されている。従来のマーケティングでは，人的販売は広告宣伝・販売促進・パブリシティと並びマーケティングのプロモーションの一機能的手段として位置付けられていた。しかし，市場が成熟化する一方で，顧客も自らのニーズを事前に明確に自覚できないようになった現代において，顧客の新たなニーズの創出と，顧客と製品・サービスが出会う場面をどのように作り出すかが大きな課題となっており，人的販売が果たす役割が見直されている。また，課題解決型のソリューション提案営業でも，顧客との直接のやり取りを通じた情報収集，課題の設定と解決策の提案が不可欠となっている。そのような状況の下，人的販売は，人と人とのやり取りを通じて課題を明確化したり信頼関係を築いたりすることができるマーケティングの手段として重要視されている。

(那須)

シンボリック・アクション（行動）(symbolic action)

シンボリック・アクションとは，出来事など組織の現象を象徴的に扱うことであり，組織文化の浸透や伝承において必要とされる。ディールとケネディ（Deal, T. E. & A.A. Kennedy）は，文化の要素を企業環境，理念，英雄，儀礼と儀式，文化のネットワークとし，強い文化を持つ企業においては管理者がシンボリック・アクションを取るという。価値や信念など理念は，組織の隅々まで浸透し，代々伝承されていかなければ機能しない。そのためには理念を体現する存在，英雄という文化の主役が必要であり，英雄亡き後も物語や神話となって生き続けなければならない。また，理念を「ここでのやり方」にまで落とし込み，日常の業務の中で儀礼や儀式としてメンバーに経験させることも必要である。管理者は，日常の業務というドラマにおける演技者，脚本家，監督，俳優のような存在，シンボリック・マネジャー（象徴的管理者）でなければならない。何気ない日々の業務の1つ1つに文化的意味を込めることこそがシンボリック・アクションであり，シンボリック・アクションがメンバーによっていかに理解され，解釈されるかが組織シンボリズムにおいて取り扱われる中心課題である。

(松村)

信用スコア 信用(credit)とは,元々は後払い(つけ)に対する支払(返済)履歴から算定したサービス提供の範囲を意味する。クレジットカード(credit card)における利用限度額は,その典型的な指標である。元々,決済や借入金に対する返済履歴(クレジットヒストリー)が用いられてきた信用レベルの算定を,さらに多様な履歴データによって行う動きが進展している。あらゆる社会活動がスマートフォンアプリを介して行われるようになってきており,アプリの利用履歴に加えてGPSなどのセンサーを活用し,社会における多様な場面で活用できるスコアが算出できる。これにより金融のみならず,社会生活におけるあらゆる場面で,高いスコアを持つ個人はサービスを有利な条件で利用でき,低いスコアを持つ個人は利用すらできないといった状況が成立しうる。特に中国では積極的に,拡張された信用スコアの利活用が盛んである。あらゆる社会活動がスコアに依存するため,スコアを良くするための行動が自発的に行われることから,治安向上や社会資本コストの低減に寄与するという意見がある。一方でスコアの算出アルゴリズムは非公開であるため,不当に低いスコアを付与されることに起因する待遇の悪化に対抗する手段は少なく,人権侵害につながりかねないという危惧もある。 〔深見〕

垂直的統合/水平的統合 (vertical integration, horizontal integration) 垂直的統合とは,自社事業の川上段階あるいは川下段階にある外部事業を統合して,事業範囲を拡大する企業行動のことをいう。市場取引によって外部化していた活動を内部化して,内部取引に転換する行動である。一般に,技術的な要因からコスト削減が可能な場合や,市場取引コストより内部取引コストが低くなる場合に実行される。また,市場に関連する知識や新技術・スキルを学習することや参入障壁を高くすることを目的とする場合もある。垂直的統合には上下2つの方向がある。原材料生産に近い川上段階の事業を統合する場合を「後方統合」(backward integration),流通販売に近い川下段階の事業を統合する場合を「前方統合」(forward integration)という。水平的統合とは,自社事業と同種の製品市場にある外部事業を統合して,事業範囲を拡大する企業行動のことをいう。一般に,規模の経済性によるコスト削減,市場占有率の拡大,市場セグメントの拡張,専門的知識・スキルの獲得,シナジー効果などが目的とされる。〔大野〕

スイッチング・コスト（switching cost）

現在の製品・サービスを他社のものに切り替える（スイッチする）際にかかるコストや負荷のことをスイッチング・コストという。別の，あるいは新しい製品・サービスの性能がいかに良く，機能が充実して魅力があったとしても，切り替えにあたって追加の金銭や余計な時間がかかったり，煩雑な手続きが必要であったり，使い方を習熟するまで苦労してしまう（面倒くさいという心理的コスト）ようであるならば，切り替えは容易なものではない。スイッチング・バリア（switching barrier）ともいわれる。スイッチング・コストがあることによって新規参入の脅威が緩和されたり（参入障壁），戦略グループ間の移動が困難になったり（移動障壁），熾烈な競争が回避される。例を挙げるならば，携帯電話キャリアを変更しても電話番号を継続して使用できる番号ポータビリティは，スイッチング・コストを下げることになった。マイレージサービスやポイントカードもスイッチング・コストの１つであり，顧客のロイヤリティを確保し，顧客の囲い込み（ロックイン効果という）を可能にする。自社の顧客を維持するためにスイッチング・コストを上げ，他社の顧客を獲得するためにスイッチング・コストを下げる。

(松村)

スキャンロン・プラン（Scanlon plan）

スキャンロン・プランとは，インセンティブプランの１つである。具体的には，売上高に対する人件費の割合を一定にする方式を意味する。売上高に対する労働コストが下がった分をボーナスに回すことができる点，基本的に従業員サイドがこの制度の責任者となる点などが，この方式の特徴である。従業員にとっては，売上高を伸ばし，コスト削減に励めば，その分ボーナスとなるわけなので，メリットがある。個人よりも集団としての効果に期待があり，1970年代末にアメリカで採用することが増加した。なお，この用語の名称は，スキャンロン（Scanlon, J.N.）からきている。スキャンロンは1935年に，鉄鋼労働者研究所（Steelworkers Research Department）に勤めていた。当時，鉄鋼業界では企業も従業員も売上高とコストに悩んでいた。スキャンロンは，企業にとっての工場の維持と従業員にとっての賃金の調整のための委員会を設置し，労使のコミュニケーションにつとめた。その後マサチューセッツ工科大学に移り，スキャンロンの行ったことがスキャンロン・プランと命名された。マグレガー（McGregor, D.）は，このスキャンロン・プランに影響されてY理論を示した。

(小野瀬)

スチュワードシップ・コード

2014年2月,機関投資家の行動規範を記す「日本版スチュワードシップ・コード」が公表された(2017年改定)。このコードは,年金基金や保険会社のような機関投資家が投資先企業に対し,企業価値の向上を求め,対話を通じて積極的に経営に関わっていくものであり,7つの原則で構成されている。金融庁のHPでは,①責任の果たし方の明確な方針を策定し公表,②管理すべき利益相反に対して明確な方針を策定し公表,③投資先企業の持続的成長を実現するために状況の把握,④対話を通じて,投資先企業と認識を共有し問題を改善,⑤持続的成長のための議決権行使・公表,⑥責任をどのように果たしているのかを定期的に公表,⑦対話や活動に関して適切に判断するための実力について発表した。改定により,「議決権行使の中身の個別開示と,議決権行使の意思決定に外部の目を取り入れること。開示しない場合は理由を説明する」(『日本経済新聞(朝刊)』,2017年3月31日)ことが設けられたが,議案賛否についての行動が見られる。機関投資家と企業との関係が変化することで,ガバナンスのさらなる強化になる。また,株主総会に変革をもたらすのではないかと期待される。

〈森谷〉

ステークホルダー (stakeholder)

ステークホルダーとは,利害関係者のことを指す。企業の利害関係者を具体的にいえば,経営者,株主(投資家),従業員,顧客,金融機関,債権者,納入業者,販売者,地域社会,行政・政府のことなどを意味する。複数のステークホルダー間の利害は多岐にわたる。株主(投資家)は高い配当や株の値上がりを期待し,従業員は給与が上がることや恵まれた待遇を期待する。顧客はできるだけ安価で品質のよい商品やサービスを期待し,金融機関は企業に貸したお金の返済や利息の支払いを期待する。行政機関は企業の法律遵守や適正な納税を期待する。ステークホルダーが注目されるようになった背景としては,コンプライアンス(法令遵守)やコーポレートガバナンス(企業統治)など企業の社会的責任に関する関心が高まり続けていることが挙げられる。企業が法令を守らなかったり,社会性を無視したり,社会との関係を考えず経営を行うと,多くの利害関係者の生活に影響を与える。よって,企業は株主以外の利害関係者にも配慮しなければならない。ステークホルダーのうち,株主のことを「ストックホルダー(stockholder)」と呼ぶ。ストックホルダー理論とは,株主を重視する経営を目的とする理論である。

〈大杉〉

ステージゲート法 (stage gate method)
新規事業開発のプロセスにおいて，複数の活動（ステージ）に分割し，この活動ごとに関門（ゲート）を設けて段階的に評価していく手法である。1980年代にカナダの経営学者であるクーパー（Cooper, R.G.）により開発された。特に欧米企業を中心に広く導入されている手法であり，日本では1990年代後半から普及した。最初に導入されたのは旭化成であると言われており，その後，大手企業を中心に，100社以上の企業に導入された。複数の活動（ステージ）は，一般的にアイデア創出から始まり，ステージ①初期調査，ステージ②ビジネスプラン策定，ステージ③開発，ステージ④テストと検証，ステージ⑤市場投入といった活動となる。これらの各ステージの前に関門（ゲート）が設けられ，検討すべき項目や判断基準に基づいて，次のステージに進めるか否かを決める。この手法の最大の利点は，一定の明確な基準をベースに各ステージで段階的に絞り込みが行われるために，事業開発における後戻りなどによる無駄な投下費用が削減できるという点にある。また進める場合は滞留しないため，開発期間のスピードアップが図れるという点や事業開発を進めている際にリスクが生じた場合は，途中のステージで一時停止ないしは取り止める意思決定が容易にできるといった利点もある。 (小具)

ストック調整原理
望ましいと予想される投資が瞬時に達成されるわけではなく，その一部しか実行されない投資行動から得られた景気循環の原理である。不確実性の下での投資は，サンク・コストが懸念されることから，設備投資は，徐々に時間的不整合を調整するプロセスでもある。したがって，予見される投資のリターンが全額，期待通りに得られるとは限らない。すべての投資を一度に行うと，一度に多くの損失が発生する可能性があるためである。具体的には，企業の資本（建築物・生産設備）および，資本財，在庫，家計の耐久消費財などのストック量を適正な水準に修正していくことによる資本調整のプロセスであり，設備投資や在庫調整を経て資本サイズが調整されることになる。このため，現代においては，景気循環の原因になると考えられている。第二次世界大戦後の資本主義経済は，それ以前に比べて高い成長率を持続したので，好況は高い成長率，不況は低い成長率として現れるが，この現象もこの理論に基づいている。従来から主要な景気循環理論とされていたジュグラーの波が，技術革新に基づく設備投資の調整を説明していない点で，ストック調整原理の説明力は優れているとされる。 (馬場)

ストライク・プライス (strike price)

ストライク・プライスとは，オプション取引やIPO株取引などで使用される権利行使価格のことである。オプション取引においては，コールオプションの場合なら原資産の購入価格のことであり，プットオプションであればその売却価格のことを意味する。原資産の価格とストライク・プライスとの差があれば，利益を出すことができる。このストライク・プライスや期間，数量などをもとにオプション価格が決定される。IPO株購入の場合のストライク・プライスとは，ブックビルディングにおいて，価格がいくらであっても株を購入する意思があることを意味する。上場前のブックビルディングにおいて，購入申し込みをする際，指値を上回ると購入できず，初値が付いた時点での売却ができない。そこで，IPO株購入の際には，仮条件価格の上限を指値で注文することが通常の注文方法であった。また，発電事業の入札などの際に，当事者間の交渉で決まる価格として使用されることがある。このような文脈で使用される場合，特に管理ストライク・プライス (administrative strike price) というものであり，政府で決められた購入価格のことを意味する。 〔小野瀬〕

スピンアウト／スピンオフ (spin out／spin off)

スピンオフは，事業や部門といった組織の一部が分離され，独立して会社になることである。元々の会社と資本関係がある場合をスピンオフ，資本関係がない場合をスピンアウトという。字義どおり「飛び出す」スピンアウトは，元々の会社からの協力や支援（例えば，ブランドやチャネルの利用）が期待できない。スピンオフは，分社化の1つであるといえるが，対象となる会社の株式を元々の会社の株主が保有する場合をさすことがあり，元々の会社自身が株式を保有する分社化と区別される。スピンオフ（アウト）は，技術者が飛び出し，ベンチャー企業を立ち上げる方法という色合いが濃い。社内ベンチャーと違って元々の会社の経営方針に縛られたり，既存事業との軋轢に苦しんだりすることなく，企業家精神が発揮されやすい。会社にとっても社内で埋没している人材や技術を活用するチャンスとなる。ポートフォリオの見直しなどあくまで経営戦略の一環として組織の一部を分離，ベンチャー・キャピタルなどの外部資本を注入することで事業価値を高めるカーブアウト (curve out) がある。カーブアウトは，「切り出す」という意味であり，元々の会社の視点からすれば事業を売却する方法という含意がある。 〔松村〕

スワップション (swaption)

スワップションとは，金利スワップ (swap) にオプション (option) を組み合わせた複合金融商品である。オプション取引の権利行使日に，一定の条件でスワップ取引を行う権利を原資産としたオプション取引のことである。原資産は大半が金利スワップで，固定金利払い，変動金利受けのスワップ取引を行う権利であるペイヤーズスワップションと，固定金利受け，変動金利払いのスワップ取引を行う権利であるレシーバースワップションがある。取引例として，借入金の金利上昇リスクを回避するためにスワップションを利用した場合においては金利が低いままで推移すると判断したら権利を放棄し，反対に上昇すると判断したら権利行使をしてスワップ取引により変動金利を固定化することができる。そのため，通常の金利スワップでは金利が低くなったときには享受できないメリットを，オプション料を支払うことにより得られるようになる。スワップションの買い手はコストを確定し，先々の変動金利の上昇リスクを回避するために利用し，スワップションの売り手は利回りを期待して利用するのである。

(羽田)

成果主義 (performance based pay system)

評価対象となっている人に対して，あらかじめ定められた基準に沿ってその成果を査定し，究極的にはそれらを賃金や昇進などに結びつける人事施策の総称である。従業員の保有能力を重視する能力主義に対し，その能力をいかに生かして成果を生み出すかに力点が置かれているのが成果主義である。前者の場合，従業員が社内であらかじめ公に認められている資格を取得するために努力をする傾向になりがちであるが，必ずしもそれが成果に結びつかない点などの問題が指摘されていた。この成果主義は近年，日本的経営を支える3要素の1つである年功序列を揺るがすものとして認識されている。1990年代以後，広がっているアングロサクソン型経営が日本に浸透したことをきっかけに，日本でもそれらの導入が上場大企業を中心に試みられている。特に，バブル経済の崩壊後，低迷している経済が息を吹き返す原動力として期待されていたが，期待されているほどの効果は見られないのが現状である。この成果主義の導入によって自然に個人間の賃金格差が生じるが，業績連動による賞与の格差だけでなく，月例給与や退職金なども含むあらゆる局面での格差を生み出す要因にもなる。その具体的な制度として一般に導入されているのが目標管理制度である。

(文)

生産管理 (production management)

生産管理とは，企業の生産活動に関わる管理職能のことを指し，基本的に生産要素を有用な財に変換するプロセスである。実際に，企業は市場の要求や社会からの要請があるため，資源を調達し，製品に変換し，製品とこれに関するサービスを顧客に提供できる効率的なプロセスの構築や運用が不可欠である。企業にとって生産管理が難しいと認識される主な理由には，①市場の需要を予測し，それを生産計画や調達計画に反映せざるを得ない点，②受注量や質が変化する場合，生産計画を最初から修正しなければならない点，③需要予測には適切な分析手法が必要な点，④生産プロセス上起こりうるさまざまな負荷を考慮した的確な平準化生産が不可欠な点，⑤仕入れ先の選定や経営環境の変化に伴うフレキシビリティを構築しなければならない点などがある。さらに，この生産管理は，基本的に生産計画，生産組織，生産統制という3要素から成り立っている。優れた生産管理活動の成果は，Q（quality，品質），C（cost，コスト），D（delivery，納期）そしてフレキシビリティがどのようなものなのかによって評価される。特に，外部環境の変化が激しさを増している現代企業にとって，フレキシビリティをいかに形成するのかが重要なポイントとなっている。 (文)

生産性

生産性とは，生産諸要素の有効利用の度合いである。有形，無形を問わず，生産する場合においては，機械設備や土地，資本財，エネルギーの他，労働力が必要になる。生産性とは，このような生産要素を投入することによって得られる産出物（製品・サービスなどの生産物／産出）との相対的な割合のことを指す。例えば，最先端の工作機械を導入したとしても，それを操作する人が未熟であったり，操作ミスをしてしまったりすると，工作機械はうまく作動せず，故障を起こしてしまうこともある。このような場合，生産諸要素の有効利用度が低いということになる。生産性は，それぞれの生産要素の視点から捉えることができる。労働の視点からであれば労働の生産性（労働生産性），資本の視点からであれば資本の生産性（資本生産性）となる。さらに，投入した生産要素すべてに対して産出がどれくらい生み出されたかを示す指標として，全要素生産性が知られている。生産性の種類の中で最もよく用いられるのが，労働の視点からみた生産性，すなわち労働生産性である。労働生産性は「労働投入量1単位当たりの産出量・産出額」として表され，労働者1人当たり，あるいは労働1時間当たりでどれだけ成果を生み出したかを示す。 (馬場)

生産性のジレンマ (productivity dilemma)

生産性のジレンマは,1978年にアバナシー（Abernathy, W.J.）によって提唱された用語で,生産性向上を達成しようとするならば必ずや革新能力の喪失を伴わねばならず,生産システムが弾力的で非効率的な段階から硬直的で効率的な段階に向かうという枠組みになっていることから抽出される生産性と弾力性とのトレードオフな関係であるという,二局面でのジレンマを指す。画期的な製品が登場すると,各社がさまざまなタイプの製品開発を行い,多種多様な企業が有機的な組織の下でプロダクト・イノベーションを行う。やがて市場において標準的な製品デザインが決まると,各社の関心は製品デザインからプロセス・イノベーションに移り,大量生産体制を構築するようになる。その過程で,生産工程の分業化,作業の標準化や機械化が進み,低コストのための生産体制が確立されていく。この時点で,大規模な設備投資が行えない企業が,競争から脱落し,撤退したり買収されたりすることで寡占化が進むことになる。自動車産業では,19世紀末には蒸気から電気そしてガソリン車までが存在した。1908年にT型フォードが登場すると,概ね現在のガソリン車の原型が確立されていった。その後,技術革新は抑制的になり,低コスト化の重要度が高まっていった。

(馬場)

生産モジュール

あらかじめ一定数の部品を組み立てておいて,最終の組み立てを容易にする方式をいう。なお,モジュールとは単体として独立した機能を持ち,全体が集まってシステムを構成する要素のことを意味する。自動車産業では,アメリカのゼネラル・モーターズ（GM）社など欧米の自動車メーカーが取り入れている新しい生産方式である。工場内に部品メーカーを呼び寄せたりして,ある程度まで部品メーカーに組み立てさせた後,生産ラインに送り込む方式である。主要部品をまとめてユニット化し,部品メーカー各社が完成車の生産ラインの一部を担うので,取引が簡素化し,コストや納期が大幅に圧縮される。在庫を最小限にするトヨタの「カンバン方式」をさらに進化させた,第3の生産システムとして自動車大手メーカーに広がってきている。類似の考え方は,コンピュータなどの電子機器でもユニット化した部品を組み立てるという方法が採用されている。なお,造船業では,大型船はブロックを建造しておき,船台で最終的に組み立てるというブロック工法が採用されている。大型建造物や建築などでは従来から採用されており,モジュール生産やユニット化は,これらから着想されたものと考えられる。

(高垣)

製造物責任

製造物責任とは、製造した主体が製造物に対して負う責任である。製品が複雑化、高度化したため、製造者と消費者との間に情報の非対称性が生じた。我が国ではその解消のために1995年製造物責任法（product liability, PL法）が施行された。PL法は、「製造物の欠陥により人の生命、身体又は財産に係る被害が生じた場合における製造業者等の損害賠償の責任について定めることにより、被害者の保護を図り、もって国民生活の安定向上と国民経済の健全な発展に寄与することを目的」として制定された。「製造物」とは、製造または加工された物や財のことであり、「欠陥」とは、一般的な使用時に確保しておく安全性を欠いていることをいう。また「製造業者等」とは、製造業者、加工または輸入した者、製造業者として表示をした者等である。故意または過失があった場合には、損害賠償責任が規定されている。またOECD（経済協力開発機構）は、製品のライフサイクルの最初から最後までの全体を通じて、負の外部性を最小にする責任を負うべきとする拡大生産者責任を提唱している。製造した主体は、消費後の廃棄や再資源化に対しても責任を負うことになる。

（粟屋）

制度理論

制度理論とは、スコット（Scott, W.R.）によれば、1970年代半ばに組織論に登場し、大きな注目と関心を集めた理論である。従来の経営学や組織研究においては、組織を取り巻く環境として市場環境や技術的環境が重視され、その影響が強調されていたのに対して、制度理論においては、社会的・文化的環境の重要性、とりわけ社会的な知識システムや文化的な規則システムへの注意が喚起された。制度とは、スコットの定義によれば、「社会的行動に対して安定性と意味を与える、認知的、規範的、および規制的な、構造と活動から成り立っている」ものであり、制度は「様々な担体—文化、構造、およびルーティン—によって伝達され、支配の及ぶ範囲の多重レベルにおいて作用する」のである。こうした制度は、認知的構築物や規範的な規則といったシンボル体系とそうしたシンボル体系を共有する人々の社会的行動を通じて実行され、社会的行動を形成する規制的プロセスをも組み込んだ多面的なプロセスでもある。こうした制度の理解から、制度理論においては、社会一般や業界、人びとの間で広く流布し妥当なものとして通用している規範やある種の現実認識、世界観といった要因が、組織のあり方に対して、技術や市場といった要因と同等あるいはそれ以上に影響を及ぼしていることを明らかにしようとするものである。

（山中）

製販統合／製販同盟

個別産業における生産活動領域と販売活動領域との間のネットワークの概念としては多くのものがあるが，中でも「生・販統合」，「製販同盟」，「製販統合」等々が特に重要な位置を占めると考えられる。まず，第1の「生・販統合」の概念は生産活動領域からのアプローチで，特により高度なフレキシビリティの達成という観点に重点をおいている。具体的には，自動車・鉄鋼・半導体産業を研究対象とし産業間の差異を明らかにした研究と，日本の自動車産業における企業間関係を普遍的なものとして考え，他の国への適用可能性を模索した，メーカーとディーラーとの間のコーディネーションについて取り扱った研究がある。第2の「製販同盟」は販売活動領域からのアプローチに重点が置かれ，事例として小売業を研究対象とした流通論的あるいはチャネル論的な性格が強い。これは研究者によって「戦略的同盟」，「垂直的戦略提携」，「戦略同盟」，「製販戦略同盟」，「チャネル・パートナーシップ」等々のさまざまな概念が用いられているが，有力メーカーと大手流通業者との間に比較的長期にわたる取引関係が構築され，その関係の中で特定製品カテゴリーについてのマーケティング戦略の統合化・共有化が図られるしくみとして認識される傾向がある。　　（文）

製品アーキテクチャ

製品アーキテクチャとは，製品の設計をどのような基本的な考え方で行っているかを示す概念である。製品に求められる機能の実現において，機能と部品の関係と，部品間の入出力に用いる規格の2つから，製品がどのような考え方に基づいているか分類する。1つの機能が1つの部品に対応している場合，製品は要求される性能に合わせて，必要な部品を組み合わせることで作り上げることができる。このような製品は，モジュラー型アーキテクチャという。一方で，1つの機能が複数の部品から構成されそれぞれの部品を相互に調整する必要があるものや，要求される性能に対して機能間の高度な調整を必要とする場合，部品間・機能間でのすり合わせを行うことを前提とした設計となり，インテグラル型アーキテクチャという。部品間の入出力では，企業間で標準化された規格を使用している場合をオープンアーキテクチャ，1企業内もしくは関連企業間のみで使用される規格を用いている場合をクローズアーキテクチャという。多くの製品は，グローバル化による競争の激化と製品ライフサイクルの短期化から，低コスト化が求められ，必要な機能を持った部品を標準化された規格で組み合わせる，オープン・モジュラーのアーキテクチャに変化する傾向にある。（米岡）

製品-市場マトリクス

製品-市場マトリクスは，アンゾフ（Ansoff, H.I.）が提唱した，企業の全社的な成長戦略の検討で利用するフレームワークである。既存製品・新製品に分けた製品の軸と，既存市場・新市場に分けた市場（顧客）の軸から示される4象限から成り立つ。既存製品・既存市場から成り立つ象限では，市場浸透戦略をとる。既存顧客に対して既存製品をより多く販売する戦略で，拡大が見込める市場においてマーケットシェアを高める戦略である。新製品・既存市場から成り立つ象限では，製品開発戦略をとる。新製品を既存顧客に販売する戦略である。製品ラインの拡大，新機能の追加などで，新たな顧客を開拓したり，買い替えを促したりする戦略である。既存製品・新市場から成り立つ象限では，市場開発戦略をとる。これまで対象としてきた市場が成熟してきている場合などで，既存製品を新しい顧客に販売する戦略である。海外展開などがこれにあたる。新製品・新市場から成り立つ象限では，多角化戦略をとる。製品も市場もそれまでの事業と関連のない新しい分野に進出する戦略である。4つの戦略のうち，最もリスクが高くなるが，単一事業の企業にとってはその事業での収益悪化に対するリスク対策になる。経営資源や既存事業とのシナジーなどを考慮する必要がある。

(米岡)

製品ライフサイクル

一般に，新製品は市場に投入された直後は売上が低く，市場の認知を得ることで売上を急激に伸ばす。その後，競合企業の参入などで市場は飽和し，代替製品の市場導入などから売上は減少する。このような変化に対して，自社の製品がどの段階にあるかを時間軸と売上で示すものが，製品ライフサイクルである。製品ライフサイクルでは，導入期，成長期，成熟期，衰退期の4つの段階で製品戦略を検討する。導入期は，製品の機能が多くの顧客に求められるものになっていないことや，製品が市場で認知されていないことから売上が低い。そのため，市場開拓を行うとともに，製品の機能向上が重要となる。成長期は，製品が市場で認知されたことで，需要が急激に拡大するため，生産設備の増強が必要になる。また，市場に競合企業が参入してくるため，差別化のための改良が必要である。成熟期は，製品の市場における需要がピークを迎えるとともに，競合企業との激しい競争にさらされる。製品機能の改良も困難になり，生産プロセスの改良による低価格化が差別化要因となる。衰退期は，代替となる新製品の市場導入や，低価格競争に対する生産プロセスの改良の限界などから，製品の売上・利益は減少する。この段階では，市場からの撤退も戦略の1つとなる。

(米岡)

セオリーZ

オオウチ（Ouchi, W.G.）のセオリーZとは，マグレガー（McGregor, D.）のセオリーX（人間は根本的に怠惰で無責任な存在であるという考え）とセオリーY（人間はよく働き，責任感が強い存在であるという考え）という管理者の人間観による分類を組織に応用したものであり，それは，Aタイプ（欧米組織），Jタイプ（日本組織），Zタイプ（欧米においてJタイプを取り入れた組織）3種類に分けられる。彼は，1981年当時，Zタイプであった，IBM，ヒューレット・パッカード，イーストマン・コダック，プロクター・ギャンブルなどが，総じて高い生産性を挙げていたことから，他の多くのAタイプの企業に，Jタイプを見習い，Zタイプへの組織変革を提案した。Aタイプは，短期雇用，早い人事考課と昇進，専門化された昇進コース，明示的な管理機構，個人による意思決定，個人責任，人に対する部分的な関わりなどの特徴が挙げられる。Jタイプは，終身雇用，遅い人事考課と昇進，非専門的な昇進コース，非明示的な管理機構，集団による意思決定，集団責任，人に対する全面的な関わりなどの特徴が挙げられる。また，Zタイプは，終身雇用，比較的遅い人事考課と昇進，非専門的な昇進コース，非明示的な管理機構，意思決定への参加的アプローチ，集団責任，人に対する全面的な関わりなどの特徴が挙げられる。 (郭)

セキュリタイゼーション

セキュリタイゼーションとは，収益を必ず生み出す不動産，貸付債権，クレジット債権，住宅ローン債権などの資産を，発行体である企業のバランスシートから切り離し，不動産（単体）もしくは複数の債権を1つにプールしたうえで，将来，生み出されるキャッシュ・フローを裏付けに債券を発行することである。この基本的なしくみは，発行体である企業が，SPC（special purpose company，特別目的会社）に証券化の対象となるバランスシート上の裏付け資産を譲渡する。SPCは，その資産のキャッシュフローを裏付けに債券を発行する。債券を発行する際，投資家を保護する優先劣後構造，つまりリスクが異なる債券を発行するしくみが活用される。その債券は，ローリスク・ローリターンの優先債，ミドルリスク・ミドルリターンのメザニン債，ハイリスク・ハイリターンの劣後債など，リスクが異なる債券が発行される。この優先劣後構造の他に，超過担保，現金準備などの信用補完がある。また，証券化の特長として，裏付け資産の持つ信用力は，発行体である企業の信用力とは切り離されているため，発行体の格付けが，たとえ投資不適格であったとしても，資産がキャッシュを生み出すものであれば，発行される債券は格付会社から高格付けを取得することができる。 (森谷)

セグメンテーション (segmentation)

マーケティング活動を実施していく際に、市場にいる顧客をある特定の属性やニーズを持つ固まりに分類することであり、市場細分化と表現される。分類するための基準となる変数としては、顧客特性と消費者行動特性という2つの特性に属する変数を用いるのが一般的である。顧客特性に属する変数としては、主に地理的変数（ジオグラフィック変数）や人口動態変数（デモグラフィック変数）、心理的変数（サイコグラフィック変数）の3つの変数である。地理的変数とは、代表的なものは北海道・東北地方、北陸地方、中部地方、関東地方、近畿地方、中国・四国地方、九州・沖縄地方などの地域、都市の規模、気候などがある。人口動態変数とは、年齢・性別・職業・所得・学歴・家族構成などである。そして心理的変数とは、ライフスタイルや個人の性格などがこれに該当する。また消費者特性に属する変数には、主に行動的変数（ビヘイビアル属性）がある。つまり顧客の行動をベースとする変数であり、具体的には顧客の購買段階（AISASなどにより購買行動モデルとして定義されている段階）や使用頻度、ロイヤリティの状況などの変数がこれに該当する。 (小具)

折衷理論 (OLIパラダイム)

対外直接投資（FDI）の理論は、企業がFDIを選択するのかどうかを、十分に説明するものではない。このような不十分さを解消するものとして、ダニング（Dunning, J.H.）による「折衷理論（eclectic theory）」がある。既存の理論を文字通り折衷して統合したものであり、理論としての新規性に関していくつかの論争があったものの、FDIを総合的に説明する理論を体系付けた意義は大きく、FDIの理論的説明の先駆をなしたといってよい。所有の優位（ownership advantage）、内部化優位（internalization）、立地的優位（location advantage）から、OLIパラダイムと呼ばれている。企業が特定の外国市場において所有の優位を保有し、それを外国企業に売るのではなく、自ら付加価値を付けることが最も利益となる場合（内部化優位）、そして、本国よりも特定の国に資産を持つことが利益になるという立地的優位が存在する場合、企業はFDIを行うようになる。理論としての系譜からみると、所有の優位はハイマー・キンドルバーガー理論の企業特有の優位性であり、内部化優位は内部化理論であり、立地優位は各国に固有な要素賦存状態もしくはヘクシャー・オーリン定理が仮定する生産要素の不可動性である。 (高垣)

セル生産 セル生産とは，1人または数人の作業者が，部品の取り付けから組み立て，加工，検査までの全工程を担当する生産方式である。ライン生産方式においては，生産ラインに作業者が複数配置され，各作業者が分業しながら生産が行われる。こうした分業は，作業者が行う作業を固定化することで，生産効率を向上させると考えられてきた。一方で，作業者は固定された単調な労働に従事することになり，肉体面・精神面での負担が大きいことや，作業者が本来持つ能力を活かすことができないことなどの問題点が指摘されてきた。セル生産方式では，1人または少数で生産を完結するため，各作業者の創意工夫によって作業方法を変更することが容易となる。また，各作業者の創意工夫が，生産効率の向上にどの程度つながったのかの成果も見えやすく，作業者のモチベーションを引き上げやすい。さらに，セル生産方式では部品棚，工具棚を入れ替えるなど簡単な変更で生産品目の変更が可能であり，セルの数を調整することで生産量の変更に対応することも容易である。そのため，多品種少量生産に適した生産システムともなっている。セル生産方式は，家電製品などの比較的小型の製品の生産に利用されることが多い。 (金網)

先行者利益 (first mover advantage) 先行者利益は，経営戦略において市場に一番のりをする（開拓者になる）ことによるメリットのことをいう。これまでにない製品・サービスを生み出し，市場を切り拓いていくパイオニアであるから，研究開発や設備投資，広告宣伝に膨大な投資が必要となる。また，市場が成長せず，投資を回収できないリスクも伴う。しかし，先行者は，イノベータ（革新的採用者）など価格に敏感でない消費者に対して上澄み価格で製品・サービスを提供し，早々に投資を回収できたり，市場が成長していく中で，経験効果によってライバルよりコストダウンすることが可能である。また，先行者の製品・サービスの設計が後々，業界標準規格のベースになるといったように，技術面でもリーダーシップをとることができる。製品・サービスのカテゴリーの代名詞になり，消費者にブランドがよく浸透し，これが参入障壁になることもある。後発者は，先発者利益を享受できないが，膨大な投資も必要なく，上記のリスクも回避できる（後発者利益）。また，製品ライフサイクルの衰退期，ライバルの撤退が相次ぐ中で，次世代の製品・サービスにないニーズを持つ一部の消費者を対象に，現在の製品・サービスを提供し続け，独占する残存者利益も存在する。 (松村)

専門業務型裁量労働制　業務遂行の手段や方法，時間配分等を労働者の裁量にゆだねる必要がある19業務（厚生労働省告示）に限り認められる制度である。労使で対象業務を定め，労働者を実際にその業務に就かせた場合，あらかじめ定めた時間働いたものとみなす。事業場の過半数労働組合または過半数代表者との労使協定を締結することにより導入することができる。賃金計算は，働いた時間（指揮命令下にあった時間）を指標に置くことが，労使双方にわかりやすい。しかし，特定の業務では，時間と成果を関連付けることが困難で，逐一，会社の指揮命令を受けることが適切ともいえない。これに対応すべく，労働基準法には「裁量労働制」として，日々の労働時間や業務遂行の手段，方法を労働者の裁量に委ね，使用者はみなし労働時間に対する対価として相応の報酬を支払う労働時間制が定められている。19業務は，研究業務，プログラム設計，記事や放送の製作の取材・編集，新たなデザイン考案，番組・映画製作のプロデューサー・ディレクター，コピーライター，システムコンサルタント，インテリアコーディネータ，ゲームソフトの製作，証券アナリスト，金融商品の開発，大学教授，公認会計士，弁護士，建築士，不動産鑑定士，弁理士，税理士，中小企業診断士。　　　（高垣）

専門経営者　チャンドラー（Chandler, R.T.）が明らかにしたように，通信と交通の技術革新による市場の拡大は，アメリカに大量消費市場を成立させ，新たな工業技術と安価なエネルギー資源の利用による生産技術革新は大量生産産業を成立させた。こうした産業においては，大量流通と大量生産を統合した大規模統合企業が登場することとなったが，こうした大規模統合企業は生産と流通の再編と統合に要する莫大な費用を賄うために，株式市場を通じて巨額の資本調達に依存した。その結果，こうした大規模統合企業の株式所有権は広範囲に分散することとなった。さらに，こうした大規模統合企業は多数の事業単位を統制することにより，異なった地域で営業するようになったばかりでなく，異質の経済活動を遂行し，異なったラインの財貨やサービス，製品を扱うようになっていったが，こうした活動の管理にはより高度な専門的知識を必要としたため，専門的な訓練を受けた，俸給によって働く職業的な専門経営者を必要とした。大規模統合企業における株式所有権の広範囲の分散による所有と経営の分離と経営管理業務の高度専門化が，資本の所有を基礎とするのではなく，経営管理の専門的知識と経験，能力に基づいて企業の経営を担う職業的な専門経営者という近代企業の担い手を成立させたのである。

（山中）

戦略グループ (strategic group)

ある組織は，他の組織と同一の，あるいは異なる戦略特徴を持っている。同一もしくは類似した戦略特徴を有する組織のかたまりを戦略グループという。戦略特徴は，製品・サービスの種類（ラインナップ）などのことをさす。戦略グループを決める戦略特徴はさまざまであり，収益性の違いをもたらす戦略特徴を見極めることが肝要である。同一業界内においてなぜ収益性の違いが生じるのか，を説明する上で戦略グループの概念が使用される。業界の中にいくつかの戦略グループが存在するが，ある戦略グループの収益性がいくら良くても，そこへの移動は簡単なものではない。戦略グループ間の移動を困難にする要因，移動障壁(mobility barrier）があるからである。移動障壁が高ければ，やすやすと模倣されず，戦略グループの中にいる組織は，持続的な競争優位が獲得できる。移動障壁は，規模の経済など参入障壁と基本的に同じである。また，組織文化といった蓄積に時間がかかり，簡単に調達できないものが戦略特徴を生み出しているとすれば，これも移動障壁になり得る。さらに高価格路線から低価格路線への転換が，これまで築き上げてきたブランドを傷つけてしまうといった戦略矛盾も移動障壁である。

(松村)

創業者利益 (founder's profit)

創業者利益とは，起業家（創業者）が株式会社を設立，成功をおさめ証券取引所に上場できた場合，株式公開にあたって株式を売却することにより獲得できるキャピタルゲインのことをいう。経済学者ヒルファーディング（Hilferding, R.）による概念で，創業者利得（Grundergewinn）ともいう。創業者利得は，実際に事業に投入された資本と株式公開時の株式資本（時価）の差額である。なお，起業家のみならず，会社設立時に株式を引き受けた金融機関なども同様に創業者利益を享受できる。証券取引所に上場することで，誰でも株式を購入できるようになる。株式上場によってさらなる資金調達が可能になるため，上場時に新規に株式を公募したり，既存の株式が売り出されたりする（新規株式公開，IPO：initial public offering)。新規株式公開は，人気があるため実態より価格が高くなる傾向にあり，創業者利益は，十分魅力あるものとなる。起業家にとってモチベーションとなり得るのである。また，一定の基準をクリアしなければ上場できないため，創業者利益は，起業家にとって上場に至るまでの並々ならぬ努力とリスクテイクに対する報酬であるともいえる。

(松村)

ソウギ

相互会社 (mutual company)

日本では，保険業法により，保険加入者と社員が一致する保険会社のみに設立が認められた企業形態である。社員に対して剰余金を分配する営利目的ではなく，加入者が相互扶助の精神によって保険する非営利法人であり，株式会社に準じた機関構造を有する。保険契約者が社員となり，株主総会に相当する社員総会が意思決定機関となる。社員総会は取締役や監査役などの役員を選出し，剰余金の処分案や定款変更などの重要事項を決議する。剰余金は，主として保険契約者である社員への配当金となる。しかしながら，営利法人である株式会社とは基本的な相違がある。株式会社の株主権は，1株1票を基本とするため，大株主や機関投資家などの少数の株主が積極的に経営に関与する。それに対し，相互扶助を精神とする相互会社は，社員1名に1個の議決権が与えられている。意思決定に関して平等な権利を有する社員数は，株式会社の株主数に比較すると多いため，株主総会のような具体的な会場の確保が困難であり，社員総会における合議ができない。こうしたことから，相互会社では，社員から総代を選出して，総代会を社員総会に代えることを認めている。株式会社と比較して，保険契約者の権利や義務に相違はないが，株式による資本調達ができないため，巨額な資本調達を必要とする世界的な規模でのM&Aなどができず，経営戦略上の制約がある。 (亀川)

創発戦略 (emergent strategy)

ミンツバーグ (Mintzberg, H.) によって指摘され，経営学の中で一躍脚光を浴びるようになった経営戦略における概念である。この創発戦略は，当初は想定していなかった環境変化に柔軟に対応していくことを意味しており，あらかじめ計画していた経営戦略とは異なり，これを変化させて経営環境に適応させていくために，結果として修正され，実行された経営戦略を意味する。この概念は，複雑で変化の激しい現代においてとても有効であり，企業を取り巻く経営環境に適合するとともに実行される経営戦略である。経営者によって策定された計画的な経営戦略は，いかに念入りに計画したとしても，その実行段階において現場とのズレが発生してしまう可能性が高いといえる。そこで，この現場とのズレについて，現場から経営者に対してフィードバックされるときに，経営者が当初の目標を意識しながら，現場からの発案や意見などに注目し，これに見合う形で新たな経営戦略を確立し実行していくといった，いわば柔軟な経営戦略といえる。ミンツバーグは，経営戦略とは計画的に策定されると同時に創発的に形成されなければならないと指摘し，意図した戦略と創発戦略のバランスをとっていくことの重要性を指摘している。 (當間)

ソサエティ5.0 (Society 5.0)

ソサエティ5.0は、2016年1月22日に閣議決定し、日本政府が策定した第5期科学技術基本計画において用いられた用語であり、日本政府の科学技術政策の基本方針である。「必要なもの・サービスを、必要な人に、必要な時に、必要なだけ提供し、社会の様々なニーズにきめ細かに対応でき、あらゆる人が質の高いサービスを受けられ、年齢、性別、地域、言語といった様々な違いを乗り越え、活き活きと快適に暮らすことのできる社会」（第5期科学技術基本計画, p.11）をめざすものである。AIとIoTを活用する点はインダストリー4.0と同じであるが、インダストリー4.0が製造業を中心とした産業革新をめざしているのに対して、ソサエティ5.0は範囲を社会全体に拡大し、社会的課題の解決を含めている点が異なる。ソサエティ5.0では、異なる分野のシステムを連携協調させ、多種多様なデータを収集し、AIで利用できるようにするしくみが求められる。そのため、個別システムの高度化と段階的な連携協調を進め、共通プラットフォームを構築するとしている。このしくみの中では、データの売買も活発になるため、高度なセキュリティ対策を行った上でのデータ取引市場の拡大が考えられている。

(米岡)

組織エコロジー理論

組織エコロジー理論とは、生物と環境の相互作用を関心領域とする生態学の知見を企業に応用したもので、企業を社会システムとみなして企業の生死のメカニズムを明らかにする理論である。ハナンとキャロル（Hannan, M.T. & G.R. Carroll）によって発展を遂げた理論である。この理論の根本的問いは、「なぜ多様な企業が存在するのか？」というもので、生態学の「ダーウィニズム」の考え方に基づいて「突然変異によって多様な企業が生まれる」と主張し、環境変化に適応できた企業だけが存続することを強調する。企業の生死のメカニズムに着目していることから、組織エコロジー理論はマクロ的かつ長期的視点を重要視する。組織エコロジー理論から派生した生死のメカニズムを論じている理論の1つに密度依存理論がある。この理論によると、ある業界内の密度（プレーヤー数）が上昇すると正統性獲得の効果によって企業の死亡率が減少するが、一定の密度を超えると競争のメカニズムによって死亡率が上昇する。同様に、資源分割理論は企業の棲み分けのメカニズムによって組織の生死を明らかにしている。具体的には、ゼネラリストとニッチに特化するスペシャリストの概念を提示し、ある業界におけるゼネラリストおよびスペシャリストの生存のメカニズムを論じている。

(安田)

組織学習　組織学習とは，組織が経験を蓄積することによって生じる知の変化のことを意味する。知の変化によって生まれた知と既存知を組み合わせることで，組織は新たな知を創造することが可能となる。組織学習には，一般に3つの学習がある。第一に，自らの経験による学習である。例えば，海外事業の経験の蓄積によって組織の知が変化するという現象である。第二に，ネットワーク学習と呼ばれるものである。具体的には，技術提携を行った相手企業など，パートナー企業を通じて得られる学習を意味する。第三に挙げられるのが代理学習である。他の組織の経験を観察することによって組織学習が促進されるということである。これらの学習によって獲得された組織の知は，組織に記憶されることが必要となる。第一に，組織の個人メンバーによる記憶である。第二に，コンピュータなどの組織のツールに記憶することである。第三に，組織固有の行動プロセスとして組織に埋め込むことである。組織学習には失敗という考え方も存在する。第一に，組織に記憶された知の適用誤りという現象である。環境変化が起こっているにも関わらず，以前学習した知をそのまま適用してしまうということである。第二に挙げられるのが迷信的学習と呼ばれる現象で，因果関係の曖昧さによって正しく学習できない状況を意味する。　　　　　　　　　　　　　　　　　（安田）

組織慣性　組織慣性には2つの考え方がある。第一に，戦略の環境適応を重視する分野では，組織の現状を維持する性質と考えられている。したがって，慣性が存在することで環境変化に対応できずに競争優位が実現できないとされる。人・組織には認知の限界が存在するため，環境変化に適応した変化を行うことが困難であることから，組織変革においてはこの慣性をどのように克服するのかが重要な論点となる。組織慣性は，プロジェクトへの投資が十分な成果を上げていないにもかかわらず追加的に投資を行ってしまうことを意味するエスカレーションオブコミットメントと呼ばれる現象やイノベーションのジレンマに陥る既存組織を説明する要因ともなる。組織慣性は組織エコロジー理論においても構造的慣性という概念で論じられている。構造的慣性は，組織に安定化と信頼性をもたらすため，組織マネジメントの重要な要素となる。手続きや行動プロセスが確立され平準化されていることは組織に安定性をもたらし，それらは顧客や取引業者からの高い信頼につながるのである。この主張に基づけば，根本的な変革を行う組織よりも，高度な慣性を備えることが重要ということになる。これは組織慣性を肯定的に捉えた見方である。組織慣性を理解するにはこのような2つの側面を理解する必要がある。　（安田）

組織コミットメント（organizational commitment）

個人と組織との関係性をあらわす概念のことである。この組織コミットメントには3つの要素がある。1つ目は情緒的要素であり、個人の組織に対する一体感や愛着などといった情緒的なコミットメントである。2つ目は功利的要素であり、組織に所属し仕事を続けることで得られる利益と、辞めてしまえば失われてしまう損害という損得に基づいたコミットメントである。3つ目は規範的要素であり、所属した組織で長く貢献すべきであるという個人の組織に対する価値観に基づくコミットメントである。近年、組織コミットメントを高めることが、従業員の生産性を向上させる意味で注目されている。組織コミットメントは、入社後に一度低くなり、その後は年数を重ねるごとに高まっていく傾向にあると言われている。その場合、情緒的要素が重要であり、個人は組織の側から好意的なメッセージが示されると、自分の存在意義を見出し、組織に貢献していくと考えられるからである。最後に、この概念は、実は、低過ぎても高過ぎてもあまり良いとはいえない。上司や組織に対してコミットメントが高すぎると、間違ったことを行ってしまった時、それを指摘し修正できなくなることが指摘されている。

(當間)

組織シンボリズム

解釈主義に基づく組織論であり、組織における現象をシンボリック（象徴的）な側面から理解しようとするものである。例えば、ある人のちょっと変わった行いが「武勇伝」として意味付けされ、後世にわたって語り継がれるようになる、といったように組織の現実は、人々の中で（社会的に）構築されるのである。坂下昭宣によれば、組織シンボリズム（organizational symbolism）において組織文化は、機能主義のように客観的実在物ではなく、むしろ社会的構成物であるという。組織メンバーの意味の世界は、あくまで主観的なもので、1人1人異なるものである。メンバー間で交わされる言語やお互いの行為といったシンボルを解釈するにあたり、主観的な意味の世界が参照され、時には構成し直されるうちに次第に間主観的なものになっていく（共有される）、いわゆる組織文化が形成されるのである。このとき共有の媒体（メディア）として使用されるのがシンボルなのである。また、組織シンボリズムにおいて組織文化の形成や変革の主体は、経営者など特定の人物（シンボリック・マネジャー）ではなく、あくまで組織メンバー1人1人であって、組織文化をマネジメントできるのかどうか懐疑的なスタンスが取られる。

(松村)

組織スラック (organizational slack)

スラックとは，たるみやゆるみを意味するものであり，転じて組織スラックは，余剰資源のことをいう。余剰資源という「ゆるみ」がなぜ，生まれるのか。組織における意思決定が合理的ではない（制限された合理性である）ことからどうしても非効率が生じる。報酬など目的を達成するために個人が努力するに足る魅力である「誘因」と，組織の目的を達成するために個人が力を貸し，負担を負う「貢献」のバランスに関して，利害関係者が組織に参加し続けるためには，誘因が貢献と同等か，あるいはそれを上回らなければならず，ここに組織スラックが生じることになる。組織スラックは，非効率そのものであるという否定的な側面がある一方，組織スラックがあるからこそ研究開発の充実がはかられたり，十分な設備投資がなされ，製品・サービスや事業そのものが開発される契機が生まれたりするという肯定的な側面もある。また，環境の変化は組織にさまざまな脅威をもたらすが，思わぬ需要の増加に対して，例えば，余剰人員や遊休施設など組織スラックがあることによって対応が可能になる。すなわち，組織スラックには環境変化によるショックを緩和する緩衝装置（ショックアブソーバー）としての機能があると考えられるのである。

(松村)

組織セット・パースペクティブ (organization set perspective)

我々がある地位に就くとき，地位がもたらすさまざまな人々との関係があり，いくつかの役割を担うことになる。この社会学におけるマートン（Merton, R.K.）の「役割セット」の考え方を組織に応用したのが，エヴァン（Evan, W.M.）の組織セット・パースペクティブである。組織セット・パースペクティブは，オープン・システム・アプローチに基づき，①分析の対象となる組織（焦点組織という），②焦点組織にヒト・モノ・カネ・情報を提供するインプット組織群（組織セットという），③焦点組織からそれらを提供されるアウトプット組織セットの組織間関係を分析していこうとするものである。山倉健嗣によれば，調整や交渉を担当する対境担当者（boundary personnel）に着目し，観察可能な担当者の行動によって組織間関係を描き出すこと，また，焦点組織と（インプット・アウトプットの）組織セットのみならず，焦点組織と組織セットを構成する1つの組織（二組織間），あるいは焦点組織と組織セットを含む組織間関係全体という複数の分析レベルがあること，が組織セット・パースペクティブの特徴であるという。(松村)

組織的怠業 (systematic soldiering)

企業組織内において，従業員が個人的にではなく，グループや集団などといった組織単位で怠けるという状態のことである。もちろん，企業や組織にとって，これらは問題視されることは言うまでもない。20世紀初頭の米国において，企業では，賃金支払制度あるいは誤った管理制度に対抗するために，現場の作業者の集団が意識的に作業能率を抑制することによって，この組織的怠業が発生する状況が多発していた。このような現象は，従業員の基準となる仕事量について科学的に根拠があるわけではなく，経験者の経験や勘から行われる成り行き管理（drifting management）から起こるものであった。そこで，この管理手法を問題視したテイラー（Taylor, F.W.）は，労働者側と経営者側の合意のもとで行われる標準的な管理手法の必要性を感じ，課業管理（task management）の開発を行った。時間研究による標準作業時間が科学性を持つためには，その前提として，作業の内容が合理的に適正化され標準化される必要がある。そのためには，時間研究に先行して，不必要な動作や無駄な動作を排除し，必要かつ最善の動作の連続体として作業を構成する動作研究が必要であると考えたのである。この課業管理は，科学的管理法の根幹となっている。

(當間)

組織デザイン

組織デザインとは，目標達成の程度である組織の有効性を高めるために，戦略などのコンティンジェンシー要素と組織の適合性の視点から，組織構造や組織プロセスを設計することをいう。ダフト（Daft, R.L.）は，組織デザインに影響を与えるコンティンジェンシー要素として，戦略，環境，規模，ライフサイクル，技術，文化の6つの要素を挙げている。ガルブレイスとネサンソン（Galbraith, J.R. & D.A. Nathanson）は，組織デザインで考慮すべきデザイン変数として，課業，構造，情報・意思決定プロセス，報酬システム，人的要因の5つの変数を挙げている。そして，組織構造が組織の成長段階によって発展していく発展段階モデルを示している。単純組織から始まり，規模が拡大すると単一職能組織へ発展し，内部成長の場合は，事業部門制組織から世界的多国籍企業へと発展する。外部成長の場合は，世界的多国籍企業への発展経路は2つあり，1つは持株会社から世界的持株会社を経るもの，もう1つは集権的職能部門制から世界的職能部門制を経るもの，の2つの経路である。一般的な見解としては，単純組織から集権的な職能部門制組織，分権的な事業部制組織，マトリックス組織へと，環境の不確実性の増大に適応して発展していくと考えられている。

(大野)

組織の3要素 バーナード（Barnard, C.I.）は，組織を「2人以上の人々の意識的に調整された活動や諸力のシステム」と定義した上，組織が成立するために必要な条件として，「共通目的」，「貢献意欲」，「コミュニケーション」の3要素を挙げている。共通目的は，個々の個人目的を何らかの形で統合した組織としての目的のことで，経営理念やビジョンと似た概念である。貢献意欲は，組織構成員の共通目的を達成しようとする意欲のことで，モチベーションと関わりを持つ概念である。コミュニケーションは，組織内における各種の情報伝達のことであり，共通目的と貢献意欲とを統合する役割を果たす。また，彼は，組織が存続するためには，さらに有効性と能率が必要であるとしている。有効性とは，組織目的が達成されたかどうかということであり，「結果」が問題となる。これに対して能率とは，協働が確保され，個人の動機が満たされたかどうかということであり，「過程」の問題である。この有効性と能率を個人行動レベル，協働行為レベル，組織レベル，管理レベルの4つのレベルで考察しており，組織レベルでの能率については，「組織の均衡が維持されるだけの誘因が提供されること」としている。このような誘因が提供されることにより，個人の動機も満たされることとなるのである。

(郭)

組織文化 （organizational culture） 組織文化は，メンバーによって共有された価値や信念，規範および（結果として生じる）思考や行動の様式である。そしてメンバーが共有する価値や信念，規範に影響するのは，創業者や経営者の経営哲学や企業理念である，と考えられている。組織文化と区別されるものに組織風土がある。組織風土はあくまで個人の認知の問題であり，個人が記述する組織の特徴や性格が平均化されたものである。シャイン（Schein, E. H.）は，儀式や行事，英雄や神話，態度や姿勢など外部者にもわかる可視的な組織文化を「人工物」と呼び，深層にある内部者が意識する哲学や理念，規則や標語など「標榜された価値」が反映されるとした。そして「標榜された価値」は，さらに深層にある認識や前提といった内部者さえ意識しない暗黙的な「基本的仮定」によって支えられている，という。この「基本的仮定」こそが組織文化の本質なのである。以上のように組織文化を均質的，一元的な客観的実在物であるとする考え方（機能主義）に対して，そもそもメンバー1人1人の意味の世界が違うのであって，組織文化はあくまで社会的構成物であり，均質的，一元的なものではない，という考え方（解釈主義）がある。

(松村)

ソーシャルビジネス

ソーシャルビジネスとは，社会的な課題の解決をビジネスとし，利益の獲得よりも，その解決を主目的とするビジネスのことである。社会的課題を解決するには，寄付あるいは税金による費用負担や事業化が考えられるが，それらでは限度があり継続性は担保できない。そこで社会的課題を解決することをビジネス化し，事業収入を得ることで持続可能性を確保しようとする考え方に基づき，ソーシャルビジネスが生まれた。よってソーシャルビジネスは慈善事業ではない。ソーシャルビジネスは，「小さな政府」への移行を決めた1980年代のイギリスで生まれたと言われる。我が国では1998年の特定非営利活動促進法（NPO法）の施行がきっかけであった。経済産業省によると，環境保護，高齢者・障がい者の介護・福祉から，子育て支援，まちづくり，観光等に至るまで，多種多様な社会課題・地域社会の課題解決に向けて，住民，NPO，企業など，さまざまな主体が協力しながらビジネスの手法を活用して取り組むビジネスをソーシャルビジネス，またはコミュニティビジネスと呼んでいる。行政としては，行政コストの削減や，地域における新たな起業や雇用の創出等を通じた地域活性化を期待している。

（粟屋）

ソーシャル・マーケティング（social marketing）

1960年代に米国で発生した消費者運動が契機となり，1970年代に提唱されたマーケティングの概念である。自社の製品・サービスの購入を追求するのが従来型の顧客志向のマーケティングであるが，ソーシャル・マーケティングは，自社の利益や顧客のみを追求するのではなく，社会全体の利益の向上を追求する社会志向のマーケティング手法である。また政府や学校・病院等の非営利組織に，マーケティングの諸技法を適用する際にも用いられる名称である。昨今では，ソーシャル・マーケティングが進化したコーズ・リレーテッド・マーケティングの概念も登場している。社会的な問題を抱える国連機関やNGO等（non governmental organization：非政府組織）に対して，企業が事業活動により得た利益の一部を寄付すること等を通して，自社の認知度等の向上を図る手法である。キリンビバレッジの「1ℓ for 10ℓ」プログラム（マリ共和国の人々に対して，ミネラルウォーターであるボルヴィックの出荷量1ℓにつき，10ℓの清潔で安全な水が供給される仕組み）やエイボンによるピンクリボン活動等（寄付金付きの口紅を販売し，乳ガンの早期発見・早期治療を啓発する運動）のケースがこれに該当する。

（小具）

損益分岐点(分析) (break-even point, BEP)　CVP分析とも呼ばれ,「コスト(cost)」,「販売量(volume)」,「利益(profit)」の頭文字である。売上高と費用の額がちょうど等しくなる売上高(販売数量)を指す。売上高(販売数量)が損益分岐点以下に留まれば損失が生じ,それ以上になれば利益が生じる。このことから採算点とも呼ばれる。損益分岐点分析は,直観的に理解しやすいので,今日でもよく使用される。具体的には,コストを変動費と固定費に区分した上で,売上高から変動費を差し引いて限界利益を算出し,限界利益を売上高で除して限界利益率を算出する。このとき,固定費を限界利益率で控除すれば,損益分岐点における売上高が算出される。財務諸表では,変動費と固定費は区分されていない。財務会計においては,原価計算が,直接原価でなく全部原価に基づいて行われているためである。分析を行うにあたっては,まず財務諸表の数値から変動費と固定費を推定することが必要となる。損益分岐点売上高は,「損益分岐点売上高＝固定費÷{1 −(変動費÷売上高)}」を使う。実際の売上高に対する損益分岐点売上高の割合を「損益分岐点比率」といい,「損益分岐点比率＝損益分岐点売上高÷売上高」によって企業の収益性を評価することがある。　　　(高垣)

損益法　企業会計の目的は,適正な期間損益を求めることにある。その算定方法には,損益法と財産法がある。損益法は,収益から費用を差し引いて期間損益を計算する方法である。会計期間(通常は1年)におけるすべての収益とすべての費用を対比させて損益を計算する。ただし,取引は同一の会計年度内で完結するものばかりではないため,当該年度の収益や費用に該当しないものは繰延べや見越しの処理を行う。当期に商品100個を単価100円で取得し,そのうちの80個を単価120円で販売したとしよう。商品を10,000円で取得し,9,600円で販売したので,400円の損失と考えるかもしれない。これは適正な期間損益ではない。当期の成果(販売数量)は80個であるから,費用も80個分で計算する。20個分の2,000円は在庫として貸借対照表に計上され,損益計算の対象にはならない。この例では売上9,600円,売上原価8,000円(＝100円×80個),利益は1,600円となる。財産法は,期首の純資産(資産と負債の差額)と期末の純資産を比較し,その増減額を期間損益として把握する方法である。ただ,資産に資産価値のないものが計上されたり,負債に債務ではないものが計上されたりすると純資産を正確に算出できず,適正な期間損益が計算できない。　　　(青淵)

存続会社／消滅会社　企業の吸収合併によって，合併後に存続する会社（存続会社）と消滅する会社（消滅会社）が発生する。なお新たに会社（設立会社）を設立する場合，合併を行うすべての会社が消滅する会社（消滅会社）となる。存続会社は，吸収合併による消滅会社の権利義務を承継する。ただし，特例有限会社は吸収合併存続会社となることはできない。実際の合併では，吸収合併によることがほとんどである。これは，新設合併は，株式上場企業の場合には改めて上場申請を要することや，銀行など許認可や事業免許を要する業種では，新設会社による許認可や免許の再取得が必要となるなど，事務手続きの処理が非常に煩雑となる。合併比率は，両社の資産負債の状況，収益力，ブランド力あるいは経営者の資質などあらゆる観点を比較することにより決定される。消滅会社の株主に対して，存続会社の株式が合併比率に応じて交付される。なお，対等合併とは，消滅会社の株式1株に対し存続会社や設立会社の株式1株を交付する合併をいう。合併比率で折り合いがつかない場合などには，消滅会社の株主に対する合併対価として，金銭（合併交付金）や株式（存続会社などの株式）などを調整のため交付する場合もある。　　　　　　　　　　　　　　　　　　　　　　　　　　　　　（高垣）

た

第三者割当増資　第三者割当増資とは，会社の資金調達方法の一種で，特定の第三者に新株を引き受ける権利を与えて行う増資のことである。第三者割当増資は，会社の株主資本を充実させ，財務内容を健全化させる効果がある。第三者割当増資は，未上場会社が資金調達の一環として行うことが多く，取引先・取引金融機関・自社の役職員などの縁故者にこの権利を与える際は「縁故募集」と言われている。上場会社の場合は，資本提携や事業支援・会社再建のために資金調達を必要とする場合に行われることが多い。ただし既存株主にとっては持株比率が低下する上，不公平な株価で新株が発行された場合に経済的に不利益を被る可能性がある。敵対的買収の対象となった会社が，敵対的買収により株を買い集めた会社の持株比率を低下させるべく，防衛策の一環としてホワイト・ナイトに対して第三者割当増資を行う場合もある。第三者割当増資の発行手続きは，会社法により詳細に決められており，特に新株を「特に有利な価格」で発行するときは，既存株主の利益保護の観点から，株主総会でその理由を開示して特別決議を経る必要がある。また，金融商品取引法においても詳細な開示が求められている。　　（羽田）

ダイナミック・ケイパビリティ（dynamic capability）

ダイナミック・ケイパビリティ論は，ポーター（Porter, M.E.）の競争戦略論に代表されるポジショニング・アプローチではなく，バーニー（Barney, L.）のケイパビリティ論に代表される資源ベース・アプローチを源流とする。競争優位の獲得について経営資源の優劣もさることながら，それらの組み合わせの妙（みょう）もまた重要であり，ケイパビリティは，経営資源を有効に活用して競争優位を獲得する組織能力のことをさす。しかし，ケイパビリティも硬直化してしまえば環境の変化になす術もなく，強みであったものが弱みに転じてしまう（コア・リジディティ）。競争優位を継続させるためには，環境の変化にあわせてケイパビリティそのものを再配置・再編成することが必要となる。ティース他（Teece et al.）が「急激な環境変化に対処するために企業内外のケイパビリティの統合・構築・再配置を実行する企業の能力」と定義するダイナミック・ケイパビリティである。ダイナミック・ケイパビリティは，①機会と脅威を感知する能力，②機会を捕捉して製品・サービスを開発する能力，③必要に応じて内外のケイパビリティを再配置・再編成する変革能力から構成される。

（松村）

ターゲティング（targeting）とセグメンテーション

ターゲティングとは，マーケティング活動を実施する際に，セグメンテーション（市場細分化）された顧客の固まりの中から，実際にマーケティングを展開していくターゲット顧客を絞り込むことであり，標的市場の絞り込みと表現される。ターゲティングする際の基準で重要なのは，①市場規模の大きさ，②自社の強みの有無，③製品ライフサイクルの段階（早期展開による売上・利益の獲得），④技術進化の段階（技術進化に伴う新用途市場の獲得），⑤参入障壁の有無（特定のノウハウや経営資源，許認可の必要性など参入障壁は業界により異なる），⑥競合の戦略（すでに競合が市場で地位を独占している場合，市場の魅力度は低減する。競合の優位性が低い領域で差別化できれば，新たな地位の獲得可能性が広がる），⑦環境要因（政府機関の規制は企業に重い負担を課す）である。ターゲティングのパターンには，顧客を分類せず，すべての顧客を対象とする①無差別型，顧客を分類し，同時に対象とする②差別型，そして少ない経営資源を有効に選択・集中するために，分類した顧客の特定のセグメントの顧客を対象とする③集中型の３つがある。

（小貝）

ターゲティング（targeting）とポジショニング

マーケティング活動を実施していく際に，ターゲティングにより絞り込まれたターゲットに対して，差別化された独自の価値を検討・提供し，顧客の頭の中に当該価値を刷り込むことが必要になる。顧客に自社の製品・サービスを唯一独自なものとして位置付けてもらい，そのイメージをつくり出すための活動をポジショニングと呼ぶ。ポジショニングを検討するときは，顧客の視点で考えることが最大のポイントとなる。主として①ターゲット顧客が重視し，購入する決め手となる購買決定要因をもとに，競合（ライバル）の製品・サービスといかに差別化できるかを検討する方法，②製品・サービスの提供価値を軸にして2次元のポジショニング・マップを描きながら，有効なポジションを視覚的に探す方法の2つがある。特にマップを描く場合は，ターゲット顧客が重視している代表的な提供価値を2つ抽出し，組み合わせる方法が主流である。ポジショニングを成功させるためには，①ターゲット顧客の規模が適切なものであること（売上・利益が十分に確保できる市場であること），②売り手が伝えたいことが顧客に正確に伝わること，③売り手の考えるポジショニングに顧客が共感すること，④売り手である企業と製品とのポジショニングに整合性があることが必要とされる。 (小具)

ダブル・ループ学習（double-loop learning）

ダブル・ループ学習は，アージリスとショーン（Argyris, C. & D. Schön）による学習方法の1つである。アージリスとショーンは，実行後のフィードバックの結果，誤りが発見された場合，規範や方針（支配変数と呼ばれる）に基づき実行されたかどうか，矛盾がなかったかどうかについて検討する学習方法のことをシングル・ループ学習と呼んだ。対してダブル・ループ学習は，前提となっている支配変数そのものに間違いはなかったかを疑い，支配変数を有効なものに置き換えることを検討する学習方法をさす。サーモスタットの例で考えるならば，シングル・ループ学習は，ある温度で作動するサーモスタットが正確に機能したかどうか確認し，誤作動があるならばどこに原因があるかを探ることであるのに対して，ダブル・ループ学習は，そもそもサーモスタットが作動する温度が適切なのかどうか，最も経済的な（コストが低い）のはどの温度のときなのか，など探ることである。組織において前提や背景となっている問題意識や組織文化にあえて疑問を投げ掛け，必要ならば捨て去る（学習棄却・アンラーニング）という意識レベルの転換が必要になることがある。 (松村)

多面市場 (multi-sided market)

多面市場とは，プラットフォーム型製品・サービスにおいてエンドユーザのみならず，補完財供給者の獲得が同時に求められる形態の市場を指す。ゲームコンソール市場は，商品に競争力を持たせるためには，人気のあるゲームタイトルを数多く揃える必要がある。そのため，できるだけ多くの有力なタイトルパブリッシャーに，自社製品仕様に準拠するタイトルを供給してもらう必要がある。タイトルパブリッシャーの立場に立つと，エンドユーザを多く抱えるコンソールに対してタイトルを供給することで，売上数量を大きく見込むことができる。ゲームコンソール市場は，エンドユーザとタイトルパブリッシャーの２種類の市場が存在し，それぞれの市場が相互作用するという構造となっている。このような２種類の市場が存在する構造は，２面市場と称される。クレジットカードのように，エンドユーザの他に，加盟店やカード発行会社（○○VISA／○○Mastercardにおける○○に該当する企業）等，市場が３つ以上存在する場合もある。プラットフォーマーは，製品を安価に供給することでエンドユーザを獲得し，補完財供給者を集めるなどといったように，各市場が相互作用するという前提で戦略を立案する必要がある。 (深見)

チェーンストア (chain store)

チェーンストアとは，単一の企業がタイプの類似した多数の店舗を所有し，それらの店舗を統一的に計画，管理していく小売業における経営形態をいう。チェーンストアが誕生した背景には，消費の小規模分散性がある。そもそも小売店は，消費者への販売を主たる業務とするため，消費者の小規模分散性に対して，小規模な存在しかなり得ないといった特性を持つ。一方，消費者は，小規模な需要しか持たず，分散して居住し，遠方の店舗への買い物に距離的抵抗を示す。そのため，単一の小売店舗によって吸引できる需要は，その店舗がどれほど大型の商業施設に立地していたとしても，メーカーと比べて小規模なものにならざるを得ない。しかし，仕入価格を低減する経済的な理由等から，小売業においても規模の経済は存在することになる。その課題を解決する手段として，チェーンストアは有益である。垂直型流通システム論では，ブランド力やそのパワーを背景にマーケティング計画を示し，他のチャネルメンバーを統制，管理する管理型チャネル，生産段階と流通段階が資本的に統合された企業型チャネル，チャネルメンバーは資本的には独立したままの状態で契約関係によって流通段階が組織化される契約型チャネルの３つのタイプが存在する。 (馬場)

知的財産(権)

企業経営における資産は、工場、建屋、資金などの目に見える有形資産と、権利、ノウハウ、関係性などの無形資産に分類される。グローバル化や製品・サービスのライフサイクルの短期化などから、近年になり、競争力のある製品・サービスを生み出す知的創造活動が注目され、企業の知的創造活動の源泉となる無形資産が企業の価値を大きく左右するものとされる。無形資産のうち、企業が研究開発、事業化などの知的創造活動を経て得た、技術、ノウハウ、ブランドなどの財産的価値を有する情報が知的財産とされる。知的財産は無形資産であるため、同時利用や再利用などが可能である。一方で模倣される危険性があり、模倣されると創造した企業は競争優位を保てない。したがって、知的財産を創造した企業に一定期間の権利保護を認める必要があり、知的財産のうち権利化した財産が知的財産権である(法的には知的財産基本法(平成14年法律第122号)において定義されている)。知的財産権は、特許権などの産業財産権として認められたものだけでなく、著作権や育成者権なども含む。企業は自社が持つ知的財産の管理として、営業秘密として管理するか、権利化することで独占的使用・他社へのライセンシングを行えるようにするかを判断する必要がある。(米岡)

知的熟練

小池和男氏は、製造現場における作業を、「普段の作業」と「普段と違った作業」の2つのタイプに分類している。普段の作業とは、製造現場で毎日繰り返し行われるマニュアル的な作業のことである。これに対して、普段と違った作業とは、現場に発生した問題や変化に対応するための作業のことであり、高度なノウハウが必要となる。製造現場で機械の故障や不良品の発生など何らかの問題が生じた場合には、問題の原因を推理し、再発防止策を検討しなければならない。また、生産現場では、生産量の変更、製品種類の変更、モデルチェンジに伴う生産ラインの変更、人員構成の変更といった変化が生じる。生産量を変更した場合には、異なる人員で今まで通りの作業を行うために人員を再配分しなければならない。製品の種類を変更した場合には、段取り替えなどを迅速に行うことなどが必要となる。生産ラインを変更する場合には、機械の選択・配置、職務編成、作業手順などを考えることが求められる。人員構成を変更した場合にも、人員の再配置の必要性が生じる。これらの問題や変化に対応するための高度な知的ノウハウが、知的熟練である。知的熟練は、キャリアの中で経験の幅を広げることや、深い経験をさせることを通じたOJTによって形成される。(金網)

知の探索／知の深化

「知の探索」と「知の深化」は組織のイノベーションに関する理論である。この考え方は，マーチ（March, J.）が1991年に提示したもので，一般に「知の探索」は新しい知識の追求を意味し，「知の深化」は既存知識の活用を意味する。一般にイノベーションは既存知と既存知の組み合わせによって生まれることから，既存知識の活用は当然重要である。しかし，「知の探索」がなければ，新たに既存知となる知識がなくなり，持続的なアウトプットを得ることができなくなる。したがって，新しい知の追求である「知の探索」を怠れば，企業は持続的に競争優位を確保することはできない。このような「知の探索」「知の深化」の双方を同時に追求することは両利き（ambidexterity）と呼ばれ，イノベーションを起こすための理想的な活動であると考えられている。しかし，「知の探索」は短期的な成果につながりにくく，不確実性が高い活動であることから，組織はどうしても「知の探索」を怠り，「知の深化」の活動に偏ってしまうと考えられている。「知の深化」が強調され，「知の探索」が軽視されてしまうこのような現象はコンピテンシートラップと呼ばれている。したがって，組織には「知の深化」だけではなく，「知の探索」を継続的に実施する仕組みづくりが求められる。

（安田）

直接金融／間接金融

直接金融とは，資金の提供者である株主や投資家から，直接，資本市場を通して資金を調達することを意味している。直接金融の手法としては，株式および社債の発行が挙げられる。株式を発行する際には，証券取引所に上場しなければ，調達手段として活用することができない。そのため，大企業もしくは新興市場で上場している若手企業の資金調達手段として位置付けられている。株式は，返済する必要がないため，長期的かつ固定的な資金として活用される。また，社債は，株式会社ばかりではなく，持分会社（合名会社，合資会社，合同会社），特例有限会社も発行することができるようになり，資金調達手段の多様化が広がっている。ここ最近では，償還期限が長期的な社債が発行されている。他方，間接金融とは，資金の提供者である個人や機関投資家の預貯金を元手に，金融機関（銀行など）が資金を必要とする企業に融資することを意味している。つまり，銀行借入れである。間接金融では，リスクは貸し手である銀行が背負うことになる。そのため，貸出しをする際には，厳格な審査が必要となってくる。また貸出し後も，銀行は預金を保護するため，そしてリスクを軽減するために，モニタリングをし続けなければならない。

（森谷）

直接費／間接費

机と椅子を作っている会社があり，机を作る工員A，椅子を作る工員B，2人を補佐する工員Cがいるとしよう。Aの人件費は机を作るためのコスト，Bの人件費は椅子を作るためのコストである。特定の製品の生産やサービスの提供により発生したことが把握できるコストを，直接費という。机や椅子の材料は直接材料費であり，AやBの人件費は直接労務費である。工員CはAやBの求めに応じて生産に寄与する。ただし，寄与の割合は明確でない。工場全体にかかるその他の諸経費も，机や椅子の生産に寄与しているが，寄与度を推し量ることはできない。このように，製品やサービスと直接的に紐づけできないコストを間接費という。Cの人件費は間接労務費である。間接費はプールされて配分される。原価計算ではこれを配賦といい，生産にかかる物量や直接費の発生額などの基準を用いてコストの配分を行う。企業の部門別損益計算において，間接費の配賦は部門利益を左右する。専有面積が50m^{2}で従業員が10人の営業部門と，専有面積が50m^{2}で従業員が2名の管理部門があるとしよう。間接費120,000円を面積で配賦すると，両部門とも60,000円ずつの負担となるが，在籍人数で配賦すると営業部門が100,000円，管理部門が20,000円となる。

(青淵)

地理空間情報

地理空間情報とは「地理空間」，つまり場所（緯度，経度，ならびに高度）に紐づく情報のこと。ジオデータとも称される。もともと国土整備，防災，農林水産業振興，国防等のために整備され，紙の地図上に表現される形で流通されてきたが，地理情報システム（GIS）の普及とともに電子化が進み，スマートフォンにGPSが搭載されたことによる地図アプリケーション利用の広がりをきっかけに，より広範なデータが地理空間に紐付けられ，多様な形態で利活用されるようになっている。現在，多くの地理空間情報を利用したサービスは，Google Maps，Apple Mapといったウェブサービスプラットフォームを活用して地図画像とともに提供されることが多い。その際は，前述のウェブサービスプラットフォームのAPIを利用し，サービスに埋め込む形で提示される。スマートフォンが普及したことで，地理空間情報の「非」専門家や一般消費者もジオデータを生成・公開することが増えた。特にSNSへの，スマートフォンで撮影した地理空間情報付きの投稿は，消費者行動分析などに広く活用されている。他にも行政や公的機関によるオープンデータの公開や，携帯電話事業者，公共交通機関といった企業・団体の供給などによって，利活用できる地理空間情報は増加している。

(深見)

逓減費／逓増費　費用は，発生態様によって固定費と変動費に大別される。固定費は操業度に関係なく一定額が発生する費用であり，期間的費用である支払家賃や支払地代，保険料，減価償却費などがこれに該当する。これに対し，操業度や売上高に応じて発生する費用は変動費と呼ばれる。売上原価や販売促進費などがこれに当たる。駅構内にあるそば店を考えよう。家賃や従業員の給与は，利用客の数に関係なく一定額が費用として認識される。一方，そば玉は利用客の数で変動する。そば玉の単価が50円，1カ月の利用客が3,000人であれば，そば玉の原価は150,000円，4,000人であれば200,000円となる。変動費の中でも，生産量や販売量の増減によって原価が比例するものは比例費と呼ばれる。そば玉は月間3,000食までは単価50円，それを超過すると45円になるような契約だと操業度の増加に対して費用の増加割合が小さくなる。このような変動費は逓減費と呼ばれる。商品を大量に仕入れるチェーンストアの仕入価格は逓減費に該当する。反対に，生産量や販売量の変動分以上に増加する費用を逓増費という。使用量が増えれば単価が高くなるような設定の電気料金などが，逓増費の例である。　　　　　　　　　　　（青淵）

ディシジョン・ツリー　（decision tree）　ディシジョン・ツリーとは，とりうる選択肢や起こりうるシナリオすべてを樹形図の形で洗い出し，それぞれの選択肢の期待値を比較検討した上で，実際にとるべき選択肢を決定する手法である。ディシジョン・ツリーではまず，意思決定においてどのような選択肢があるかをリストアップする。次に，それぞれの選択肢について，起こりうる事柄をリストアップした後，各事象それぞれについて，その事象が起こる確率とそのときのリターンを求める。確率は，ある選択肢内の合計が100％になることを確認する。リターンは，企業の意思決定の場合は金銭に置き換えて定量化する。これらの作業を行い起こりうるシナリオ可視化の後，ツリー全体に不備がないことを確認した上で，最終的に各選択肢の期待値の計算を行って意思決定を行う。ディシジョン・ツリーは下図のように枝と点で構成され，スタート地点から枝が伸び，意思決定点で枝分かれしていく「樹形図」の形となっている。なお，実務においてディシジョン・ツリーを用いる際に難しいのはリターンの額や発生確率を定量化することにある。　　　　　　　　　　　　　　　　　（羽田）

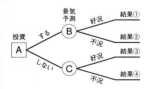

ディープラーニング　ディープラーニングとは人工知能技術の１つであり，第三次AI（人工知能）ブームが生じるきっかけとなった機械学習の一種である。計算機上で人間の脳神経細胞ネットワークと同様の構造を構築するニューラルネットワーク技術の階層を増やすことによって，情報の認識率が飛躍的に向上した。深い階層のネットワーク構造による機械学習は，深層学習＝ディープラーニングと呼ばれる。パターン認識に強く，大量の画像から猫が写っているものを抽出したり，囲碁や将棋，チェスといったゲームにおいてプロ棋士・選手を打ち破るなどの成果があがっている。ディープラーニングの実行には，大量の学習データと，豊富な計算機資源が必要であり，その両方を生成・保有できるごく一部の企業が寡占的に技術を開発する傾向にある。またGoogleなどの企業がクラウドコンピューティングサービスの一環としてライブラリを提供しており，利用のハードルは低くなりつつある。過去の機械学習を含む人工知能技術と比較して強力な手法ではあるものの，強いAI（自意識を確立し，自律的に課題を設定し，行動計画を立てられるレベルの人工知能）を実現するまでには至っていない。ビジネス活用では，技術のポテンシャルを正しく認識し，有効な用途に対して活用するスタンスが必要である。

（深見）

ディーラー・プロモーション（dealer promotion）　ディーラー・プロモーションとは，メーカーの販売促進活動のうち，一般消費者に対して直接行われる販売促進ではなく，自社製品を扱う流通業者を対象として展開する販売促進策のことを指す。流通業者に対して，自社製品を優先的に取り扱うように，その販売意欲を刺激し，経営改善や市場地位の向上を支援して，共栄共存を図ることを目的として行われる。具体的なディーラー・プロモーションの方法に販売店援助がある。市場情報や製品情報の提供，経営指導，販売支援などの人的援助，販売用具や什器備品の援助などの物的援助，そして店舗拡張の際の金融的援助などである。ディーラー・プロモーションは，個別製品や個別ブランドの販売促進とは異なり，独立した経営体としての販売店の強化をねらったものである。メーカーが自社商品を販売しやすくするために，卸売業者や小売業者など流通業者に関係の強化を求め，他メーカーに対する競争上の優位性を獲得するため，組織化することを流通系列化という。系列内に属する卸売業者や小売業者は，競合メーカーの商品を取り扱わない代わりに，そのメーカーからディーラー・プロモーションなど，経営や販売などでさまざまな支援を受けることができる。

（馬場）

定量発注方式／定期発注方式

企業において在庫管理は重要である。在庫を超えた需要が発生すると、生産や販売が停止する。一方、過剰在庫は資金繰りを悪化させることに加え、保管コストの発生や陳腐化による損失をもたらす。担当者は、適正な在庫量と発注のタイミングに気を配る必要がある。在庫は3つの種類に区分できる。1つ目は使用頻度が少なく、単価が高いものである。これらは必要に応じて発注するか、定期的に発注するのが望ましい。定期発注方式は、決められた日（週明けや月初など）に必要在庫量と在庫保有量の差を発注する。毎回の発注量は異なる。2つ目は使用頻度が高く、単価が低いものである。厳重な在庫管理は必要なく、欠品しないようにすればよい。在庫の保管場所を2つに分け、片方の在庫が底をついたら発注を行う2ビンシステムはその代表である。3つ目は前2者の中間にあたるものであり、定量発注方式が利用できる。定量発注方式は、あらかじめ安全在庫量を見積もり、在庫が安全在庫量まで減少したときに一定数量を発注する。発注の期間は不定期である。定量発注方式で重要なのは、1回当たりの発注量である。発注回数が多いと発注費用が増え、発注量が多いと保管費用がかさむ。最適となる1回当たりの発注量は、経済的発注量（EOQ）計算で求められる。（青淵）

ティール組織

ティール組織は、ラルー（Laloux, F.）によって提唱された次世代型組織である。従来型の組織である達成型組織との対比でティール組織は進化型組織と理解される。達成型組織は、競争に勝つことを目的とする利益と成長を目指す組織で、今日の多国籍企業が典型的な例として挙げられる。ティール組織は、自主経営（セルフマネジメント）、全体性、進化する存在目的の3点を重視する組織である。自主経営とは、メンバーが組織の階層、指揮命令系統に頼らず、メンバー間の関係性で動くシステムであることを意味する。役職や職務が明確に決められておらず、情報共有の透明性や意思決定の分権化に基づいた主体的行動が基本となる。全体性とは、不安や弱さを含めたありのままを表現することが能力の発揮につながるとする考え方である。達成型組織が合理性に基づいてメンバーを理解するのに対して、全体性はメンバーの精神的、情緒的な側面も重視する考え方で多様性の受容を強調する。進化する存在目的とは、組織そのものが目的に向けた方向性を有していることを意味する。組織の生存という競争に基づいた考え方ではなく本当に達成すべき使命は何かという視点で、環境変化に応じたメンバーの主体的行動によって存在目的を進化させる。達成型組織が組織を機械と捉えるのに対して、ティール組織は組織を生命体と捉えているのである。（安田）

手形・債券オペレーション

手形・債券オペレーションは，中央銀行（日本では日本銀行）が行う金融政策手段の１つである。中央銀行は市場の資金量や通貨の調整を図るため，公開の市場で手形や国債などの有価証券の売買を行う。金融市場において資金供給量が過多の場合，中央銀行は手持ちの手形や国債などを金融機関に売却し，市中に出回る資金の回収を行う。通貨が中央銀行に還流して供給量が少なくなることから金融は引き締まり，インフレーションが抑制される。これを売りオペレーション（売りオペ）または資金吸収オペレーションという。日本銀行では，手形売出オペ，国債売現先オペ，国庫短期証券売却オペによって市場から資金を吸収する。反対に，市場が資金不足の場合，中央銀行は金融機関が保有する債券などを買い上げて市場に資金を供給する。金融機関では支払準備金が増加し，金融が緩和される。これを買いオペレーション（買いオペ）または資金供給オペレーションという。日本銀行では，共通担保資金供給オペ，国債買入，国庫短期証券買入オペ，CP・社債買入，ETF・J-REIT買入，国債買現先オペ，CP等買現先オペによって市場へ資金を供給する。

(青淵)

敵対的買収（hostile takeover）

敵対的買収とは，買収対象企業の経営陣の同意を得ずに株式を取得して経営権を支配する買収のことをいう。TOB（株式公開買付け）によって行われることが多い。日本では，戦後の歴史の中で敵対的買収の事例は限られている。この背景には，日本の社会において，買収に対して乗っ取りや支配などの否定的なイメージがあったことや，成長経済下で内部成長戦略を重視していた日本企業に，買収そのものが戦略として定着していなかったこと，日本の大企業が株式持ち合いなどによって自己防衛をしてきたことなどが挙げられる。しかし，1990年代に長期にわたって株価が低迷したことにより企業の保有株式の含み損が拡大したこと，2001年9月に持ち合い株式への時価会計の導入が決まり，株式保有のリスクが高まったことなどにより，株式持ち合いが解消されていった。また，過剰債務や銀行のリスク許容能力の低下に対応して，手元流動性資産を高める企業が増加し，日本企業のM&A案件数は急増し，M&Aが日本企業の戦略として定着していった。こうした背景から，2000年代に入ると敵対的買収が活発化し，日本企業にも買収防衛策が求められるようになった。

(大野)

テクノストラクチュア (technostructure)

ガルブレイス（Galbraith, J.K.）が『新しい産業国家』で提唱したテクノストラクチュアとは，企業の意思決定に参加するすべての人々，あるいはこれらの人々が形成する組織のことを意味する。技術が進展する中で，大規模化する企業において大きな影響力を持つのは，知識が豊富である専門家集団であるとみなすことがこの概念の重要な点である。専門家集団の範囲は，意思決定に携わるすべての人であるため，経営者や経営陣などに限定されない。またテクノストラクチュアの範囲も厳格に定められていない。企業は集団に支配されているという説明が，当時の企業論における重要なポイントである。バーリとミーンズ（Berle, Jr., A.A. & G.C. Means）の所有と経営の分離や，専門経営者に主眼に置いた当時からすれば，株主にも専門経営者にも支配されない企業像はセンセーショナルであった。経営者個人の利益との対比で専門家集団の利益を考えた場合，集団の利益となる会社の成長が重視される。これは，それまでの企業論が重視した利潤最大化に対するものとして位置付けられる。利潤最大化の追求には意思決定に携わる人物の利害に反する場合がある。しかしテクノストラクチュアは集団であるために，利潤よりもその集団にとってメリットのある企業の成長を優先する，と位置付けられる。　　　　　　（小野瀬）

テクノロジー・アセスメント (technology assessment)

テクノロジー・アセスメントとは，技術のもたらす影響を査定することである。技術のもたらす影響には利便性が高まることに注目が行きがちだが，社会的に負の面の予測も同様に重要である。例えば自動車が一般的ではなかった頃は，排気ガスなどの負の面は注目されず，自動車の利便性が注目された。自動車が普及し，それら自動車の出す排気ガスによって大気汚染や二酸化炭素量の増加などといった問題が明らかになり，対策がとられるようになった。このような負の面が明らかになる前に，技術を開発の観点のみならず，社会的な観点や倫理的な観点，あるいは政策的な観点などから評価し，その技術の影響を考える必要がある。アメリカでは，1972年に米国議会技術評価局が設立され，数多くのテクノロジー・アセスメントの研究がなされたが，諸事情により1995年に閉鎖された。日本でも，『昭和49年版科学技術白書』でも取り扱われたように，1970年代にテクノロジー・アセスメントを政策レベルで行おうとする動きもあった。このように20世紀後半に注目され，世紀末ごろには見放されがちであったテクノロジー・アセスメントであるが，2010年代より新技術の登場に伴い，再び脚光が当たり始めている。　　（小野瀬）

デザイン・ドリブン・イノベーション (design driven innovation)

ミラノ工科大学のベルガンティ（Verganti, R.）により提唱された概念である。新しい技術や市場での潜在的なニーズが特定されていない状況下において、デザイン視点によりイノベーションが生まれる現象のことを指す。ここで表現されているデザインとは、単なる製品プロダクトのデザインだけではなく、製品開発プロセス全体にわたるビジネスモデルに関するデザインも含まれている。特に異分野を中心とする技術革新や潜在的なニーズを探索することで、製品に新たな意味を与えることにより生じるイノベーションである。ベルガンティは、2009年（邦訳は2012年）に出版された自著『デザイン・ドリブン・イノベーション』の中で、この代表的なケースとして、製品の意味を変えて成功を収めた任天堂のゲーム機wiiを紹介している。元々はエアバッグに使われていた加速度センサーをコントローラーへと応用した、技術の急進的な改善とこれまで子供や若者に限定的であった従来の対象を拡張した。「老若男女の誰もが体を使って楽しめるゲーム機」という新たな意味を与えることによって、デザイン・ドリブン・イノベーションを引き起こし、市場創造をしたケースである。

（小具）

デジタルトランスフォーメーション

デジタルトランスフォーメーション（DXと略される）は、情報技術が社会に浸透するにつれ、これまでアナログ的な手法で、かつ人間が担ってきた作業を情報技術によって置き換えていくことを指す。本稿では特に、ビジネスの現場におけるDXについて述べる。第1段階としては、電子メールに、アナログの電話がIPによる音声・ビデオチャットに、紙の台帳による顧客管理がデータベースを活用するCRMに、といった人間が用いる手段のデジタル化が生じる。第2段階は、定型処理をコンピュータプログラムに置き換えるロボティックプロセスオートメーション（RPA）など、人間が行ってきた業務の置き換えが生じる。第3段階では、業務プロセスが情報技術に対して最適化されることにより、プロセス自体が変容していくことになる。日本において情報技術の導入は、既存の業務プロセスを変えずに手法の一部をIT化する傾向が強く、情報技術の持つ優位性を活かしきれない事例が数多くあった。しかし、IoT対応やビッグデータ活用など、デジタルデータの活用が競争優位確立に大きく影響するようになった現在、第3段階での変革を実現することが求められている。

（深見）

デジタル・マーケティング （digital marketing）
企業が自社の製品・サービスについて，webサイト，電子メール，スマートフォン・タブレットアプリ，SNS等のweb上ないしはweb以外の複数のチャネルを用いてマーケティング活動を行い，顧客との関係性を強化していくことである。従来的な手法として位置付けられているwebマーケティングは，主に自社のwebサイトの話が中心となる。当該サイトにおけるアクセス履歴や閲覧履歴，または購買履歴などの事後の蓄積データを活用して，自社のサイトに来訪する顧客の満足度向上や当該サイトへの誘導などを目的としている。これに対してデジタル・マーケティングは，自社のwebサイトだけではなく，もっと広範な，web上のあらゆるチャネルで蓄積されるデータやIoT（Internet of Things：インターネット・オブ・シングス）を用いたセンシング技術（センサーを利用してデータを計測・数値化する技術の総称）により収集・蓄積したデータをDMP（Data Management Platform：データ・マネジメント・プラットフォーム）により整理・統合する。これをチャネル横断的に分析することにより，マーケティングに活用することを目的としている。

(小具)

データエコノミー
データエコノミーとは，あらゆるデータが金銭的価値を生み出す資源として捉えられる社会構造である。企業は競争優位を創出するために，より価値の高いデータの生成・保有に投資すると同時に，価値あるデータは売買・委託などの対象として取り扱われる。また，そのためのビジネスモデル・制度設計として，パーソナルデータストアや情報銀行が開発・提唱されている。ビジネスインテリジェンスなど，顧客の購買履歴といった組織内で生成・蓄積されたデータを分析し，マーケティング施策に活用するといった試みはそれほど新しいものではない。しかし情報技術の普及により取引活動や個人の行動履歴がデータ化され，価値を生み出すようになった。ビッグデータという単語が注目されるのも，データエコノミーが浸透した帰結である。個人情報のマネタイズという観点では，金融機関やクレジットカード会社の信用管理がそのさきがけであった。スマートフォンの普及によりあらゆる社会活動がアプリを介して行われるようになったことで，日常のあらゆる行動が信用スコアによって優遇，もしくは制限されるような事態にまで至っている。

(深見)

データサイエンティスト（data scientist）　データサイエンティストとは，データを分析し，実務に応用できる情報を引き出すことを職業とする人のことである。単なるプログラマとは異なり，統計学やビジネススキルを有しており，情報をビジネスに応用できることが期待されている。特に，ビッグデータ時代には，その分析や実務に活かせる手法が課題となっている。データサイエンティストとともにICT人材は増加しているが，『平成29年版情報通信白書』はこれからの見通しとして，情報セキュリティ関連，ビジネス創出人材とともに，データサイエンティスト等の人手不足の深刻化を予見している。なお，サイエンティストといっても，科学的研究を行う人物を意味しない。この言葉には基本的に明確な定義がない。そのためデータサイエンティスト協会は，この仕事にどのようなスキルが必要なのかをブラッシュアップしている。なお，ビッグデータからの分析は，AIによって情報収集，計算しやすいともいわれ，適切な計画や，判断と実行が自動化していくともいわれている。「データサイエンティスト」が専門的な職業として使用されたのは2008年のことであり，パティルとハンマーバッハ（Patil, D.J. & J. Hammerbacher）がFacebookとLinkedInのデータ分析を行う人々を表す言葉として，「アナリスト」とは異なり将来性がある職業として用いたとされる。　　　　（小野瀬）

データマイニング（data mining）　ビジネスではデータを収集するだけではなく，それを分析して意味のある情報を発見し，事業に役立てることが重要である。データマイニングはその中でもデータの収集と分析の段階における作業であるが，明らかにされていなかった知識や傾向をマイニング（発掘）することに重点がある。企業にはPOSや顧客名簿などの一目では理解しづらい膨大なデータがある。これを分析したことで「『おむつ』と『ビール』は合わせて購入されることが多い」ということがわかったという例がある。この例の真偽については疑問が提示されながらも，一見すると関係のないような2つの商品の購買行動が，データを分析することで明らかになったという点で，データマイニングの重要な点を言い当てたものである。ビッグデータ時代の到来によって，データマイニングの重要性は増しており，経営者にもデータから判断する能力が求められるようになる。しかし経営者の重要な仕事は，分析ではなく意思決定である。そのため，データサイエンティストなどによるデータマイニングが言及される。なお，人工知能（AI）の進化に伴い，このプロセスの大部分が自動化するとみられ，特にディープラーニングの進展は，より精度の高いデータマイニングを可能にするとみられている。　（小野瀬）

データ連携

データ連携とは，複数のもしくは不特定多数の主体で交換するデータの統合的処理を可能とするために，データ仕様などの共通ルールを策定，運用することであり，コネクティッド・インダストリーズやIoTの実現に必須となる要素である。例えば，顧客の年齢属性を10歳刻みで区切った統計データがあるとする。ある企業が10～19歳，20～29歳と「0始まり，9終わり」でデータを作成し，別の企業が11歳～20歳，21歳～30歳と「1始まり，0終わり」でデータを作成している場合，両社のデータを統合して処理することはできない。データ連携を実現するためには，共有するデータを1歳刻みで生成しておき，分析時に必要に応じた歳の刻み方で抽出できるようにしておかなければならない。また部門間，企業間，業界間で同一概念を異なる表記で示していたり，異なる表記で同一概念を表していたりすると，異なるものに関するデータが混在して処理されることとなり，連携を阻害する。これを避け，ビッグデータ，オープンデータの利活用を実現するには，データモデルや語彙（概念の表記や分類ルール）などの仕様を統一する必要がある。つまり，標準仕様に則ったデータ整備が必要となるのである。

(深見)

デファクト・スタンダード／デジュール・スタンダード

デファクト・スタンダードとは，ほぼ同一の機能を提供する複数製品が市場において競争した結果，1つが独占的なシェアを獲得した場合，この製品のさまざまな規格を市場における事実上の標準として扱うことをいう。複数の企業が規格を統一した製品を開発し市場投入することで，デファクト・スタンダードとすることもある。デジュール・スタンダードとは，公的な標準化団体によって定められた規格のことをいう。市場（顧客）が決定する標準（デファクト・スタンダード）に対して，公的な標準化団体が決定する標準である。デファクト・スタンダードとなった規格を，デジュール・スタンダードとする場合もある。デジュール・スタンダードに定められた規格にそって製造された製品は，メーカーの違いを考慮することなく使用することが可能である。そのため標準化された製品を製造する企業間では，価格競争が起こることになる。近年は，グローバル化による競争激化によりデファクト・スタンダードの獲得が困難になっていること，WTO/TBT協定の締結により国際標準化が推進されていることから，企業はデジュール・スタンダード策定への参画が重要となっている。

(米岡)

デューディリジェンス(due diligence) デューディリジェンスとは、投資対象資産の価値や適格性を正確に把握することを目的に実施される調査活動や適性評価手続きのことをいう。企業買収、不動産取引、IPO、証券化、プロジェクトファイナンス等の際に、投資対象の価格、収益力、リスク等を、法的・経済的・物的側面等から多角的かつ詳細に調査を行い評価する一連の作業のことである。企業買収においては、買収価格、買収スキーム、買収時期などの買収条件に関する基本合意が締結された段階で実施されるもので「事前詳細調査」といわれる。基本合意前の事前予備調査では入手できない詳細な内部情報によって、買収対象企業の経営実態やリスクを把握することが目的である。ビジネス、財務、法務、人事、システム、環境等の分野別に、M&Aアドバイザー、会計士、弁護士等の専門家によって実施されるのが一般的である。買手企業は、調査結果をもとに買収対象企業と交渉し、合意内容を修正・変更し最終契約に進んでいく。また、調査結果は、買手企業と買収対象企業のシナジー効果の最大化やリスクの最小化を狙いとした買収後の統合計画策定にとっても重要である。

(大野)

デュポンシステム(デュポンチャート) デュポンシステムは、1919年に米国の化学会社E.I.デュポン社によって考案された財務管理システムである。同社はROE＝売上高純利益率×総資産回転率×財務レバレッジで計算できることに着目し、各要素の改善を通じてROEの上昇をめざした。3つの指標ともさまざまな要素で構成されている。売上高純利益率は取引収益性の指標である。当期純利益は売上高と費用の差額であるから、費用を売上原価、販売費、一般管理費等に分類し、それらをさらに細かく費目別に分解して、発生額や変化を時系列で分析する。総資産回転率は資産の使用効率を示す指標である。資産には短期（1年以内）に資金への変化が予定される流動資産と、長期にわたって使用される固定資産がある。総資産回転率の変化が流動資産にあるか固定資産にあるかを知ることで、資産の効率的な運用につながる。財務レバレッジは資本調達構造を示すものである。負債の利用がROEに影響することから、ROEの変化が資本調達によるものか否かを確認する。デュポンシステムは、自社の時系列分析のみならず、同一時点における他社比較（クロスセクション分析）においても有用な情報を提供する。

(青淵)

テリトリー制 (territorial restriction)

テリトリー制は，製造者が販売手である流通業者や小売業者の販売地域を指定する制度である。通常，あるエリアにおける流通には，同じ商品であっても卸間の価格競争，小売店間の競争が生じる。テリトリー制のもとでは，特定の業者がその商品を排他的に担当することになり，業者間の価格競争を防ぐことができる長所がある。例えばコカ・コーラのシステムは，テリトリー制を活用したシステムである。日本コカ・コーラは原液を製造し，各地域のボトラーにその原液を販売して利益を得る。各ボトラーはその原液からコカ・コーラを製造して販売する。ボトラー各社は，定められたテリトリーでしかコカ・コーラを販売することができない。一見不自由な制限であるが，こうすることでボトラー間，流通業者間の価格競争を防ぐことができた。テリトリー制には，特定のテリトリーに1社しか指定しないクローズタイプと，複数の業者を認めるオープンタイプとがある。しかしインターネットによる販売業者の登場により，テリトリー制の業者の排他性が機能しない事例も多くなりつつある。なお，日本では独禁法により，条件次第で違法となる場合がある。　　　（小野瀬）

電子決済

電子決済とは，決済を貨幣や紙幣などの現金ではなく，電子データのやりとりにて行うことである。これまで主にEコマース等，インターネット上での決済を指す用語として用いられてきたが，実店舗決済手段の多様化が進むことにより，現金以外の決済手段を広く指す意味として用いられることが増えている。電子決済にはクレジットカード，銀行のキャッシュカードを用いるデビッドカード，Suicaなどの交通系ICカードや楽天Edyといった電子マネー，PayPal等が含まれる。日本国内では独自の電子決済が普及してきたが，Apple Pay／Google Payを含む国際仕様準拠の決済サービスが利用できる店舗が急速に増加している。これら物理的なカードや，ICチップ搭載デバイスのリーダ／ライタの設置に付随する店舗のコスト負担が大きい手段に替わり，QRコードを用いた決済が急速に普及しつつある。日本では，インバウンド需要の拡大に呼応する形で，Alipay（支付宝）等の中国発QRコード決済サービスの導入が始まり，楽天PayやPayPayといった国内企業によるサービスも相次いで導入された。こうしたスマートフォンのカメラを用いてQRコードを読み取る決済手段は，モバイル決済（モバイルペイメント）とも呼ばれる。　　　（深見）

当期業績主義　企業の活動は、本業である営業活動、資金の調達や運用などの営業外活動、それらに該当しない非経常活動の3つからなる。このうち、営業活動および営業外活動は毎年繰り返して行われる活動であり、経常活動と呼ばれる。当期業績主義は、企業の経常活動による当期の収益と、それに対応する費用を当期の利益とする考え方である。企業の正常的あるいは経常的な収益力が示される。企業会計原則でも当期業績主義を採用しており、かつては経常利益がボトムラインであった。非経常的な損益は期間外損益として利益剰余金計算書において調整していた。これに対し、包括主義はその期に獲得した処分可能利益の表示を目的としている。多くの経常利益を計上しても、その期に臨時的な損失（固定資産除却損など）が発生した場合、株主等へ配分される利益（処分可能利益）は減少する。したがって、包括主義では、経常活動および非経常活動を含めた収益と費用の差額を当期の利益と認識する。1974年の企業会計原則の改正以降、損益計算書は基本的には包括主義に基づいて作成されることになり、当期の業績を示す損益は経常損益計算の区分、当期の活動に関係ない非経常活動の損益は純損益計算の区分の中に示され、当期純利益が計上される。

(青淵)

動機づけ（motivation）　人間の持つ能力や環境条件ではなく、行動を引き起こす人間の内面的な状態に焦点をあて、これを説明しようとする概念のことである。換言すれば、ある行動が喚起され、それがある方向へと持続的に導かれる状態を総称した概念である。動機づけの定義は各論者によってさまざまなものがあるが、扱おうとする動機づけの要素には共通点がみられる。それは人間の行動のエネルギーとなるものがどのようなものか、行動を方向づけるのはどのようなものか、そして、行動はどのように維持されるのかの3点である。この動機づけに関する研究は、大きく2つに分けられる。1つめは、内容理論（content theory）と呼ばれ、人間を仕事へと動機づける要因そのものを発見しようとするもので、個人的要因もしくは個人の環境要因と動機づけとの関係を解明しようとするものである。2つめは、過程理論（process theory）と呼ばれ、動機づけを1つのサイクルとして捉え、欲求や期待の高まりから行動を誘発し、それらの充足に至るまでの一連のプロセスに含まれる変数間の関係を確定しようとするものである。経営学の分野では、どうすれば人は仕事に積極的に取り組むのかという点から動機づけに関する多くの研究が進められてきている。

(當間)

動機づけ要因／衛生要因

人間が職務において，満足であると感じる要因（動機づけ要因あるいは満足要因）と不満足であると感じる要因（不満足要因）の2つの要因があり，これらはまったく別の物であるとする理論である。これは，動機づけ理論を構成する内容理論（content theory）の1つの理論であり，ハーズバーグ（Herzberg, F.W.）によって提唱された。動機づけ要因とは，仕事内容・達成感・承認・責任・昇進・成長の可能性などが挙げられる。これらの要因が十分であるときには，人は職務に対する意欲が高まるが，たとえ不十分であっても不満足の原因にはなりにくい。この満足要因が満たされることで，動機づけられ職務に積極的になることから動機づけ要因と呼ばれている。一方，不満足要因とは，会社の方針・職場の環境・給与・対人関係などが挙げられる。これらの要因が不十分なときには，人は不満足と感じるが，十分であっても満足感をもたらす原因とはいえない。この不満足要因が軽減されることで，職務に向かう気持ちが心理的に軽減されることから衛生要因と呼ばれている。この背景は，人間には2種類の欲求があり，苦痛を避けようとする動物的な欲求と，心理的な成長を求める人間的な欲求の別々の欲求があるという考え方がもとになっている。 (當間)

投資の経済計算

貨幣には時間価値があることから，時間軸が異なるキャッシュを比較する場合は，時間の価値を調整する必要がある。将来のキャッシュが，現在のいくらに相当するかを計算するためには，利子率で割引することになる。その時の利子率を割引率という。一方，現在価値から将来価値を求める際には，期待（要求）収益率を計算し，投資評価を行うことになる。将来価値を現在価値に換算する際に算出される期待収益率と割引率は，表裏一体の関係になっている。実物投資の評価は，企業価値評価と整合的なDCF法によって行うのが好ましい。DCF法に属する投資評価の指標には，金額ベースの指標と収益率ベースの指標がある。金額ベースの指標は正味現在価値法（NPV法），収益率ベースの指標は内部収益率法（IRR法）である。NPV法では，現時点の投資額と投資が生み出す将来のキャッシュフローの現在価値を比較する。NPVの値が正の投資を行うことは，企業価値の向上と整合的である。NPVが負の投資を行うと，企業価値は毀損される。IRR法は，投資の一期間当たり収益率であり，投資額と将来のキャッシュフローから算出できる。IRR法は，NPVをゼロにする割引率と定義される。IRRが適切なハードルレートを上回る投資は企業価値に貢献する。NPVが正の投資はIRRがハードルレートを上回り，ハードルレートは，NPVを算出する際の割引率となる。 (馬場)

特定非営利法人(NPO) (non-profit organization／not-for-profit organization)　特定非営利法人とは,収益を目的とする事業を行うことは認められているが,営利を目的とせず,利益の再分配を行わない団体のことである。内閣府によると,「NPOとは様々な社会貢献活動を行い,団体の構成員に対し,収益を分配することを目的としない団体の総称」である。NPOの中でも,法人格を取得した法人が,「特定非営利活動法人(NPO法人)」である。NPO法人を設立するには,所轄庁より設立の認証を受け,登記することが必要である。特定非営利活動とは,法が定める20種類の分野に当てはまるもの,そして不特定かつ多数のものの利益の増進に寄与することを目的とする活動のことである。20種類の分野とは,保健,医療または福祉の増進,社会教育の推進,まちづくりの推進,観光の振興,農山漁村または中山間地域の振興,学術,文化,芸術またはスポーツの振興,環境の保全,災害救援,地域安全,人権の擁護または平和の推進,国際協力,男女共同参画社会の形成,子どもの健全育成,情報化社会の発展,科学技術の振興,経済活動の活性化,職業能力の開発または雇用機会の拡充,消費者の保護,これらの助言または援助,都道府県または指定都市の条例で定める活動等である。

(粟屋)

特例有限会社　有限会社は,会社法施行により廃止され株式会社となった。特例有限会社は,株式会社への移行までの特例として,有限会社の制度を維持している。新たに特例有限会社を設立できない。まず,有限会社制度維持として次の特徴がある。代表取締役の設置が任意で,各取締役が代表することもできる。株主総会の招集請求権は総株主の議決権の10分の1以上でよい。役員任期に関する制限はなく,決算の公告義務もない。移行までの特例であり以下の制限がある。商号の中に「株式会社」ではなく「有限会社」を用いる。公開会社になれない。発行する株式は譲渡制限株式(株主間の譲渡は可)で,譲渡承認は株主総会が行う。法定機関は,株主総会と取締役以外には監査役を設置できるのみ。株式会社の制度として次が適用される。社員の総数制限の撤廃。発行可能株式総数が定款記載事項となる。社債,新株予約権を発行できる。授権資本制度が採用される。利益処分案または損失処理案は会社の計算書類から外れ,代わりに「株主資本等変動計算書」ならびに「個別注記表」の作成が義務付けられる。会社更生法の適用を受けることができる。

(高垣)

トップ・マネジメント（top management） トップ・マネジメントとは，経営者層のことで，その職能は，経営の最上層部にあって経営方針や経営計画を設定し，経営活動の総合的統括を行うことである。組織がピラミッド型である場合には，社長，副社長，専務取締役，常務取締役などの取締役会メンバーなどのトップ・マネジメントがその頂点に位置付けられる。その下にトップ・マネジメントの経営方針や経営計画をもとに，各部門の具体的な業務計画設定とその実行・指揮を行う部長，次長，課長クラスなどの**ミドル・マネジメント（middle management：中間管理層）**，さらにその下にミドル・マネジメントの指令に従い，直接，現場の作業の指揮・監督に当たる係長，主任，職長クラスの**ロワー・マネジメント（lower management：現場管理層）**，そして，一般社員がその最下辺に位置付けられる。組織の特徴は，階層が，上から下へとどの程度の階層数があるかで認識される。階層数が多ければ高くなり，少なければ低くなる。階層数が高いとトップ・マネジメントの意思決定が現場に伝達されるまでに時間を要するというデメリットもあるが，トップの威厳は大きくなる。階層数が低い場合には，トップと現場は相互に意思疎通がしやすくなるが，トップの威厳は乏しくなる。

（大杉）

ドメイン（domain） ドメインとは，自社の生存領域または事業範囲といった戦略空間を決定することである。わかりやすいドメインの定義としては，製品に基づいてなされる物理的定義が挙げられる。レビット（Levitt, T.）は，物理的定義は近視眼的となることから，製品や技術がどのような機能を顧客に提供するかを決める機能的定義が望ましいとした。しかし，機能的定義では，事業の定義があまりにも広すぎるため，ドメインを「市場」と「技術」の2次元で定義する考え方が登場した。市場とは，顧客を地理，人口統計などといった基準によってセグメントしグループ化した顧客層のことである。技術とは，製品やサービスの根源となる企業が持つ中核的な能力や資源のことである。その後，エーベル（Abell, D.F.）は，伝統的な市場と技術の2次元による定義に，「顧客機能」を加えた3次元でドメインを定義することを提唱した。顧客機能とは，製品やサービスが満たすべき顧客ニーズのことである。このように，3次元でドメインを定義することが主流となったが，近年では，市場の成熟化や顧客ニーズの多様化により「どのような中核的能力や経営資源が必要なのか」が重要な問題となってきており，「コア・コンピタンス」の考え方がドメインの定義に深く関わってきている。（大杉）

トヨタ生産方式

トヨタ生産方式は，2つの柱から成り立っている。1つはジャスト・イン・タイムであり，もう1つが自働化である。ジャスト・イン・タイムとは，必要なものを，必要なときに，必要なだけつくることで，ムダ（在庫）を減らし，生産効率を向上させる生産システムである。通常の生産システムでは，後工程とは無関係に前工程で生産が行われるため，ムダな部品の在庫が山積みされるような事態が生じていた。ジャスト・イン・タイムでは，在庫を必要最小限のレベルに抑えるため，後工程が引き取った分だけ前工程が生産するという方式が導入されている。こうした方式は，後工程引き取り方式と呼ばれている。ただし，必要最小限の在庫しか持たない場合，不良品の発生や機械の故障などの問題が生じると，ただちに後工程に影響が及ぶことになる。トヨタ生産方式では，製造現場で問題が生じたときに，作業者自身がラインを止めて，生じた問題の原因追求と再発防止を徹底し，不良品の発生や機械の故障などが起きない現場づくりを実現している。これが，自働化と呼ばれるものである。トヨタ生産方式では，このようにジャスト・イン・タイムと自働化をセットで実践することで，ムダをなくしコストを削減しながら品質向上を実現させている。

（金綱）

取締役会

取締役会とは，取締役会設置会社である会社業務の実質的事柄を決定し，これを執行する事実上の経営意思決定機関である。また，業務執行取締役もしくは執行役を監督する機関でもある。株式会社の経営を行うのは，株主総会で選任され，株主から経営を委託された経営者（取締役）である。所有と経営の分離を前提とするため，取締役は株主である必要はない。取締役会の決議に基づいて業務は執行される。取締役は，会社の意思決定，業務遂行を行い，善良なる管理者としての注意をもって職務を行う義務を担う。また取締役会は法人として会社を代表する代表取締役や代表執行役を選任する。2006年の会社法により，公開会社，監査役会設置会社，委員会設置会社（2015年改正で指名委員会等設置会社に名称変更），および監査等委員会設置会社においては取締役会の設置は必須であるが，それ以外は取締役会を設置しないことも可能となった。この場合には各取締役が業務執行をする。取締役会は，法律上の意思決定機関であり，業務執行の監督機関でもあるが，実質的な業務執行を担う組織としては，常務会や執行役員の制度を設けて，機動的な業務執行を行う企業が多い。

（粟屋）

取引コスト (transaction cost)

取引コストとは,経済的な取引を行うときに発生する費用のことである。会計的な費用のみではなく取引に必要な手間暇等も含む。具体的には,財・サービスの質や価格を調査する探索コスト,売買条件に関する交渉コスト,契約履行を確認する監視コストである。取引コストは,コース(Coase, R.H., 1937)が企業の本質を導出するために抽出した概念であり,ウィリアムソン(Williamson, O.E., 1975, 1981)によって発展した。新古典派経済学が仮定する完全競争市場に対し,現実の市場には取引コストが生じていることを説明している。市場では交換取引を実行するコストが生じ,企業内では組織化のコストが発生する(Coase, R.H.)。経営者は両コストを比較し,その業務を組織に取り込むか,あるいは外部調達するかを決定する。市場は商品やサービスを交換する場であるが,その取引は完全な情報や知識に基づくものではない。ウィリアムソン(1975)は取引コストの発生要因として,人間が不完全な情報に基づいた限定された合理性(bounded rationality)を前提に意思決定すること,またこのような状態では,双方が自己利益を追求するために狡猾な機会主義(opportunism)的行動をとる可能性があることをあげた。取引コストの大小は,不確実性,取引頻度,資産特殊性により変化する。　　　　(粟屋)

な

内部統制システム (internal control system)　ROI（使用資本最大化）のために行われるあらゆる統制活動のことを指す。文字通り，外部統制に見られない企業内部の自発的な統制を意味している。これは従来，会計的統制を規定するものとして理解されていたが，近年では，業務の有効性と効率性の追求，財務報告書の信頼性の確保，関連法規やルールの遵守の検証など，より広い範囲での追求を目的としている傾向がある。これらの内容のベースとなっているのがCOSOモデルであるが，グローバル・スタンダードとみなされる米国のトレッドウェイ組織委員会の報告書によるものである。さらに，2002年に米国で制定されたサーベンス＝オクスレー法（SOX法）によって，その統制概念自体が広がったといえる。具体的には，CEOとCFOによる確認書提出，および内部統制に対する経営者報告書と外部監査人の監査，上場企業とトップマネジメントに対する開示基準の強化，監査委員会の責任強化，監査人の独立性強化，監査法人を監督するためにSEC傘下に独立機構である会計監督委員会の新設，企業不正および不祥事に対する処罰の強化などの項目が新たに加えられた。この法律の制定によって，経営陣の投資家への責任強化，情報開示の向上，コーポレート・ガバナンスの強化など従来の企業不祥事の事前防止策に加え，さらなる法制度上の強化が期待される。　（文）

ナショナル・ブランド（national brand：NB） ナショナル・ブランドとは，商品を製造するメーカーが付与するブランドのことで，商品の企画から製造までをメーカーが行う。プライベート・ブランド（小売業者や卸業者などが開発したブランド：PB）に対して用いられる言葉で，略してNBと呼ばれる。NBは，特定の商品を専門に扱う製造業者が，企画から製造までを行い，消費者に対して行う広告宣伝活動もメーカーが担う。長年，特定の商品を作り続けてきているため，顧客から高い信頼を得ているのはもちろん，個別製品の認知度が高いのが特徴である。NBを持つ製造業者は，強力なブランド力によってNBの流通をコントロールしようとするが，小売業者や卸業者は，低価格を前面に出したPBを扱うことで対抗する。商品の流通経路においても，PBとNBでは違いがある。PBは製造場所から販売店に直接送られることが多いが，NBは製造してから商社や代理店などを経由して販売店に送られる。NBが直接系列の小売店に送られることもあるが，ほとんどの商品が日本独特の複雑な多段階の流通経路を辿り，その過程でマージンが乗せられ価格が高くなっていく。この流通経路の簡素化によりPBはさまざまなメリットを得て，成長を続けることが可能となった。 〈馬場〉

ナッジ（nudge） ナッジとは，人の判断や選択を尊重したうえで人の心理に働きかけ，科学的に行動を変える取組みである。ナッジとは英語で「相手を肘で軽くつつく」という意味である。2000年代に理論を提唱した米シカゴ大学教授のセイラー（Thaler, R.H.）は，行動経済学の発展に寄与したとして，ノーベル経済学賞を受賞した。セイラーによると，ナッジには「インセンティブ」，「フィードバック」や「デフォルト」などの手法がある。節電を例にすると，「省エネしないとこれだけ損する」と金額まで書いた文書を送るなどして動機づけを与えるのが，インセンティブである。一方，電力消費量を近所の家と比べて競争心を呼び起こすのがフィードバックで，家電量販店が家電を出荷する時に，選んでほしい省エネモードにあらかじめ設定しておくのが，デフォルトである。英米では，こうした行動科学の政策への活用が進んでいる。政策の決定では，個人の自由と政府の介入のバランスが大事になることから，個人の選択肢を尊重しつつも心理に働きかけて行動を変えるナッジは，自由と介入の中間にあたる政策手段として期待を集めている。 〈大杉〉

成行管理 (drifting management)

成行管理とは,管理者や労働者が自身の経験や勘に基づいて主観的に,恣意的に作業の内容や方法,分量を決める管理方式である。統一された原理や原則に基づいているわけではないので,状況によって,あるいは人によって変わってしまい,まさに場当たり的で成り行きにまかせた管理になってしまう。科学的管理法の父と呼ばれるテイラー (Taylor, F.W.) によれば,アメリカ南北戦争後の工場において,管理者が労働者に管理方式をまかせっきりにし(内部請負制度),労働者による成行管理がなされている状況下,管理者がコスト削減のために賃率を下げてしまった結果,管理者と労働者のあいだの不信感から組織的怠業 (systematic soldiering) が生まれたという。なんら基準がない成行管理のもとでは管理者の思惑や労働者の思惑が絡みやすいのである。テイラーは,信賞必罰的な賃金制度(差別出来高給制度:differential piece rate system) とともに,基準となる標準的な作業量を動作研究・時間研究に基づいて(経験則ではなく)科学的に決める課業管理 (task management) を骨子とする科学的管理法を提唱したのである。

(松村)

ナレッジ・マネジメント (knowledge management)

ナレッジ・マネジメントとは,企業内の個々人に散在している知識を共有化し,全社的な問題解決能力を高めることを狙った戦略手法である。日本語では,1980年代より「知識管理」という用語として用いられ,1990年代からは「知識経営」という用語と同義として用いられている。「知識管理」は,既存知識の共有や活用のことを意味しているのに対し,「知識経営」は,新しい知識の創造によって連続的なイノベーションを創造することを意味している。ナレッジ・マネジメント誕生の背景ともなった知識創造理論を提唱する野中と竹内 (Nonaka, I. & H. Takeuchi) は「知識創造こそが企業活動の本質」であり「大切なのは知識そのものというよりも知識を創り出すプロセスである」と主張している。そして,知識を,言葉や文章であらわすことの難しい主観的で身体的な「暗黙知」と,言葉や文章で表現できる客観的で理性的な「形式知」とに分けて考え,これら暗黙知と形式知の相互補完的・循環関係(知識変換)により組織的に知識が創造されることになる。この知識変換プロセスを,野中・竹内は,SECIモデルによって説明している。SECIモデルとは,知識変換プロセスが,個人から集団,組織へと展開されることによって,知識の共有化が進み,暗黙知が増幅・拡大していく過程のことである。

(大杉)

人間関係論

人間関係論はホーソン実験を端緒とし，1930年代に現れ，40年代，50年代に広く社会的反響を呼んだ管理思想や管理施策，研究領域である。第一次大戦を経て1920年代，アメリカ企業は労働者の離職や労働倫理の衰退による工場の生産効率低下といった深刻な労働問題に直面したが，こうした社会経済的背景のもと人間関係論は登場した。1920年代半ばから30年代初頭にかけて行われた「ホーソン実験」によって，作業の物理的条件のみならず労働者の「心理」や「感情」が重要であること，生産高の増大は労働者相互の信頼に基づく人間関係の形成による労働者のモラールの向上によること，労働者は社会的存在であり，独自の行動規範と強い凝集力を持つ職場集団を形成しているといったことが明らかにされた。こうしたホーソン実験の結果からメイヨー（Mayo, G.E.）は「社会的連帯」が破壊された「近代産業文明」においては「人間の自発的協働」を確保することが経営者の課題であるという管理思想を展開し，一方，レスリスバーガー（Roethlisberger, F.J.）は「社会人」仮説や，「感情の論理」による「非公式組織」といった人間関係論の理論的基礎を確立した。

(山中)

認知バイアス

認知バイアスとは，個人の意思決定に生じる偏りを意味する。人間は合理的な意思決定を志向するが，人間の認知には限界があり，利用可能な情報の質や量は制限される。また記憶できる領域が限られており，知覚上のエラーも多い。このような性質は限定合理性と呼ばれる。限定合理性の考え方に基づけば，人間は意思決定の際に満足最大化やヒューリスティックと呼ばれる単純化の方略によって意思決定を行うことが知られている。このような意思決定は経営学のみならず，行動経済学や行動ファイナンスの分野でも研究が行われている。代表的なヒューリスティックには利用可能性，代表性，確証の3つが挙げられ，これらのヒューリスティックによって意思決定のバイアスが発生する。例えば，利用可能性ヒューリスティックに起因するバイアスに，想起の容易性がある。これは，情報の鮮明さに影響を受けることを意味する。代表性ヒューリスティックに起因するバイアスに，平均への回帰がある。これは，結果に偶然の要素が介入する事象は，すべて平均への回帰が起こるが，人間はそのことを見落としがちであることを意味する。確証ヒューリスティックに起因するバイアスに，アンカー効果がある。これは基準として設定された数字や状態（アンカー）」に影響を受けることを意味する。

(安田)

ネオ・コーポラティズム (neo-corporatism)
政府が経済団体などと協力することを重視して政策を組み立てていくことをコーポラティズムという。コーポラティズムとは、特に第二次世界大戦前あたりからみることができる。そこでは、ファシストによって経済人を政府に送り込み政策決定することが、およその意味として理解される。第二次世界大戦後、経済発展の中で利益団体が発言権を増し、団体が代表して政策決定に影響力を持つことが注目されるようになった。民主主義を否定せずに成立することから、かつてのコーポラティズムと性質が異なる点で、ネオ・コーポラティズムと呼ばれる。ネオ・コーポラティズムは多様な概念であるため、形態が異なるものの戦後いくつかの国でみられたとされる。特に政府との協調の中で、労働組合がネオ・コーポラティズムの中にどう位置付けられるかが論点となる。日本でも経済団体が政府と政策に携わる場面は多くあるが、労働組合との関係が弱いことが指摘されることがある。このように団体と政府との関係は、国によって構造が異なり、政府と関係を持たない団体の意見は反映されにくいなどといった問題が指摘される（篠原一「団体の新しい政治機能」『基本法学2 団体』1983年、311-345）。

(小野瀬)

ネットワーク外部性
製品やサービスの価値が利用者数に依存している状態を指す。ネットワーク効果という表現が用いられる場合もある。その典型例が電話であり、加入者数＝かけられる相手が多ければ多いほど、1人1人の利用者にとって便益が大きい。プラットフォームの競争優位創出の大きな要因である。またデータ連携による価値創出のしくみをつくるにあたっても、より多くの参加者が共通するデータ仕様を採用し、広範囲な相互可用性を実現してネットワーク外部性を効かせることが重要である。プラットフォーム間競争においては、一度、競争優位を確立すればそれを覆すことが難しくなるため、無償もしくは安価での供給によって早期の市場占有率獲得をめざすという戦略が採用されている場合もある。ネットワーク外部性には、直接的効果と間接的効果がある。直接的効果は、利用者数が直接、消費者の効用関数に影響を与えるものである。間接的効果は、ハードウェアたる"モノ"は数量が大きければ大きいほど生産コストが低減することから、利用者数が多い＝生産数量が多いことによる価格競争力によって、ネットワーク外部性が強化される状態を指す。しかし、モノのサービス化が進展することにより、間接的効果が生じる領域は少なくなりつつある。

(深見)

ネットワーク理論 (network theory)

ネットワーク理論は，つながりを点と線だけを用いて表現する。点をノード（nodes）あるいはバーテックス（vertexes）と呼び，各ノードを接続する線をリンク（links）あるいはエッジ（edge）と呼ぶ。点と線のみを用いてネットワークを表現する点では，グラフ理論と同じである。ただし，グラフ理論は数学的問題の提示やその証明に重きを置くのに対し，ネットワーク理論は，より物理的・工学的な意味合いが強く，現実に観察されるさまざまなネットワーク現象の原理を理解・応用するためのツールとして用いられる。経営学におけるネットワーク分析は，1980年代から徐々に始まり，本格的な導入は2000年代に入ってからである。2000年代に入ると，競争しつつも協調するといった企業がみられるようになったことが背景として挙げられる。経営学における実証的な研究としては，系列や財閥などの構造を対象とした企業集団の研究や，クラスターや産業間構造の分析などを行う企業集積の研究が挙げられる。経営戦略論の分野では，ネットワークの構造を把握して，どこに働きかけるのが戦略的に良いのかといった具体的なデータを抽出することができ，組織間関係論の分野では，パワー関係の測定ツールとして有用であるとされている。　　（大杉）

年功賃金 (seniority wage)

年功賃金とは，年齢，勤続年数，学歴などの属人的要素を重視する生活給型賃金制度である。年功賃金では，人事院や都道府県が算定する平均的な生活費などを参考に，標準的な生活費の推移に沿うように賃金カーブを設計する。また，年功賃金はある程度の年齢までは昇給し続けるため，毎年確実な昇給を保障する機能もあるなど，従業員の生活の安定を図り，年齢とともに増加する生計費に合わせて賃金を決めるという考え方に基づいている。これにより従業員は安心して働くことができ，それが会社に対する忠誠心と労働意欲の向上につながり，安定的かつ継続的な労使関係が形成される。また企業は，終身雇用慣行のもとで従業員の能力開発を社内で長期間実施している。そのため長期間勤務している従業員ほど，多くの仕事と教育訓練を経験し高い能力を身につけることができ，会社は高い生産性を実現することができることとなる。年功賃金は能力・成果主義賃金の対立概念のように捉えられているが，必ずしもそうではない。一方で，年功賃金は自動的に人件費が増大していくしくみであるため，これを維持するためには企業の安定的な成長・拡大が前提となる。そのためバブル崩壊後の長期不況下で，多くの企業が年功賃金制度を見直し，役割給制度へと移行しつつある。　　（那須）

のれん(goodwill) 「のれん」とは，企業の買収や合併の際に発生する，買収された企業の買収資産の公正市場価値の合計額に対する購入価格の超過額のことである。ある企業は，そこで働く人や組織などに関する優位性を源泉として，その業界の平均的収益力を上回る「超過収益力」を有していると考えられる。つまり企業が持つ価値とは，貸借対照表に記載されている資産だけではなく，信用力やブランド力，顧客，人的資源なども含んでいることになる。そのため企業を買収・合併する際には，被買収・合併企業の資産・負債を時価で再評価して求めた純資産額以上の金額を支払うことが一般的である。この被買収・合併企業の純資産額以上に支払った超過分を，「のれん」という無形固定資産として貸借対照表に計上する。買収・合併時に，対象となる企業の純資産額以下の金額を支払って買収・合併した場合，企業の買収資産の公正市場価格の合計額と購入価格の差額は「負ののれん」となり，貸借対照表の資産ではなく，損益計算書の特別利益に計上され当該期の収益として認識される。「のれん」は，日本の会計原則では20年以内で償却することとされているが，IFRSや米国基準では「のれん」償却はしない。また買収対価が大きいほど「のれん」の金額は大きくなるため，減損のリスクも大きくなる。 (那須)

買収防衛策　買収防衛策とは，企業価値や株主共同の利益を毀損するような不当な条件を要求する敵対的買収提案に対して，被買収企業が発動する対抗策のことをいう。法的に認められた手段の他に，時価総額の増大やMBOによる上場廃止も防衛策になる。米国では1980年代前半に敵対的買収が活発化し，さまざまな手法の買収防衛策が発動された。代表的手法には，ポイズンピル，ホワイトナイト，クラウンジュエル，ゴールデンパラシュートなどがある。英国では，買収防衛策として公開買付制度に全部買付義務制度が設けられた。上場企業の買収で概ね30％以上を買収する場合に，均一価格ですべての株式を買い付ける義務を負わせる制度である。日本では，経済産業省・法務省が，2005年5月に買収防衛策に関する指針を示した。主な買収防衛策は，①事前警告型買収防衛策，②取得条項付新株予約権を用いた信託型ライツプラン，③黄金株や複数議決権株式等の種類株式の発行，④定款変更による合併承認決議や取締役解任決議の要件強化，⑤第三者割当増資・新株予約権の第三者割当である。買収防衛策の発動には，取締役会による買収価格と買収後の経営計画・予想される経営者に関する公正な判断が求められ，地位保全を目的とするような防衛策は違法となる。　　　　　　　　　　　（大野）

配当政策

配当政策とは，企業が配当を株主に還元する方針である。企業が利益を分配するに当たって，利益のうちどれだけを，いかなる形態で，どのような時間的配分で分配するかという政策。支払形態という観点からは，現金配当と，非現金配当である現物配当，債券配当，社債配当，株式配当に分類される。時間的配分という観点からは，経時的に安定して支払う安定配当政策と，利益の変動に即応して支払う利益型配当政策に分類される。配当政策に関する経営財務論の最大の争点は，配当に当てられる利益の割合（配当性向）が株価に影響するか否かにある。配当政策で重要なポイントとして，必ずしも配当が多いほど株主のためになるとは限らないという点がある。企業価値の総額から負債を引いたものが株主の持ち分だという前提に立てば，配当として支払われずに企業に残る内部留保もまた株主のものである。配当としてただちに現金を株主に還元するのがいいのか，内部留保として将来の投資に回し，株価を上げることを目標とするのがいいのかは，簡単に判断できるものではない。実際の世界では，税金や諸コストの存在，情報の非対称性により，配当政策は株価に影響を与えている。 〔馬場〕

ハイパーテキスト型組織 (hypertext organization)

ハイパーテキスト型組織は，野中郁次郎と竹内弘高が *The Knowledge-Creating Company* (1995) 邦訳『知識創造企業』(1996) において提唱した組織構造の1つである。この組織は，伝統的な階層的・公式的組織構造と並行する形で非階層的な自己組織型構造を持つ相互補完型の組織構造である。ハイパーテキスト型組織は3つのレイヤーから成り立っている。1番上はプロジェクトチーム・レイヤーであり，具体的な製品開発に向けて，新たな知識の創造に突き進んでいく組織である。2番目には伝統的な階層組織のレイヤーがあり，ルーティンの仕事を効率よくこなしていく。そして3番目には知識ベースのレイヤーであり，3番目のレイヤーは組織という形はとらないもので，上の2つのレイヤーで作られた知識が再分類・再構成される。新たに開発された技術やノウハウが組織の中に共有され，別の事業機会にも活用できるようになる。単なるプロジェクトチームでは，チームが解散すると，プロジェクトで得られた知識が雲散霧消するが，ハイパーテキスト型組織では，プロジェクト終了後も知識が共有され，他の商品開発にも生かされるという特徴がある。 〔羽田〕

バウンダリーレス化 (boundaryless)

バウンダリーレス化とは，部門などの境界を越えてともに働くようになることである。イノベーションのための組織変革とは，部門横断的なチームによってなされる。これは，境界をなくすことによって連結された新たな知識が価値を生み出すとみなされるためである。外部企業との境界も超えたプロジェクトや，国境を越えたプロジェクト，生産者と消費者との間の境界を越えたプロジェクトも現在では多く見られる。広まったきっかけは，GEのウェルチ（Welch, J.F.）がアニュアルレポートに1990年代の展望として示したことである。そこには，管理，給料，時間の組織間の差をなくしていくという発想がある。なお，昨今はキャリアの観点から，バウンダリーレス・キャリア（boundaryless career）の進展としても使用されることが多い。これは1つの部門，1つの会社のみにとどまらず，複数の組織を経験することでキャリアが開発されるというものである。この背景にはグローバル化の影響があり，世界的に組織の境界を意識しないキャリア開発に注目が集まっている（ex：*Journal of Organizational Behavior*, Volume 15, Issue 4, 1994）。　　　　（小野瀬）

破壊的イノベーション

破壊的イノベーションは，新技術を活用した製品・サービスを投入した新規参入企業が，それまでの市場で支配的であった既存企業の製品・サービスを市場から排し，取って代わる現象をいう。破壊的イノベーションは，初期においては既存製品よりも低機能であるが，技術的優位性のある技術革新から生まれた製品を利用したビジネスモデルを構築する。市場を支配していた既存企業が，この技術的優位性のある製品を用いることができず，失敗する状況を「イノベーションのジレンマ」という。破壊的イノベーションには，「ローエンド型破壊」と「新市場型破壊」の2種類がある。ローエンド型破壊は，市場の低価格セグメントを獲得する製品・サービスを投入した上で，徐々に高価格セグメントのシェアを獲得していくモデルである。新市場型破壊は，従来の製品・サービスを顧客が利用しやすいように変え，低価格で市場に投入することで，新たな顧客を獲得し市場を創出していくモデルである。破壊的イノベーションは，市場に展開するビジネスモデルを必要とするため，新製品・サービスの提供企業が補完財を含む市場の課題をどのように解決するかにより，既存製品・サービスとの入れ替わりが急激であったり，長期間であったりする。　　　　（米岡）

パーソナル・マーケティング

一般的な企業のマーケティング活動を個人のブランディングなどに応用するPersonal Marketingと，個々の顧客に対応するマーケティングPersonalized Marketingの2つの意味で使用される。日本では後者の意味で使用されることが多く，固定客づくりを目的に，顧客データベースを活用して，個々の消費者に対するきめ細かなコミュニケーションを中心としたマーケティング戦略をいう。市場の成熟に伴い，不特定多数を対象とするマス・マーケティングは実効性を失い，消費者1人1人への個別対応が必要となった。顧客データベースを整備した顧客管理や，店舗におけるクレームへの対応などがこれにあたる。パーソナル・マーケティングの特徴は，提供されるサービスのカスタマイズとデータベースの活用を重視したマーケティング戦略である。カスタマイズは，現代の小売業におけるマーケティングのニューパラダイムであり，データベースによって多大な効果を発揮する。データベースの活用に関しては，顧客名簿の獲得と探索，キーピングとリテンション，そしてターゲティングという構造的な3段階の体系化が重要である。パーソナル・マーケティングにおける小売企業と顧客との関係は，AIやIoTの発展により双方向からのインタラクティブな交流が可能になった，パートナーシップともいうべきコラボレーティブな共創関係の追求が期待される。

（馬場・小野瀬）

バッチ生産 （batch production system）

バッチ生産とは，ロット生産ともいわれ，典型的な生産形態である個別生産と連続生産の中間形態に当たる。実際に，バッチとロットに対する厳密な使い分けは存在しない。この生産形態は，特定の目的によってその都度必要に応じて行われる個別生産と，安定した需要の確保が可能なため工程系列で連続して生産する連続生産の利点を生かした生産形態となる。この生産形態は，主に半導体や自動車の部品などの生産に利用されている。工程の生産能力が連続生産を可能にするほどの能力は有するが，予測される生産量が連続生産より少ない場合によく用いられる生産形態である。そのため，1回の生産量となるロットのサイズをいかに最適化するのかが重要な課題となる。このバッチ生産は，需要量が生産能力より少ない場合に利用されるが，品種ごとに一定の生産量をまとめて生産する形となる。したがって，製品におけるロットのサイズが類似した工程系列で，所定の期間内で交互に生産する形をとる。同一製品を一定期間内で生産する連続生産に比べてさまざまな制約要因があると評価され，生産する側としては決して望ましくない生産形態として知られている。

（文）

パブリシティ

パブリシティとは，PRの一種で，企業や政府，各種団体，個人などが，製品やサービス，事業などに関する内容をプレスリリースやインタビューへの対応などを通じて，情報源としてメディアに提供し，報道されるように働きかける広報活動のことをいう。企業がメディアに対して積極的に働きかけて行う情報提供と，メディアからの取材に応じる取材協力の2種類のケースがある。PRを有料で行う広告と異なり，パブリシティは，報道として提供されるため無料である。メディア側は，提供された情報源をもとに取材活動を行い，報道の内容やその取扱い方法は，メディア側の責任において決定する。新製品の発売に合わせ，当該製品の特徴やコンセプト，価格などを素材としてメディアに提供し，記事やニュースとして取り上げてもらう活動である。自社で行う広告と比べ，メディアの訴求力が大きい場合は効果も大きくなるため，情報提供に関して，メディア側との関係構築が重要となる。また広告と異なり，情報のコントロール主体はメディア側となるため，公正かつ平等なニュース記事として消費者に対しての信頼度も高くなる。パブリシティは，組織とその組織を取り巻く個人や集団および社会との関連を大切にするために行うPR活動において不可欠のものである。 （馬場）

パブリック・リレーションズ (public relations)

パブリック・リレーションズとは，組織と組織を取り巻くパブリックの間で，相互に利益のある関係を築く戦略的コミュニケーションのプロセスである。同義語として使われることのある広報は，組織とパブリックとのよい関係づくりという意味が失われ，企業や団体が社会に向けて情報発信することを意味する。企業は，自社の活動とその成果である製品やサービスが社会に受け入れられているのか，あるいは逆に自社の活動が社会に迷惑をかけていることはないか，絶えずステークホルダーの声に耳を傾けている必要がある。そして，考え方や活動の姿を社会に向けてさまざまな手段で明らかにし，理解を求めていく必要がある。さらに，自らの行動に修正すべきところがあれば，すぐに修正することが求められる。ステークホルダーは，その企業の製品・サービスや広告，新聞・雑誌の記事，噂，トップが外部に示す理念や行動，社員の接客態度等，日常で接する多くの情報から自分なりの企業イメージを持ち，その企業に対するレピュテーションを形成する。これらの企業行動に不公正な行動や隠蔽体質を感じとれば，信頼感は得られない。逆に，常にオープンに情報を開示する企業に対しては，信頼感が強まっていく。 （馬場）

バランスト・スコアカード(balanced scorecard, BSC) バランスト・スコアカードは、キャプランとノートン (Kaplan, R.S. & D.P. Norton) が発表したものを嚆矢とする多面的特徴を持つ経営管理ツールである。バランスト・スコアカードは「バランスト」と「スコアカード」という2つの単語から成っている。「バランスト」は、①短期的な業績評価指標と中長期的な業績評価指標、②財務的指標と非財務的指標、③外部ステークホルダーの視点と内部ステークホルダーの視点の「バランス」を取ることを意味している。一方「スコアカード」は、1枚の「カード」上に業績評価を極力「定量化」することによって、客観的な「スコア」としてまとめ上げ、組織の構成員が、自社の業績の構造や今期の計画に対する実績を一目で鳥瞰するツールを意味している。当初BSCは、業績評価ツールとして登場したが、やがて経営管理ツールとして利用され、さらには戦略策定ツールや経営品質改善ツールとして利用されるようになってきた。BSCの特徴に「4つの視点」があり、「顧客の視点」「財務の視点」「業務プロセスの視点」「学習と成長の視点」で見ている。この「4つの視点」を通して、企業全体の戦略目標、戦略目標を測定する成果尺度、具体的な目標値を達成するためのパフォーマンスドライバーが示される。

(羽田)

バリュー・チェーン(価値連鎖)(value chain) バリュー・チェーンとは、企業が行う、原材料の調達から製品・サービスが顧客に届くまでの企業活動を、一連の価値 (value) の連鎖 (chain) として捉える考え方である。ポーター (Porter, M.E.) がバリュー・チェーンという分析フレームワークを提唱した。バリュー・チェーンは、主活動と支援活動の2つによって構成される。主活動としては、製品の原材料を外部から受領、貯蔵、配分する活動である「購買物流」、原材料を最終製品の形に変換させる活動である「製造」、製品を集荷、保管し、買い手に届けるまでの活動である「出荷物流」、買い手が製品を買える手段を提供し、買い手が購入したくなるようにする活動である「販売・マーケティング」、製品の価値を高めたり維持するサービス活動である「サービス」の5つがある。支援活動としては、会社の価値連鎖に用いられる購買活動の機能のことである「調達」、製品の品質を上げる活動と生産工程を向上させる活動である「技術開発」、さまざまな組織構成員を募集、採用、訓練、教育し、給与を支払うことに関する活動である「人事・労務管理」、本社経営、企画、財務、経理、法規対策などの多数の活動の集合である「全般管理」の4つがある。

(大杉)

ハロー効果

ハロー効果は，個人に生じる認知バイアスの1つで，アメリカの心理学者ソーンダイク（Thorndike, E.）によって提示された概念である。具体的には，人間には認知の限界があり，ある事象について1つ1つの特徴を個別詳細に評価することは困難であることから，顕著な特徴から全体を捉えて評価してしまうバイアスのことを意味する。例えば，英語を流暢に話す人物に対して，あらゆる能力が優れていると評価してしまう傾向が挙げられる。また企業の例では，業績の良い会社を，（実際にリーダーシップが素晴らしいかどうかを検討することなく）CEOのリーダーシップも素晴らしいと評価してしまう傾向が挙げられる。ハロー効果の発生は，認知的不協和の解消の観点から説明される。認知的不協和とは，行動と認識が一致しない状態において，認識を行動に一致させることを意味する。例えば，自分が欲しいと思っていた商品が品切れで購入できなかったとき，それほど良い商品ではないはずだ，と認識を変えることを意味する。つまり，ある事象に対して一貫したイメージをつくることで，認知的不協和を解消しようとするのである。また，ハロー効果は具体的な評価が難しい事柄に対して，大まかなイメージをつかむために用いられる経験則でもある。

（安田）

非市場戦略

非市場戦略とは，ロビー活動をはじめとする政府や規制当局への働きかけに関する戦略を意味する。この非市場戦略は市場のフィールド外における戦略のことを示し，全社戦略や事業戦略をはじめとする市場のフィールド内における戦略との対比で用いられる。非市場戦略は国内での事業でも必要な戦略であるが，特に多国籍企業が新興国で事業を行う際に重要であると考えられている。新興国では，現地国政府との関係構築が競争優位を規定する重要な要素と考えられているからである。この背景には，新興国における「制度の隙間」という概念がある。これは，カナとパレプ（Khanna, V.T. & K.G. Palepu）によって提唱された考え方で，新興国では市場経済を支える機能が不完全であることを意味する。例えば，規制当局による規制に関する制度，裁判所などの仲裁に関する制度などの機能が挙げられ，進出国でこれらが機能していない状況は多国籍企業の事業障壁となる。したがって，多国籍企業は法規制の主体や業界団体との交渉などの非市場戦略を戦略的に行うことによって，自社の事業をバックアップする環境を構築することが重要となる。海外市場，特に新興国での事業運営に際しては，市場のフィールド内における戦略と同様に，非市場戦略も戦略的に計画・実行することが必要となるのである。

（安田）

ビジネス・プロセス・リエンジニアリング（BPR）(business process reengineering)

ビジネス・プロセス・リエンジニアリングとは，顧客満足の視点から組織間も含めた業務プロセス全体を再設計することにより，業績を飛躍的に向上させる経営手法のことをいう。1990年代に，ハマー（Hammer, M.）が「リエンジニアリング」を提唱して広まったコンセプトである。ハマーは「コスト，品質，サービス，スピードのような，重大で現代的なパフォーマンス基準を劇的に改善するために，ビジネス・プロセスを根本的に考え直し，抜本的にそれをデザインし直すこと」と定義している。リエンジニアリングは，当時，低下しつつあった米国企業の競争力回復の処方箋として提唱された。旧来の組織・運営原則から新たな組織・運営原則への転換を実現するための企業変革モデルである。急速に進歩する情報技術によって仕事のやり方を規定するルールまで破壊的に変え，顧客に対する価値を生み出す新しいプロセスを創造する方法を示している。ハマーは，リエンジニアリングの本質は，ビジネス・プロセス，職務と組織構造，マネジメントと評価システム，企業文化から成るビジネスダイヤモンドを新たに創造することだと主張している。

(大野)

ビジネス・リスク (business risk)

企業の活動にはリスクが伴う。リスクは，所得予想の不確かさであり，所得予想の分布の散らばりで表される。予想される所得が1カ所に集中していればリスクは小さく，広い範囲に散らばる場合はリスクが高い。あらゆる事業の売上予想は不確実であり，大小さまざまなリスクを持つが，生産活動は売上に先立って準備しなければならない。一般的に，この準備を投資と呼ぶ。投資の成否は，期待された所得の実現による。期待を上回る売上の実現は，投資家に利益を享受させ，下回る収入は損失を被らせる。こうした投資家が予想する所得の散らばりは，事業所得のリスクであり，これをビジネス・リスクと呼ぶ。投資家が期待する所得は，ビジネス・リスクにより異なる。ビジネス・リスクが高ければ，多くの所得を期待する。環境変化に反応する所得変化が同じであれば，同一のビジネス・リスクとなり，期待する所得も同一となる。一般に，業種に応じて所得の変化には特徴があるため，業種ごとにビジネス・リスクを分類できる。1958年にモジリアーニとミラー（Modigliani, F. & M.H. Miller）は，ビジネス・リスクに応じたリスク・クラスを仮定し，資本構成と企業価値および平均資本コストの無関連命題を展開した。

(森谷)

ビジョナリー・カンパニー（visionary company）

ビジョナリー・カンパニーとは、ビジョンを持ち、未来志向かつ先見的、業界で卓越した存在として尊敬を集め、世代を超えて社会に多大な貢献を続けてきた企業のことをいう。コリンズとポラス（Collins, J.C. & J.I. Porass）が、『ビジョナリー・カンパニー：時代を超える生存の原則』（*Built to Last : Successful Habits of Visionary Companies*, 1994）において提唱した超優良企業の概念である。基本原則は、「基本理念を維持し、進歩を促す」であり、具体的手法・しくみとして、企業文化の形成、経営陣の育成、「社運をかけた大胆な目標」、実験主義的行動、継続的改善の5点が示されている。そして、基本理念以外の分野を変化させる「進歩への意欲」が重要であるとしている。米国企業のCEOアンケートをもとに、①業界で卓越した地位、②広く尊敬されている、③社会に足跡、④CEOが世代交代、⑤当初の主力商品のライフサイクルを超えて繁栄、⑥設立後50年経過、という基準を満たした18社を対象に類似企業との比較分析がなされ、①基本理念の浸透によるカルトに近い文化、②基本理念を基準とした経営陣の育成・選抜、③基本理念と目標、戦略、戦術、組織設計等の一貫性、という特徴が明らかにされている。

(大野)

ビッグデータ（big data）

ビッグデータを指す場合、単に大量のデータを意味するだけでなく、主に3つのコンセプト、すなわち「大量で（volume）」、「種類の数が多い（variety）」、「急激な速度（velocity）」という特徴を有するデータのことをいう。近年では、ビッグデータという用語の意味が、予測分析（predictive analytics）、ユーザー行動分析（user behavior analytics）、あるいは他の進歩したデータ分析（advanced data analytics）へと変わっている。この用語は、2010年代以後、世に急速に普及され広がったが、当初はデータ・マイニングという分野で一般的に使われていた。急速な情報化の進展とともに、これらのビッグデータをいかに活用・管理し、経営戦略に取り込むのかが重要な課題の1つとなっている。実際に、情報量の単位（バイト）を表す基本単位が従来のメガからギガへ変わっており、近年ではテラ、エクサバイトへと使用する頻度の主軸が変わりつつある。現代企業としての課題は、これらのビッグデータの利用をめぐる主導権を誰が掌握するかが重要となっている。特に、ビッグデータを管理する自社組織のあり方や、分析アプリケーションの能力の有無は、それらに関連する重要な要因となっている。

(文)

ヒューマニスティック・マーケティング (humanistic marketing)

ヒューマニスティック・マーケティングとは，人道性，人間性などを重んじる心理学をマーケティングに応用したもので，消費者の心理や欲求を読みとって，商品の開発から販売までの業務を構築する手法をいう。人間性心理学の第一人者として著名なマズロー（Maslow, A.H.）は，欲求段階説において，人間の欲求について，優先順位を備えたピラミッド型の階層として概念化を試みた。人間はより低位の欲求が満たされると，次のより高位な欲求が生じ，その欲求充足を求めて活動するというものである。その上で，人間の欲求を低位より順に，生理的欲求，安全欲求，愛情欲求，尊敬欲求，そして自己実現欲求と分類した。低位の欲求である生理的欲求と安全欲求までは，物質的欲求の範囲であり，モノを所有し使用することで，欲求が満たされることを表している。一方，愛情欲求，尊敬欲求，自己実現欲求に関しては，精神的欲求の範囲となり，モノ自体で満たされるのではなく，社会生活の中で精神的に満たされることが重要になる。マーケティング施策を検討する上で，この心理学的アプローチを用いることによって，消費者の購買プロセスへ効果的な訴求を促すことが可能となる。 （馬場）

ファイナンシャル・リスク (financial risk)

企業の資本は，自己資本と他人資本から拠出される。株式会社の自己資本は株主からの出資であり，他人資本は銀行借入や社債などの負債であり，債権者からの貸付（融資）である。事業所得の変動は，通常の状態であれば，債権者への約定利息は支払われ，残余所得が株主への配当もしくは内部留保となる。債権者に支払う約定利息は固定的な費用になるが，株主の残余所得は事業収入の変動に応じて増減するため，債権者に比較して株主のリスクは大きくなる。換言すれば，株主資本コストは負債コストに比較して高くなる。企業はできる限り低コストの資本調達を行うことで，企業価値最大化を実現できる。しかしながら，企業が他人資本による資本調達を選好しても，負債比率が高くなると固定的な約定利息の支払いが増加し，事業収入の変化に対応する株主に帰属する所得のボラティリティは高くなる。ファイナンシャル・リスクは，こうした他人資本（財務レバレッジ）利用による株主の負担するリスクの増加部分を意味する。自己資本と他人資本からなる企業の資本構成が，企業価値および平均資本コストに無関連であることを論じたモジリアーニとミラー（Modigliani, F. & M.H. Miller）は，負債利用による平均資本コストの低下は，ファイナンシャル・リスクの上昇による株主資本コストの上昇によって相殺されるとした。 （森谷）

5フォース分析

5フォース分析とは，業界の魅力度を分析するフレームワークである。魅力度とは，どれだけ収益を上げやすい業界であるかを意味する。具体的には，売り手の交渉力，買い手の交渉力，新規参入の脅威，代替品の脅威，業界内競争の5つの要因によって業界を分析する。魅力度を分析することによって，自社の事業領域の選択を戦略的に考えることが可能となる。このフレームワークには，ポーター（Porter, M.E.）によるSCPロジックが背景にある。SCPはstructure, conduct, performanceの頭文字で，SCPロジックとは産業構造が企業行動を導き，企業行動によってパフォーマンスが決定するという考え方である。5フォース分析では，どのように業界の境界を区切るのかを明確にすることが重要である。例えば，珈琲チェーンという業界を分析する際，直接の競合相手ではないがコンビニエンスストアも競争相手と捉えることもできる。また，5つの要因のそれぞれの分析項目を羅列するだけではなく，業界によって異なる重要性の重みづけが必要となる。さらに，収益を上げやすいかどうかを考える際，基準がないことに注意を要する。つまり，1つの業界あるいは事業領域だけを分析してこの業界は魅力的であると断じることは困難であり，相対的な視点に基づいて判断することが求められる。

(安田)

ファクトリー・アウトレット （factory outlet）

ファクトリー・アウトレットとは，メーカーや小売企業が，売れ残り品を廉価で販売するオフプライス・ストアのことをいう。アウトレットとは，もともとはメーカーや製造機能を持つ専門店が，季節外品，傷物や規格外品など自社製品の在庫処分のために設置したものである。そもそもファクトリー・アウトレットは，米国流通業の成熟過程において，普段は値引きしない商品を，そこに働く従業員たちが安く購入できるよう，工場敷地内に小さなショップを置いたことに由来している。また，こうしたファクトリー・アウトレットが，大型の商業施設にテナントとして入居し，ブランド集積されたものをアウトレット・モールと呼ぶ。我が国でアウトレット・モールが最初にできたのは，1993年3月開業のマーケットシーン・リバーモール（神戸六甲アイランド）であった。それ以来，各地で急速に開業が進み，新たに出店するモールほど大型化し，立地は郊外の車によるアクセスの良い場所が選択されている。米国では100万m^2を超える敷地に1万数千台規模の駐車場，商圏人口数100万人超，という超大規模なモールもある。日本では，観光地型と大都市近郊立地型とに二分されている。

(馬場)

フィランソロピー (philanthropy)

フィランソロピーは，企業の社会貢献のことである。寄付や活動そのものをさすこともあれば，社会貢献を行うという経営行動を意味する場合もある。フィランソロピーが米国で使用されるようになったのは19世紀の半ばである。語源はラテン語のphilanthropia（人間愛・同胞愛）であり，日本でフィランソロピーの語彙は，一般的に慈善，慈善活動・事業，博愛，博愛行為と訳されるが，往々にして「企業が行う」フィランソロピーとして解釈される。企業は本来事業から一線を画し，利益追求をしないことを前提とした慈善や援助，公共の補完としての寄付金・社会貢献を目的とした自主プログラムをフィランソロピーとしている。また，従業員のボランティア活動も含まれる。具体的な内容としては，社会福祉，健康・医学，スポーツ，学術・研究，教育・社会教育，文化・芸術，環境，史跡・伝統文化保存，地域社会の活動，国際交流・協力，災害被災地支援，防災まちづくり支援，人権，政治寄付等がある。フィランソロピーは企業の自主性により行われるものであり，担うべき責任ではないが，CSRに含有して解釈されることもある。 (粟屋)

付加価値（率）

ある企業の総生産額から，他企業より購入した原材料・燃料等の費用を差し引いたもの，または，その割合をいう（付加価値率）。その企業で新たに造出された価値であり，賃金，利子，地代，利潤の合計に等しい（純付加価値）。これに減価償却費を加えたもの（粗付加価値）を一国規模で年間総計したものが国民総生産である。企業が生産によって生み出した価値であり，企業の総生産額から，その生産のために消費した財貨や用役の価額を差し引いた額である。付加価値の計算法には控除法と加算法がある。控除法では付加価値を（生産額－非付加価値）または（販売額－非付加価値）として計算する。非付加価値とは原材料，外注費，動力費，外部用役費などであり，外部用役費には運賃，保険料などが含まれる。付加価値は，企業・産業が今期の生産活動により新たにつくりだした価値であり，賃金，配当，社内留保などの源泉となり，分配国民所得を形成する。企業・産業の従業員1人当たりの付加価値生産額は付加価値生産性と呼ばれる。 (馬場)

部門横断型組織

組織内部で処理する情報量が増大した場合，組織はそれに対応する組織的な仕組みを作り上げる必要性が生じる。こうした処理すべき情報量の増大に対応するために，組織は次のような方策をとることが可能である。①ルール，プログラムを決めること。各部門が行う活動をあらかじめルールやプログラムで決めておけば，職務間や部門間で連絡を取り合う必要性は減る。②各職務や部門に目標を設定すること。組織全体の業務を遂行する上で必要となる目標を各職務や部門に設定し，各職務や部門が目標達成に向けて活動すれば，職務間や部門間で調整する必要性は減少する。③各部門を自己完結的な組織単位とすること。各部門に必要な機能や資源をすべて備えた形にすれば，部門間でやり取りを行う必要性は減少する。③部門横断型組織をつくること。部門横断型組織を作ると，情報が存在する現場での業務遂行が可能となり，上層部にいる管理者に過度の負担がかかる事態を避けることができる。部門横断型組織の形態には，問題を共有する社員の直接接触，部門間の連絡調整役の設置，部門横断的なチームやタスクフォースの編成，部門間を統合する統合管理者の設定などがある。横断型組織をさらに進めたものが，マトリックス組織である。

(金綱)

プライバタイゼーション（民営化）（privatization）

プライバタイゼーション（民営化）とは，国や地方公共団体の財政負担の軽減と公共事業費の削減をはかるために，民間のノウハウや資金を活用してインフラ整備やサービスの提供を行う手法である。英国において1979年から83年にかけて，石油開発，宇宙開発など，競争的産業分野において民営化が行われた。次いで，いわゆる公益独占事業であった電話，ガスなどが民営化された。1988年以降は，公社は現業部門を中心に鉄鋼，石炭，鉄道などが民営化されている。92年からは，イギリスを中心にPFI（private finance initiative）と呼ばれる手法が導入されるようになった。PFIによる民営化の方法としては，①公共セクターへのサービス提供型，②一般から料金を徴収する自立型，③ジョイントベンチャー型，がある。PFI導入の判断基準として，VFM（value for money）という概念がある。VFMでは過剰設計など無駄な費用を排除し，建設や運営の効率性を高め，費用対効果を高めることをめざす。日本でも1980年代から民営化が導入され，85年電電公社民営化，87年国鉄民営化，88年日本航空完全民営化が行われた。近年では，新たに上下水道，廃棄物処理など社会的インフラサービスの面でも民営化が検討・導入されている。

(那須)

プライベート・ブランド（private brand：PB）

プライベート・ブランドとは，小売業者や卸売業者などが企画し，独自の商標で販売するブランドのことである。ナショナル・ブランド（商品を製造するメーカーが付与するブランド：NB）に対して用いられる言葉で，略してPBと呼ばれる。流通業者が自ら企画した製品を，外部の製造業者に生産させるには，多くの発注が必要なため，大手チェーンストアの開発するPBが多い。無印良品は，それまでのPBが，「価格はNBより安いが，品質もそれなりである」と考えられていた中で，「良品質で構造的に廉価な商品」を創造しようと試みた。そのため，生産過程にまで踏み込んでコスト削減努力を重ね，素材開発にも徹底的にこだわった。さらに，素材の調達や生産プロセスを海外に拡大し，物流システムを整備するなど，グローバルな企画・開発から生産・販売に至るまでの体制を確立した。PBの開発においては，次の4点が重要と考えられる。1つは，その領域において有力なNBが少なく，市場規模の大きなカテゴリーを狙うこと。2つは，NBとPBの間に価格の違いが一定程度存在すること。3つは，品質の高さや商品のコンセプトに一貫性があること。4つは，小売側の粗利益率がしっかり維持できることである。　　　（馬場）

プラス・サム交渉

プラスサム・ゲームを想定した交渉を指す。一種の協調ゲームである。あるプレーヤーの利益が，必ずしも他のプレーヤーの損失に結びつかないケースを想定した場合がある。相手と協調することで，互いの利益が増す可能性があるので，競い合いながらも協調を図ることが重要になる。一見ゼロサム・ゲームのように思える交渉も，新たな争点を持ち込むことでプラスサム・ゲームに転じることが可能である。例えば，プロスポーツ選手の年俸交渉は，金銭のみが争点の場合，ゼロサム・ゲームとなる。しかしここに，トレードの有無や契約年数などの争点を持ち込むことで，両者の満足度を高める妥結点に持ち込むことが可能となる。この場合，win-winの関係にあり，お互いの利得の合計が増すプラスサム・ゲームとなっている。それによって得られた代替案は，最善の代替策 "Best Alternative to a Negotiated Agreement" と呼ばれる。長期の株式投資や外貨建ての資産運用は，通常はゼロサム・ゲームに分類されるが，多くの場合，その期待値がプラスになる時，プラスサム・ゲームとなる。　　　（馬場）

プラットフォーム・ビジネス

プラットフォーム・ビジネスとは，企業やユーザーを結び付けるインフラやルールを提供することで利益を得るビジネスのことである。相互に関連する部品から構成される複合製品の場合，製品を製造する際に部品同士の相互関係を調整することが必要となる。ただし，部品間のインターフェースでインフラやルールが確立されていれば，部品同士で高度な調整を行うことは必要なくなる。そのため，魅力的なプラットフォームを形成する企業は，自社のプラットフォーム上で作動する製品をつくる多くの企業を誘い込むことができることになる。また，こうした部品同士の調整の必要性が低下すれば，各企業は独立してイノベーションを起こすことが可能となる。新たにプラットフォームに参加した企業が独自にイノベーションを引き起こせば，プラットフォームを形成した企業は，他社のイノベーションから利益を得ることが可能となる。このように，魅力的なプラットフォームを形成し，自らのプラットフォーム上でイノベーションを起こすように他企業を動かす能力を，ガワーとクスマノ（Gawer, A. & M.A. Cusumano）はプラットフォーム・リーダーシップと呼んでいる。こうしたプラットフォーム・リーダーとして知られている企業の1つが，インテル社である。

（金綱）

フランチャイズ・チェーン／フランチャイジー／フランチャイザー

(franchise chain／franchisee／franchiser) 伝統的な垂直型流通システムにおける契約型チャネルの代表的な形態がフランチャイズ・チェーンとボランタリー・チェーンである。フランチャイズ・チェーンは，製品や経営ノウハウを所有する企業が販売チャネルを形成する目的で加盟店を募集し，契約に基づく統一的な販売方法とイメージによって，卸売や小売の販売網を構築する。フランチャイズ・システムには，フランチャイズを与える者と，契約によってその権利を与えられる者が存在する。前者をフランチャイザー（本部），後者をフランチャイジー（加盟店）と呼ぶ。その契約は，本部が一方的に定めた定型的な付合契約で，権利（商標や商号の使用，事業経営のノウハウ，営業場所と対象地域，指導や援助など），その代価と支払方法，加盟店の義務，契約終了の条件などが記載される。フランチャイズ・チェーンによって，フランチャイザーは，限られた人材と資金で，販路の拡張や事業の拡大ができ，フランチャイジーにおいても，事業の知名度やノウハウを利用でき，不十分な資金や経営力であったとしても，独立の経営者として事業継続が可能となる。

（馬場）

ブランド戦略（イメージ戦略）(branding strategy (image-building strategy))

ブランド戦略とは，ブランドを活用して，競争相手の同一製品と自社の製品とを差別化し，競争上有利な立場を築くことをねらったマーケティング戦略のことをいう。機能や品質において，消費者から見て，ほとんど差が見られない製品間に，明らかに差があるかのような印象を持たせ，その結果として特定のブランド商品を選好する心理をブランド・イメージと呼ぶ。ブランド戦略の最大の目的は，差別化によるブランド・イメージの形成ということになり，そのイメージを強化，向上させることで，長期にわたり顧客との間に一定のブランドに対する信頼感を定着させることが可能となる。ブランド戦略はイメージ戦略とも呼ばれ，ブランド戦略におけるイメージとは，企業あるいは商品・サービスがめざすものが何であるかをわかりやすく表現したものであり，ブランドはそれらイメージの総合体であると考えられる。そのため，企業がめざすイメージと実際に消費者が抱くイメージとの間にどの程度の知覚差異があるかを確認することが重要である。ブランド戦略を検討するにあたっては，消費者調査を行い，あらかじめめざすべきイメージを明確にし，その仮説とのギャップを確認することが効果的である。

(馬場)

ブランド評価 (brand valuation)

企業に蓄積されているブランド価値を評価することである。この手法には，顧客視点と会計的視点の2つの視点からのアプローチが存在する。顧客視点での評価手法は，主にブランド認知，ブランド連想，知覚品質，ブランドロイヤルティ，その他のブランド資産から構成されるブランド・エクイティを顧客により評価してもらう手法である。会計的視点による評価手法は大きく2つに分類され，1つは全体の価値（企業価値）から，ブランド価値の部分を，独立した価値として抽出し評価する独立評価アプローチ，もう1つは，株式市場における現時点での評価と過去から引き継いでいる保有資産の評価との差から，超過収益力（ブランド価値）の部分を算定する残差アプローチの2つがある。特に前者には，ブランドの開発にかかった費用や維持管理費用を累計することで価値を算出する①コスト・アプローチ，市場において，同業や類似業種で取引された売買事例のあるブランドの価格をそのまま当てはめて算出する②マーケット・アプローチ，そしてM&Aをする際の企業の買収金額を算定する方法として，最も多用されているDCF（Discounted Cash Flow）法をベースとした③インカム・アプローチという考え方がある。

(小貝)

フリー・キャッシュフロー

フリー・キャッシュフローとは，株主への配当金の支払いや金融機関への借入金の返済などの原資として，経営者が裁量権を持って活用できる資金を意味している。つまり，正味，本業でのキャッシュを，どれだけ生み出したのかを示したものである。フリー・キャッシュフローは，営業活動によるキャッシュフローから投資活動によるキャッシュフローを差し引くことにより算出され，プラスであるならば，営業活動により余剰資金が生まれたと高く評価される。フリー・キャッシュフローを増大するためには，資金を効率的に利用すること，資産の流動化，売掛金の回収速度を早める，リードタイム（発注して納品されるまでの時間）の短縮化などが求められる。他方，フリー・キャッシュフローは，大規模な事業投資にも活用される。例えば，企業の財務業績を向上するための設備投資や企業の成長のためのM&A（合併・買収）である。昨今では，株主還元のための自社株買いにも利用される。これを実施することにより，発行済株式総数が減少することから，ROE（return on equity，自己資本利益率）や1株当たりの利益などを向上することができる。しかし，自己資本比率が低迷することにもつながるため，資本の適切な規模をも考えなければならない。

(森谷)

不良債権

不良債権とは，銀行が，融資をしたものの，その元本および利子を回収することができない状況を意味している。銀行が貸付債権を管理する際，金融再生法開示債権によって，①金融更生等債権，②危険債権，③要管理債権，④正常債権として区分している。これらの債権状況について現在も，金融庁が年2回公表している。1991年のバブル崩壊により，株価低迷，さらには土地神話が崩れることなどで，融資をする際の担保価値が下がった。このことを受け，銀行は回収が不可能となり，不良債権問題へと発展した。この問題を解決できずに破綻や経営危機に陥った銀行もあった。実際，この問題を解決するために，①法的手続きをとり直接償却する（債権放棄），②不良債権に対する損失額を見積もり，貸倒引当金をあてる，③政府に議決権がない優先株を発行し，公的資金により資本を強化するなどの施策が実施された。さらには，黒字で解散した，5年間という期間限定の産業再生機構は，要注意先企業を中心に貸付債権を買い取り，メインバンクと再建することで，最終的に売却することに成功したが，不良債権問題は早急に解決できなかったことから，経営基盤の見直しが行われ，経営統合などが行われることになり，現在のメガバンクが誕生した。

(森谷)

フリンジ・ベネフィット （fringe benefit）

フリンジ・ベネフィットとは，現金による賃金・給与・報酬に代えて，企業の役員や従業員に対して与える経済的便益のことを言い，具体例として通勤手当，出張手当，残業食事手当などの諸手当や社宅，社員旅行，保養所といったものが該当する。役員や従業員にとって，現金による賃金・給与・報酬は給与所得となるため，所得税の負担が発生し，給与支払者の企業においても所得税の源泉徴収と納付義務は発生する。そこで，役員や従業員の税負担後の実質所得を高めることで，良い人材を集めようとする意図からフリンジ・ベネフィットが導入されるケースがある。従業員側のメリットとして，通勤交通費や社宅などは，生活を送ったり，通勤する上で必須の支出である。これらを企業が負担することで，従業員は給料の額面以上の生活を送ることができるようになる。企業側のメリットは，付加給付を導入することで，従業員の満足度を高め，より企業としての魅力を高めることができる。また，福利厚生費は損金として扱うことができるため，経費計上することで企業の節税対策にもつながる。税制上，フリンジ・ベネフィットが福利厚生費として認められる範囲は限定的であり，国税庁による所得税法基本通達等の規定に留意する必要がある。

(羽田)

ブルーオーシャン戦略

既存市場の競争は，次第に製品・サービスの差別化が困難になる。企業は，小さな差別化に大きなコストをかけて製品・サービス開発を行うことになり，利益率が下がる厳しい競争にさらされる。このような市場のことを「レッドオーシャン」という。対して「ブルーオーシャン」は，それまでの競争とは関係のない市場であり，ブルーオーシャン戦略は，それまでの競争を無意味にする新たな市場を生み出す戦略である。ブルーオーシャン戦略では，製品・サービスにおいて差別化と低コスト化を同時に実現することを重視する。差別化により新市場を創出するとともに，後に参入してくる企業に対してコスト優位性を確保するのである。ブルーオーシャン戦略では，最初に既存市場において，顧客にどのような価値が提供されているかを把握する。これにより競合他社と異なる価値を提供できる競争の軸を見出す。次に既存の製品・サービスに用いられる要素について，取り除く，減らす，増やす，付け加える4つのアクションを検討し，差別化しながら低コスト化も実現できる競争の軸を探る。そして，機能とコストを調和させることで，顧客に魅力的な変化である「バリューイノベーション」となることを，戦略の中心軸とする。

(米岡)

プロスペクト理論

プロスペクト理論とは人間の意思決定の性質を説明する理論で，心理学者であるカーネマンとトヴァスキー（Kahneman, D. & A. Tversky）によって提唱された。この理論の主張は3つある。第一に，利得と損失が同じ金額でも，利得による効用の追加的な上昇よりも，損失がもたらす効用の追加的な減少幅のほうが大きいことである。つまり，人間は損失の機会を避けたがる性質があることを意味する。第二に，利得も損失もその値が小さいほど追加的に得られる効用の増加や減少幅が大きいことである。つまり，1,000万円が1,100万円に増える場合よりも500万円が600万円に増える場合が，1,100万円が1,000万円に減るよりも600万円が500万円に減るほうがインパクトは大きい。これは利得が発生している状況では人間はリスク回避的になり，損失が発生している状況ではリスク追求的になることを意味する。第三に，利得と損失の価値は絶対的な水準ではなく，参照点と呼ばれるある基準値に基づいて決まることである。参照点の設定によって何を利得と解釈するか，何を損失と解釈するかは異なる。

(安田)

プロダクト・ライフ・サイクル

プロダクト・ライフ・サイクルとは，ある商品やサービスが市場に導入され，売上を高め，最終的に衰退するプロセスを示すものである。製品やサービスにも生物と同様にライフ・サイクルが存在するという考え方である。プロダクト・ライフ・サイクルは一般的に導入期，成長期，成熟期，衰退期の4つのプロセスに分類される。導入期では，プロモーションに費用がかかること，また規模の経済性などのコスト低下効果を享受できないことからコストが高くなり，大きな売上も見込めず利益がマイナスになることが多い。成長期になると，製品の普及が進み売上が拡大するとともに，コスト削減も進行して利益が拡大する。成熟期には売上の成長が鈍化し，成長が止まることが想定される。衰退期には，売上成長がマイナスになる一方でコストは一定であることから，利益が減少するのが一般的である。例えば総務省の調査によると，パソコンの世帯普及率は，2009年の87.2％から2016年には73％となっており，成熟期あるいは衰退期に入っていると捉えられる。戦略の定石は，導入期には市場拡大，成長期にはブランド選好確保による市場浸透，成熟期には競合からの顧客獲得によるシェア防衛，衰退期には撤退（場合によっては市場拡大）と考えられている。

(安田)

ブロックチェーン（block chain）　ブロックチェーンとは，金融取引などの記録をコンピュータのネットワーク上で管理する技術の1つであり，インターネット上の複数のコンピュータで取引の記録を互いに共有し，検証し合いながら正しい記録をチェーンのようにつないで蓄積する仕組みである。ブロックチェーンの名称は，取引情報の履歴が鎖状につながれていることに由来する。ブロックチェーンは記録を共有し，検証し合うので，記録改ざんや不正取引が防げる。一部のコンピュータで取引データを改ざんしても，他のコンピュータとの多数決によって正しい取引データが選ばれる。取引記録を集中管理する大規模コンピュータが不要なため，運営コストが割安なことに特徴がある。元々は仮想通貨の取引を成立させるために開発された技術であるが，金融にIT技術を活用するフィンテック分野を中心に応用が模索されている。なお，フィンテック（fintech）とは，金融を意味するファイナンス（Finance）と，技術を意味するテクノロジー（Technology）を組み合わせた造語であり，ICTを駆使した革新的な金融商品・サービスの意味で利用されている。
（羽田）

プロモーション・ミックス　新製品を顧客に購入してもらうためには，製品に関する情報を顧客に知ってもらう必要がある。そのための活動の総称がプロモーションであり，広告，セールス・プロモーション，人的販売，パブリシティの4要素から構成される。これらの要素の組み合わせは，プロモーション・ミックスと呼ばれる。広告とは，企業がコストを負担してメディア，インターネットなどに製品情報を提示する活動を指している。パブリシティとは，新聞や雑誌などのメディアに製品情報を掲載してもらう活動のことである。パブリシティでは，企業はプロモーションのコストを負担しないが，掲載するしないの決定権はメディア側にあることになる。人的販売とは，販売員が直接的なコミュニケーションによって製品情報を伝達する活動であり，詳細な製品情報の伝達と双方向のやり取りが可能である一方で，一度に多数の顧客に情報を提供することは困難である。セールス・プロモーションとは，プロモーション活動のうち，広告，パブリシティ，人的販売に属さない活動の総称であり，サンプリング，クーポン，景品の配布など多様な要素が含まれる。プロモーション・ミックスにおいては，これらの要素が顧客の購買行動に与える影響を考慮することが重要となる。
（金綱）

ベンチャー・キャピタル（venture capital）

ベンチャー・キャピタルとは，新技術やこれまでにないビジネスモデルなどで新規事業を開拓しようとしているベンチャー企業に対して投資や融資を行う金融機関のことである。ベンチャー企業は，中小零細企業が多く，中堅企業や大企業に比べ経営面と財務面において脆弱であり，ベンチャー・キャピタルは資金面で支援するとともに，経営面でもアドバイスを行うこともある。ベンチャー・キャピタルは，何らかの技術や優れたビジネスモデルを有し会社の成長が期待できる企業を発掘し，出資・投資を行うと同時に経営コンサルティングを行い，投資先企業の価値向上を図り，投資した企業が成長して株式を公開した後に株式を売却してキャピタル・ゲイン（株式等の当初の投資額と公開後の売却額との差額）を得ることを目的としている。ベンチャー・キャピタルは，以下のプロセスでベンチャー企業に対して投資を行う。①ファンド（投資事業有限責任組合）の組成，②ベンチャー企業への接触・審査，③投資の実施，④育成支援・情報提供，⑤資金回収。なお，投資先企業の動向次第で株式公開前に他社へ投資額を売却する場合もある。

（羽田）

ベンチャー・ビジネス（スタートアップ）

ベンチャー・ビジネスという表現は和製英語であり，実際にアメリカで使用しているのは，スタートアップ企業（start-up company），ニューテクノロジー・カンパニー（new technology company），ニュー・ベンチャー（new venture）などである。日本でこの概念が最初に紹介されたのは，1970年ごろである。ベンチャー・ビジネスに関する統一した概念は未だに見つからないが，共通のキーワードを拾うとしたら，①規模の面で中小企業であること，②高い技術力を持っていること，③強い企業家精神を有すること，④リスクを恐れないことなどに集約できる。ベンチャー・ビジネスは一般的な企業と同様，スタートアップ期，急成長期，成熟期，安定期という基本的なライフ・サイクルを有している。しかし，一般的な中小企業と異なってあえて高いリスクを負い，豊かなアントレプレナーシップによって率いる特徴を有しているため，資源需要が非常に旺盛である。これらの旺盛な資金需要を満たすために登場するのがベンチャー・キャピタルやエンジェルファンドであり，IPO（initial public offering）の成功後に期待されるストックオプションなどのインセンティブが重要な役割を果たすと考えられる。

（文）

変動費 (variable cost)

変動費とは，営業量（売上高や販売数量），生産量とともに直接変動する費用（原価）のことである。例としては，材料費，外注加工費，運送費などを挙げることができる。原価は変動費と固定費で構成されているが，原価を変動費と固定費に分類する代表的な方法は，以下の通りである。①勘定科目法　財務諸表の勘定科目ごとに変動費か固定費かを決定する。②高低点法　過去の総原価の実績データから，最高の営業量の時の実績データと最低の営業量の時の実績データを用いて，原価の推移が直線であると仮定して固定費と変動費率を求める。③スキャッターグラフ法（散布図表法）　横軸に営業量，縦軸に総原価をおき，過去の営業量と総原価の実績を記入した散布図を作成する。それらの点の中間を通る直線を求めて固定費と変動費率を求める。④最小二乗法　過去の営業量と総原価のデータで，数学的に回帰直線を求めて固定費と変動費率を求める。変動費を管理するためには，生産効率を高める必要がある。在庫品や仕掛品の削減，材料の歩留りの向上や廃棄損の削減，運搬効率の向上など，変動費の管理と生産現場の効率化は切り離せない関係にある。そのため，5Sを徹底したりQC活動を行うなど，現場のムリ・ムダの排除に取り組む姿勢が必要である。　（那須）

ポイズンピル (poison pill)

ポイズンピルとは，事前に既存株主に対して新株予約権を付与する，従業員に対してストック・オプションを付与する，またはそれらの措置を条項（「毒薬条項」）として定款に規定しておくことによって，敵対的買収から自社を防衛する手法のことをいう。買収者以外の株主に対して株式取得の権利を付与しておくことから，シェアホルダー・ライツ・プラン（shareholder rights plan）またはライツ・プラン（rights plan）とも呼ばれる。1980年代に米国で普及した最も代表的な買収防衛策である。1982年に弁護士のリプトン（Lipton, M.）が案出した。敵対的買収者による株式の買い付けが，発行済株式数の一定量を上回った段階でポイズンピルが発動されると，敵対的買収者以外の株主が権利を行使して新株を取得する，従業員がストック・オプションを行使して，あらかじめ決められた行使価額で自社の株式を取得する。これにより敵対的買収者の持株比率が低下するとともに，発行済株式数が増加することにより，買収コストが増加することから，敵対的買収が困難になる。仮に敵対的買収者が経営権を握ったとしても，その時点で新株予約権やストック・オプションが行使されれば，経営権を失うという事態も想定されることから，敵対的買収の抑止効果が期待できる。　（大野）

ポイント・オブ・プロダクション（生産時点情報管理）

生産現場において目に見えないロスを最小限にするために，それらのデータの形態を可視化して，迅速な対応ができるようにした情報管理の手法の一形態である。機械，作業者，ジョブなど情報の発生源において生じたデータを収集し，的確な指示ができるように情報システムとしての役割が期待される。このシステムを管理するために必要とされる情報源には，①機械，②治工具，③生産設備，④作業場，⑤作業者などがあり，実に幅広いポイントから吸い上げなければならない。これらの情報源は，かつては専用の端末を有していたが，無線LANの発達によりコンピュータベースに変換されつつある。実際に，このシステムは，工場管理・品質管理・稼働管理・安全管理など幅広い分野においてその利用の必要性が高まっており，特に顧客の要求に従ってフレキシブルに生産計画を変更するなど，経営環境の変化に迅速に対応するための不可欠なシステムとして注目されている。

(文)

ポジショニング （positioning）

ポジショニングとは，競合製品や競合他社に対して，自社を差別化するための市場における戦略的位置づけのことである。この考え方の基本は，どのような産業でも，市場には個別企業の努力だけでは克服できない構造的な力が働いているというものである。ポジショニング戦略では，業界の構造分析を踏まえて，外部環境要因がもたらす構造的な影響力を体系的に理解し，自社に有利な立ち位置を発見することを目的としている。ポーター（Porter, M.E.）が1980年に発表した『競争の戦略』は，ポジショニングの考え方の代表である。ポーターは，競争に影響を与える5つの要因として，①新規参入の脅威，②売り手の交渉力，③買い手の交渉力，④代替品の脅威，⑤業界内の競争状況，を指摘している。この競争要因を分析することで，自社がとるべき競争戦略が導かれるとした。またポーターは，この5つの競争要因に対処する場合，他社に打ち勝つための3つの基本戦略として，①コスト・リーダーシップ戦略，②差別化戦略，③集中戦略，を挙げている。ポジショニングの考え方に対する批判としては，経済的視点に偏っていること，比較的安定的な状況下における形式的分析がベースになっていること，学習のプロセスや組織・個人の創発性などが考慮されていないこと，等がある。

(那須)

ホスピタリティ・マネジメント （hospitality management）

ホスピタリティに関する概念は、ホテルや旅館、レストランといったサービス業を中心に欧米で発達した考え方である。ホスピタリティ・マネジメントは、ゲストの要求が明らかな時には標準化や規格化等の経営手法を適用してゲストの期待に応えることで、適正利益を獲得するマネジメントである。また、ゲストの想像を超えたところで、他に類を見ない製品やサービスを創造し提供していくことによって、ゲストと感動を分かち合うマネジメントである。すなわち、関係者による相互歓喜を目的とするマネジメントであるということができる。ホスピタリティ・マネジメントは、3つの要素から成り立っている。1つは、人間が生きていくうえで欠かせない礼儀、節度、態度、物腰、ルール、約束事などで、ホスピタリティ・マネジメントの土台として位置付ける。2つは、その土台の上に位置し、基本としてのサービス価値である。サービス価値を安定的に継続的に提供できることがクレームやコンプレインの減少につながる。そして3つは、ホスピタリティ価値を創造し提供することである。ホスピタリティ・マネジメントの目的とは、組織関係者が互いに成長し繁栄し、共に幸福感を感じ合うことである。　　　　　　　（馬場）

発起設立／募集設立

株式会社の設立方法には、発起設立と募集設立の2つがある。発起設立では、発起人が設立時に発行される株式の全部を引き受ける。通常、発起設立によって設立される株式会社は小規模のものとなる。募集設立では、発起人が設立時に発行される株式の一部を引き受け、残りの引受者を募集する。設立する会社の規模が大きく、発起人だけで全額出資が困難な場合には、株式引受人を募集する募集設立を選択することになる。ただし、募集設立は株式引受人がいることから、発起設立に比べると厳格な手続きが要求される。募集設立の発起人は資本金の払込み完了後、遅滞なく創立総会を開催し、出資払い込み履行の報告や設立時の取締役等の選任などを行わなければならない。また、設立登記を申請する際に出資の払い込みを証明する書面（銀行などが作成した払込金保管証明書）を添付する必要がある。金融機関は払込金保管証明書を発行すると、出資が仮装であった場合でも、会社から請求があれば払込金を返還しなければならないことから、発行手続きも慎重になり、時間を要する。これまで取引がない金融機関は、払込金保管証明書の発行に応じないこともある。　　　　　　　（青淵）

ホラクラシー　2007年にアメリカの起業家であるロバートソン（Robertson, B.J.）により提唱されたホラクラシー組織は，従来の中央集権型・階層型のヒエラルキー組織に相対する新しい組織形態で，階級や上司・部下などのヒエラルキーが存在しない，フラットな組織のマネジメント体系である。ホラクラシー組織では，意思決定機能が組織全体に拡張・分散され，組織を構成する個人には役職ではなく，各チームでの役割が与えられている。細分化されたチームに，それぞれ最適な意思決定・実行を行わせることで，組織を自律的にマネジメントするシステムである。また，この組織では，管理階層を少なくすることで意思決定の迅速化，管理コストの削減，組織構成員のコミュニケーション効率の改善などによって，プロジェクトチームの個々の構成員に，その役割に応じた意思決定の権限が与えられているため，何かを決定し実行するのに，上司の判断や決裁が必要ない。ホラクラシー組織は，人を管理しない，役割はあるが役職はない，自由度が高い，情報がオープンなどのメリットがある一方，情報漏えいのリスクが大きい，従業員の行動把握が困難，新しい従業員が組織にフィットするまでに時間がかかる，急激な規模拡大が難しいなどのデメリットもある。　　　　　　　　　　（郭）

ボランタリー組織（チェーン）　ボランタリー組織（チェーン）（以下VC）とは，複数の資本的に独立した小売業者が，個々の独立性は維持したまま連携して，商品の共同仕入れや保管・配送，プロモーション，従業員教育など，チェーンストアとしてのスケールメリットを得るために結成する共同組織をいう。チェーンストアのメリットも享受するために連携する経営形態であり，自発的連鎖店もしくは任意連鎖店などと呼ばれる。VCにおいて共同の利益をめざすうえでは，リーダーシップを誰が握るかが重要となり，一般的には小売業者が主宰するもの，卸売業者が主宰するもの，製造業者が主宰するものがある。国際的には，小売業者主宰のものをコーペラティブ・チェーンと呼び，卸売業者主宰のものをボランタリー・チェーンと呼ぶが，日本においてはいずれもボランタリー・チェーンと呼ばれている。米国では，1930年代からVC形成の動きが始まっていたが，日本では1960年代当時も本格的なVC普及には至っていなかったため，政策的な支援策を強化することによって，VC化の推進が図られた。VCでは，フランチャイズ・チェーンのように本部が存在し，本部が共同活動を計画し，加盟小売業者に対して政策的な支援策や経営指導を行う。　　　　　　　　　　（馬場）

ホワイトカラー・エグゼンプション (white collar exemption)

ホワイトカラー・エグゼンプションとは，特に日本において，ホワイトカラー労働者の労働規制を免除しようとすることである。さらに，時間給の規制を緩和し，労働時間に拘束されない賃金にしようとする用語として使用されることが多い。元々，アメリカの公正労働基準法で規定されている残業時間の残業代の割増率について，特定の条件を満たした労働者への支払いが除外される，ということに由来している。ホワイトカラー・エグゼンプションは，日本の労働生産性の向上を目的として，2007年の第一次安倍内閣の時に議論された。さらに，2015年の労働基準法改正で行われた「高度プロフェッショナル制度」がこれにあたる。生産性の向上や，良好なワークライフバランスが期待されている。反面，労働時間によって給料が左右されないため，ブラック企業のような過剰労働を招くという指摘がある。例えば，残業代が廃止されたとしたら，残業を減らそうとするようになるプラスの可能性もあれば，それによってコストのかからない残業を増やそうとするようになるマイナスの可能性もある。また，労働時間の規制を外すということから，「残業代ゼロ法案」といわれることも多く，議論が行われている。 〈小野瀬〉

ホワイトナイト (white knight)

ホワイトナイトとは，敵対的買収の対象となった企業を買収または合併により救済する友好的な企業のことをいう。ホワイトナイトによる救済策の1つは，TOBである。ホワイトナイトが，敵対的買収者の株式買付け価格を上回る価格によってTOB（対抗TOB）を実施することで，買収を阻止する。2つ目は，ポイズンピルの1つである第三者割当増資である。買収対象企業が新たに発行する株式をホワイトナイトが引き受けることによって，買収を阻止する。この場合，敵対的買収者が新株発行差止請求によって対抗してくる可能性がある。また，買収対象企業が第三者割当増資を引き受けるホワイトナイトに利益を供与すると，会社法に違反する可能性がある。ホワイトナイトが買収対象企業を救済する一般的な動機としては，買収対象企業との取引関係が損なわれるリスク，市場シェアが低下するなど，敵対的買収者との競合関係が不利な状況に陥るリスクなどの回避である。ホワイトナイトが買収対象企業の経営の独立性を維持する場合や，友好的な企業が一部の株式を取得する場合がある。これらの企業をホワイトスクワイア（white squire）という。また，敵対的買収者が目的とする資産や重要な資産をホワイトナイトに譲渡する買収防衛策を，クラウンジュエル（crown jewel）という。 〈大野〉

ま

`マクロ組織論` マクロ組織論は，組織そのものあるいは組織間や組織と環境の相互作用に焦点を当てて組織レベルの行動変容を探求する学問領域を意味する。一方でミクロ組織論と呼ばれる領域は，チームなどの組織内の集団あるいは個人レベルに焦点を当てる考え方である。マクロ組織論の考え方は，官僚制に代表されるように組織目的を合理的に達成するための組織構造や組織プロセスの探求から始まっているとされる。その後，組織は環境との相互作用によって理解されるようになり，コンティンジェンシー理論と呼ばれる考え方が登場する。コンティンジェンシー理論とは，唯一最善の組織は存在せず，最適な組織構造や管理手法は環境との適合によって説明されるという考え方である。その後，組織間関係あるいは組織と環境に焦点を当てたさまざまな理論が発展を遂げている。組織間関係では，例えば資源依存理論は組織の資源依存と組織間のパワー関係に着目する理論である。また，組織と環境に焦点を当てるものに制度理論がある。制度理論は，社会的規範が組織の行動変容にどのような影響を与えるのかに着目する領域である。その他，ネットワーク理論，取引コスト理論，組織エコロジー理論，組織学習などがマクロ組織論として位置付けられる。組織間の競争のメカニズムを明らかにする競争的相互作用もマクロ組織論と位置付けられる。　　（安田）

マーケットセグメンテーション（market segmentation）

マーケットセグメンテーションとは市場細分化を意味し，商品やサービスごとに異なる市場と定義し，顧客を細分化することで，顧客へ働きかける方法を明確にすることである。顧客は，地域や購買力，欲求，購買態度，購買慣行などによって異なっており，それぞれの市場に細分化できる。特定された市場セグメントに対する働きかけの基本パターンとしては，①無差別マーケティング，②分化型マーケティング，③集中マーケティングがある。無差別マーケティングでは，市場を単一の同質的なものと捉え，単一の製品，同じマーケティングミックスを提供する。無差別マーケティングの基本戦略は「規模の経済性」である。そのため，コスト・リーダーシップ戦略と結びつく場合が多い。分化型マーケティングは，市場全体が複数の異なるセグメントから構成されていると捉え，各セグメントに異なるマーケティングミックスを提供していく。これにより顧客ロイヤルティを高めることができるが，個別対応や多様化への対応により，コストが上昇する場合がある。集中マーケティングでは，分化型マーケティングと同様に，市場全体が複数のセグメントから構成されていると捉え，その中から自社がターゲットとする1つまたは少数のセグメントを選択して，そこに集中する。集中マーケティングの場合は差別化が重要であり，特殊なセグメントで圧倒的な強みを発揮している企業が多い。(那須)

マーケティング・オートメーション（marketing automation）

マーケティング・オートメーションとは，文字通り「マーケティング（売れる仕組み）」を「オートメーション（自動化・最適化）」することである。2000年代から，主にアメリカで広がりを見せた概念であるが，国内では2014年頃より急速に発展してきた。マーケティング活動には段階があり，まず見込み顧客（リード）を獲得し育成する。そして育成したリードへの営業活動により受注し顧客化する。この一連の段階におけるアクションを一貫して統合管理し，自動化・最適化するということが，マーケティング・オートメーションの目的である。まずリード獲得段階では，主に展示会やネット広告などを実施する。次いでリード育成の段階では，メール配信やwebアクセス履歴管理，主催セミナーの参加管理等のアクションを実施してリードを育成する。そしてリード育成から営業活動の段階では，主にリード管理の一環として，リードを点数化するスコアリングや優先リードへのコミュニケーション等のアクションを実施して受注へとつなげる。近年，これらの一連のアクションがすべて集約されたプラットフォームツールやサービスが多く提供されている。(小具)

マーケティング戦略 (marketing strategy)

マーケティング戦略とは，特定のニーズを持った標的市場に対して，マーケティング・ミックス (product, price, promotion, place：4P) を決定し，それをマーケティング活動として実行・管理することである。そのための枠組みがSTPといわれ，Sはsegmentation（市場細分化），Tはtargeting（標的設定），Pはpositioning（ポジショニング）である。同じようなニーズを持つ顧客グループに市場を細分化し，それらの中で標的を設定するのが市場細分化と標的設定である。そのうえで，選ばれた市場標的に向けて，競争優位をもって，差別的な価値をどのような方法で提供していくかが決められる。つまり，自社のビジネスや特定ブランドを顧客のニーズに合わせると同時に，競争企業あるいは競争ブランドとの差別化を行いながら顧客の記憶の中にユニークに位置付けることがポジショニングである。マーケティングは，複数の手法や活動を統合的に展開することによって実現する事象であるため，マーケティング戦略の立案にあたっては，システムとしての2つの適合が必要となる。第一は，ターゲットとマーケティング・ミックスの適合であり，第二は，マーケティング・ミックス要素間の適合である。 〔馬場〕

マーケティング・ミックス (marketing mix)

マーケティング・ミックスとは，設定されたマーケティング目標を達成するために，マーケティングの構成要素を有機的に統合することである。マーケティングの構成要素は伝統的に，product, price, promotion, placeの4つのカテゴリーに分類されており，それぞれの頭文字をとって，4Pと呼ばれる。マーケティングは，顧客との関係の創造と維持に関わるものであり，その関係の中心には，製品やサービスがあり，それらを通じて顧客が求める効用や便益を提供できる。さらに，顧客が必要としたときに，いつでも，どこでも自社の製品やサービスを購買できるようにしておく必要がある。そして，自社の製品やサービスを消費者に知ってもらい，その評価を高めるための情報提供も求められる。あるいは，製品やサービスの価格や支払い方法に関しても留意しなければならない。近年，企業サイドだけではなく，顧客の視点に立った新しい概念として登場したマーケティング・ミックスが4Cである。4Cは，顧客にとっての価値（consumer value），顧客にかかるコスト（cost），顧客との対話（communication），顧客にとっての利便性（convenience）という4要素で構成されている。それらすべてが顧客発想に基づくものとなっている。 〔馬場〕

マーケティング・モデル（marketing models）
マーケティング・モデルとは，企業におけるマーケティング戦略の策定のため，マーケティングに関する複雑な現象を言語や図形，記号等によって単純化して表すことをいう。マーケティング・モデルの分類方法として，非明示的モデル，散文モデル，論理フローモデル，数学的モデルといった一般的分類と，消費行動モデルや広告効果測定モデルといった問題領域別分類，そしてORモデル，行動科学的モデル，エコロジカルモデルといった理論別分類などがある。また，マクロ，ミクロという分類や，特定領域に関する研究者の名前による分類も存在する。マーケティング領域としては，価格決定，需要予測，流通向けプロモーション管理，消費者プロモーション評価など，マーケティング変数の効果測定と意思決定が主要な分野において，数理的な分析手法やモデルの実務的な活用が進んでいる。その背景には，小売店舗へのPOSシステムの導入がある。クレジットカードやポイントカードの普及，インターネットによるオンラインショッピングの進展により，POSデータ以外にも消費や購買に関する大量のデータが活用可能になり，マーケティング・モデルの実務的貢献の可能性が広がっている。

〔馬場〕

マーケティング・リサーチ（marketing research）
マーケティングに係る意思決定を行うために必要な情報を収集する調査のことである。市場調査とも呼ばれる。具体的な手順としては，①調査目的の明確化，②調査デザインの設計，③調査データの収集方法（調査手法）の検討・決定，④調査仮説（Research Question）の設定，⑤実査，⑥調査データの収集・分析，⑦調査結果報告書の作成といった手順で進められるのが一般的である。調査手法としては，大きく数量化が困難な，質的データを収集する手法である定性調査と数量的なデータを収集する手法である定量調査とに分類される。定性調査にはフォーカス・グループ・インタビュー（FGI）とデプスインタビューがある。前者は主に初期の仮説を設計する際に用いられることが多く，後者は主に定量調査後の傾向に関する追跡的ないしは追加的な事実を検証するために用いられることが多い。また定量調査の代表的な実査手法としてはアンケート調査であり，あらかじめ設計している調査仮説を検証するために用いられることが多い。訪問して面接しながら実施する訪問面接調査，訪問して調査票を留置し，後日回収する訪問留置調査，電話を利用して実施する電話調査，調査票を郵送して実施する郵送調査，webを利用したインターネット調査などがある。

〔小貝〕

マザー工場 メーカーが国外に工場を設立して事業を拡大していく際,それを支援するための高い技術力・開発力・マネジメント力・投資判断力などを備えた工場をいう。マザー工場は本国に置かれることが多く,現地に適した技術を提供し,技術者・管理者を派遣して支援する。生産拠点の国外移転に伴い産業の空洞化が危惧されるが,既存の国内工場の位置づけを明確にしておくという考え方から始まった。マザー工場は,国外での工場生産に先立っての試作工場のあり方の1つであり,国内で開発した製造技術を最初に適用する役割を担った工場という位置づけだけでなく,開発拠点や製造技術の向上を担う。日本の製造業の強みである匠の技術や最先端の製造ノウハウを生かして経験した工場を国内で確立させる。そこでは製品を試作販売しながら,工程を熟成する。マザー工場で確立した製造技術全体を国外工場に移転させて量産化を進め,グローバル生産で利益を出してゆくというシナリオである。ものづくりを生み出す世界の中心的存在として,日本は生きてゆくべきであるというメッセージがマザー工場には込められているといえる。マザー工場で国外工場の人材トレーニングを行うこともある。 (高垣)

マザー・ドーター組織 ヨーロッパの多国籍企業は,伝統的に,創業者の一族を海外子会社のトップとして派遣し海外子会社を管理してきた。このように一族によって海外子会社を管理する組織を,マザー・ドーター組織(mother-daughter organization)と呼んでいる。マザー・ドーター組織がヨーロッパの多国籍企業で広く採用されていたのは,ヨーロッパの多国籍企業が活動を海外に広げていた19世紀においては,交通や通信手段が発達しておらず,海外子会社を管理する合理的なシステムもまだ創り上げられていなかったためである。こうした状況の下では,信頼できる一族を海外子会社に派遣し,経営の自由裁量権を与えながら海外子会社を管理する方式が適切であった。ただし,こうしたマザー・ドーター組織は,1970年代には廃止されていく。それは,交通・通信手段などが発達し,本社からの管理も容易になっていったためである。ただし,マザー・ドーター組織の廃止以降も,多くのヨーロッパの多国籍企業は,本社からの指揮は最小限にし,海外子会社に経営の権限を与えながら管理を行うという方式がとられてきた。こうした海外子会社の管理方法は,各国市場の相違に適応させながら事業を行うという点で優れた方式と考えられている。 (金綱)

マス市場／ニッチ市場（戦略）

ニッチとは，元々，像や花瓶を置いておく壁のくぼみを意味する言葉であり，ニッチ市場（niche market）は，いわゆる市場の隙間である。市場をできるだけ異質性により細分化し（セグメンテーション），消費者ターゲットをはっきりと絞り込み，特定のニーズに合致するユニークな製品・サービスを提供することで，限られた経営資源で効果的に成果を上げることができる（ニッチ戦略）。ターゲット・マーケティング，あるいは集中マーケティングと呼ばれる。消費者を限定するため，ニッチ市場は比較的小規模であり，規模の経済（スケールメリット）が追求しにくい。したがって大企業による参入や追随が少ない，競争がほとんどない空間になる。市場の隙間といわれる所以（ゆえん）である。ニッチ戦略と違って，市場をできるだけ同質的なものと捉えて細分化せず（マス市場：mass market），すべての消費者が満足するような標準的な製品・サービスを提供し，大量生産・大量販売に基づく規模の経済を追求することで競争優位を獲得することができる。マス市場とは，いわゆる大衆である。T型フォードのようなコスト・リーダーシップ戦略が代表的である。マス・マーケティング，あるいは無差別マーケティングと呼ばれる。

(松村)

マーチャンダイジング／マーチャンダイザー（merchandising／merchandiser）

アメリカ・マーケティング協会は，マーチャンダイジングを「企業のマーケティング目標を実現するために，最も役立つように，適正な商品またはサービスを，適正な場所で，適正な時期に，適正な数量を，適正な価格で，市場に提供するための計画と統制をすること」と定義している。マーチャンダイジングは，もともと小売業の商品構成計画とその実行を意味する用語であるが，マーケティング計画に基づいて，需要に適合させるだけでなく，新しい需要をつくり出すことも目的としている。企業においては，ブランド商品企画を意味し，小売業においては品揃え計画を，そして生産企業が使用する場合は，製品化計画を意味している。特定のブランドや商品などのマーチャンダイジングについて，企画から実行に至るまでの業務の管理と数値責任を持つ担当者のことをマーチャンダイザーという。マーチャンダイザーは，メーカーや小売業などで商品の開発や販売に関する計画の管理，さらには予算管理といった業務を担当する。具体的には，市場調査や売上の動向について分析し，新商品をどのように開発するか計画を立てる。商品開発後は，プロモーション活動を行うなど業務範囲は広く，流通業において欠かせない役割を担っている。

(馬場)

マトリックス組織 (matrix organization)

マトリックス組織とは，職能別組織（職能部門制組織）とプロジェクト型組織（あるいは事業部制組織）を組み合わせた組織形態のことをいう。職能別組織の安定性とプロジェクト型組織の機動性を融合し，環境変化に柔軟に対応することをめざした組織形態である。マトリックス組織は，1960年代にアメリカ航空宇宙産業の大プロジェクトを実行するために初めて採用された。縦に職能別組織を，横にプロジェクト型組織を編成する2重組織となるため，組織メンバーは同時に2つの異なる部門に所属するワンマン・ツーボスのシステムである。例えば，多国籍企業が地域別組織と製品別組織からなるマトリックス組織を編成した場合に，社員は所属する地域部門の責任者と製品部門の責任者から同時に指揮命令を受けることになり，2人の責任者から出される命令の調整が必要となる。また，予算編成や人事などにおいても，2つの部門の利害調整を最適化するための制度設計が課題となる。さらに環境変化に柔軟に対応するためには，マトリックスの管理単位の組織を小さくすることや，管理単位の組み合わせや統廃合を柔軟にできるようにすることが課題となる。 (大野)

マネジメント・コントロール

マネジメント・コントロールとは，マネジメント・サイクルを形成する重要な管理機能の1つであり，経営統制とも呼ばれる。その意味するところは，経営における職務執行を，あらかじめ策定された計画に一致するように，あるいは設定された基準や目標が達成されるように指導，監督することである。伊丹敬之は，こうしたマネジメント・コントロールを「人に任せて，任せ放しにせず」と端的に表現し，その本質は「階層的な意思決定システムにおいて下位者に対して上位者から権限委譲された意思決定を上位者がコントロールしていく」点，すなわち他者に委譲された意思決定のコントロールであるとしている。伊丹によれば，こうしたマネジメント・コントロールは「影響活動」，「直接介入」，「選別」といった3つの活動から構成される。影響活動とは，情報提供や達成水準の設定，組織目標の内面化などを通じて従業員や部下など下位者の意思決定の過程を構成する「意思決定前提」やその他の要因に対して，上位者にとって望ましい影響を与えようとする活動である。直接介入とは，下位者の意思決定に対し上位者がより直接的に介入し，命令や指令を通じて統制することである。さらに選別とは，下位者の適性や能力の評価や査定とその結果に基づく昇進や配置転換といった行動であり，人事考課や人事評価といった活動として実施される。 (山中)

マネジメント・プロセス

マネジメント・プロセスとは，管理者の職能や職務の過程であり，そうした管理サイクルや管理過程の視点から管理を論じる一連の理論的系譜である。管理過程論は，ファヨール（Fayol, J.H.）に端を発し，クーンツとオドンネル（Koontz, H. & C. O'Donnell）によって体系化，発展され，経営管理論の代表的理論の1つとなっている。ファヨールは，個人的な経験に依存する非科学的な「経験的管理法」に代えて，観察・実験・推論の実証的方法に立脚した「実証的管理法」を確立することを自らの究極の課題とし，全般的な経営管理の概念的枠組みを最初に構築し，管理過程論の基礎を築いた。彼は，管理活動は企業の本質的活動の1つであり，管理を「予測し，組織し，命令し，調整し，統制すること」であると捉えた。クーンツとオドンネルは，管理プロセスの理論には体系的な枠組みが欠如しているという問題意識から，「管理の基本的な知識を秩序立てて紹介するための概念的な枠組を提供する」ため，『経営管理の原則』を著した。彼らは管理とは「人々を通じて物事を成し遂げる職能」であり，「集団の目的を達成するうえに必要な組織的な努力のための内的環境を作る仕事」であると定義した。その上で，管理者の職能を「計画化」「組織化」「人事」「指揮」「統制」という一連の過程からなる活動として，マネジメント・プロセスの枠組みを提示した。

(山中)

マネジリアル・マーケティング（managerial marketing）

顧客ニーズを満たすことを目的として，経営者の視点から企業のマーケティング活動を統合・管理し，企業活動の中心に位置付けるという考え方であり，レイザー（Lazer, W.）とケリー（Kelly, E.J.）により1958年に出版された『マネジリアルマーケティング』の中で提唱された概念である。市場が飽和し競争が激化する局面では，顧客のニーズに適合した製品を提供するというマーケティング・コンセプト（顧客志向）が必要となる。当該志向による企業間の新製品開発競争の激化とこれに伴う費用の増大により，次第にマーケティング活動は，1人のマーケティング部門の管理者が管理する範囲を超えるようになった。このため，企業のさまざまな部門を横断した検討や連携が必要となり，多くの関係部門を調整し統合・管理するために，経営者による全社的な意思決定が求められるようになったというのが，マネジリアル・マーケティングの考え方が発生した経緯である。この考え方が起点となり，マッカーシー（McCarthy, E.J.）によるProduct（製品・サービス），Price（価格），Place（チャネル・拠点），Promotion（広告・宣伝）からなる4Pが構築された。

(小貝)

マン・マシン・システム（man machine system）

ある目的を遂行し達成するために，人間と人間が操作する機械と装置の相互の長所や特徴を生かした役割分担と，それらの調和などを考慮して適切に機能するように構成されるシステムである。このマン・マシン・システムは人間工学に由来し，サイバネティックス（cybernetics）または人工頭脳学の分野において，通信工学と制御工学を融合して生理学，機械工学，システム工学を統一的に扱うことを意図した学問領域である。サイバネティックスはウィーナー（Wiener, N.）によって提唱され，恒常的性質を持った自動制御システムによって動物と機械との共通の側面を取り出そうと試みた。これは人間をモデルとする機械の開発と機械をモデルとする生物体の研究を促進することにつながり，人間と機械の有機的な結合システムとしてマン・マシン・システムの研究の契機となった。現在では，システム工学やロボットの理論として展開されているが，AI（artificial intelligence）と呼ばれる人工知能が注目を浴びている。このAIは，もちろん社会のニーズや需要を伴うものであるが，人間と機械の相互の長所や特徴を生かした役割分担と，これらの調和がどの程度の関わり合いを持つのかが議論の的になっている。 　　　　　（當間）

ミクロ組織論

ミクロ組織論とは，チームなどの組織内の集団あるいは個人レベルの行動変容を探求する分野のことを意味する。一方でマクロ組織論と呼ばれる領域は，組織そのものあるいは組織間や組織と環境の相互作用に焦点を当てる組織レベルの行動変容を探求する分野である。ミクロ組織論は，組織論の発祥の地である米国では組織行動論（organizational behavior）と称される。組織行動論の起源は，ホーソン実験と呼ばれる一連の実験の成果に基づいて展開された人間関係論である。ホーソン実験とは1924年から1932年まで職場の物理的環境条件が従業員の作業効率にどのような影響を与えるのかを目的に行われた実験で，作業効率は物理的環境条件ではなく職場の人間関係によって説明されることが発見された。組織行動論における個人レベルの研究としては，人間関係論の登場後に発展を遂げた，期待理論や動機付け衛生理論に代表されるモチベーションを説明する要因や，限定合理性を背景とする個人の意思決定を分析する領域が存在する。チームを対象としたものでは，効果的なチーム構成に関する研究，コミュニケーション，リーダーシップ，パワーとコンフリクトが主な関心領域となっている。ミクロ組織論の多くは，社会学，心理学をディシプリンとした学問領域である。 　　　　　（安田）

みなし労働時間制／裁量労働制 (discretionary working system)

みなし労働時間制とは，使用者が労働者に対して直接，指揮命令の実施や正確な労働時間を把握することが困難な場合，あらかじめ会社がさだめた「みなし時間」を労働者が働いたものとして取り扱う制度である。みなし労働時間制には，事業場外みなし労働時間制と裁量労働制の2種類がある。裁量労働制は，専門業務型裁量労働制と企画業務型裁量労働制がある。事業場外みなし労働時間制は，労働者が業務の全部または一部を事業場外で従事し，使用者の指揮監督が及ばない場合に適用できる。専門業務型裁量労働制とは，業務の性質上，業務遂行の手段や方法，時間配分等を大幅に労働者の裁量にゆだねる必要がある業務として厚生労働省令および厚生労働大臣告示によって定められた19業務の中から，対象となる業務を労使で定め，労働者を実際にその業務に就かせた場合，労使であらかじめ定めた時間働いたものとみなす制度である。これを導入するためには，事業場の過半数労働組合または過半数代表者との労使協定の締結が必要である。企画業務型裁量労働制とは，事業運営上の重要な決定が行われる企業の本社などにおいて，企画・立案・調査および分析を行う労働者を対象としており，2000年4月より施行された。

(那須)

ムーアの法則 (Moore's law)

ムーアの法則とは，半導体の集積密度が2年間でおよそ倍になるとする半導体性能の向上についての将来予想である。集積密度が高くなると，その分コンピュータが高性能化，小型化する。例えば，大型コンピュータで処理されていた作業が小さな端末でもできるようになる，といった予測があったが，スマートフォンなどで実現している。処理に時間がかかっていた映像が素早く処理され手軽に見ることができるようになる，という予測もあったが，これも実現している。そのため，この用語は半導体産業の技術予測のみならず，生活スタイルやビジネスの変容を予測するものとして広く受け入れられた。この法則の由来は，インテル創業メンバーのムーア (Moore, G.E.) が1965年に論文上で示したことにある。そこでは，集積回路の製造・生産についての将来予測が示された。その後，ミード (Mead, C.A.) によって「ムーアの法則」と名付けられたこの予測は，関連産業界を中心に広まった。2010年代中盤，半導体の微細化がとどまり，ムーアの法則が途絶えるという見方もあった。

(小野瀬)

無限責任／有限責任（unlimited liability／limited liability） 会社が倒産した場合に，会社に帰すべき債務を出資者に求めることができるかどうか，その責任範囲に応じて無限責任と有限責任に分けられる。無限責任とは，出資者の出資範囲とは関係なく，出資者が全財産をもって会社の債務の履行に責任を持つことである。会社の債務が無くなるまで，出資者は返済の義務を負う。そのため，もし会社の財産で債務を完済することができなければ，出資者個人の財産で債務を返済しなければならない。有限責任とは，出資の範囲を限度として，債務の弁済責任を持つことである。そのため出資者が出資した金額は戻ってこないが，個人財産を処分してまで会社の債務を返済する必要はない。合名会社の出資者は無限責任を負い，財産以外にも信用・労務による出資が認められる。合資会社では，会社の経営を担当する責任と義務を持つ無限責任社員と，会社の経営に対する責任と義務を負わない有限責任社員が出資者として存在する。無限責任社員の出資は財産以外にも信用・労務による出資が認められるが，有限責任社員の出資は財産出資のみ認められる。合同会社，株式会社の出資者は，出資額を限度として責任を負う有限責任であり，出資は財産出資のみ認められる。 (那須)

無体財産権 無体財産権とは，発明や考案，創作や営業上の信用などの非有体物を支配する権利のことで，産業財産権である特許権，実用新案権，意匠権，商標権と，著作権を総称したものである。知的財産権や知的所有権，無形資産ともいわれる。特許権は有用な発明に対する財産権であり，一定期間の独占的使用権が認められる。実用新案権は物品の形状や構造，組み合わせなどの考案であり，自然法則を利用した技術的思想の創作と定義される。意匠権は新規性と創作性がある物品の形状・模様・色彩といった工業デザインである。商標権は製品やサービスの出所を識別・表示するための標識（トレードマーク・サービスマーク）である。従来は，産業財産権で自社の技術等を他社が使用できないようにしていたが，技術革新が速い近年は，取得した産業財産権を他社に有償で開放し，収入を得る企業も見られる。著作権は自らの思想・感情を創作的に表現した著作物を排他的に支配する財産権であり，複製権，上演権および演奏権などの支分権からなる。著作者はすべての支分権を有しており，支分権ごとの譲渡も可能である。著作権は産業財産権と異なり，創作した時点で権利が生まれる。無体財産権は将来キャッシュフローの獲得が期待できることから，資産性を有する無形物と考えられる。 (青淵)

メセナ (mécénat)

メセナは、芸術文化への支援を意味し、古代ローマ時代の皇帝アウグストゥスに仕え、詩人や芸術家を庇護したマエケナス（Maecenas）の名に由来している。日本では、「日仏文化サミット'88〜文化と企業」を契機に企業メセナ協議会が1990年に発足した際、「即効的な販売促進・広告宣伝効果を求めるのではなく、社会貢献の一環として行う芸術文化支援」という意味で「メセナ」という言葉を導入し、一般に知られるようになった。その後、「企業が行う社会貢献活動」といった広義の意味で使用されるようになった。メセナ活動は、バブル時代に投資の目的として利用されることで一部の企業活動が注目されたりしたが、今では、多くの企業に広がり、企業の社会的責任（CSR）の一環として文化支援活動を行う企業が増えている。メセナは、文学、音楽、美術、演劇、舞踊、建築、映像、伝統芸能、文化遺産・歴史的建造物、生活文化など、多岐にわたる芸術分野で行われている。多様化するアートそのものの変化を受け、メセナ活動もまた変容している。したがって、企業メセナは、文化活動の主催、資金の提供、非資金援助、文化施設運営、コンクールなどの顕彰事業、企業財団の設立、などの多様な取組みが行われている。

（郭）

メタナショナル経営

メタナショナル経営とは、自国での優位性に立脚せず、世界各地に散在する知識資源を活用することによりイノベーションを創出し、グローバルな規模で価値創造活動を展開することにより競争優位を構築する経営モデルのことをいう。バートレットとゴシャール（Bartlett, C.A. & S. Goshal）が提唱したトランスナショナル経営は理念型にとどまり実現可能性が低い点などの問題点が指摘される中、ドーズ、サントスとウィリアムソン（Doz, Y.L. Santos, J. & P.J. Williamson）が、知識経済における多国籍企業の新たな経営モデルとして提唱した。彼らは、メタナショナル経営には、自国至上主義、既存の力関係、現地のための現地適応などの既成概念から解放されることが必要と指摘し、メタナショナル経営のプロセスとして、「察知」、「流動化」、「事業化」を示した。察知は、各国の拠点において現地特有の知識資源を競合他社に先駆けて確保する段階で、新技術や新市場を予測する能力とそれらに関連する知識を入手する能力が求められ、流動化は、各国の拠点で確保した知識資源を結合する段階で、入手した知識を本国や第3国に移転し、融合してイノベーションにつなげる能力が求められ、事業化は、流動化によって創出された新たな知識資源を日常のオペレーションに変換・活用する能力が求められる。

（大野）

メンター(mentor) 仕事（または人生）において，自分自身の職務やキャリアにおいて，手本となる人，指導する人あるいは助言を行う人という意味で用いられる概念のことである。換言すれば，仕事や職場の人間関係について，新入社員などに精神的にサポートをするのがメンターと呼ばれる。人材育成の手法の中で，このメンターは位置付けられる。知識や経験の豊かな先輩が，後輩社員（メンティ：mentee）に対して，原則として1対1の関係を築き，メンティのキャリア形成において課題や悩みについて，メンターがサポートする制度である。このメンターは，メンティの直属の上司以外の人物であることが一般的である。2人は定期的に面談（メンタリング）を重ねながら，メンティ自身が課題を解決し，悩みを解消していきながら，仕事（または人生）における意思決定を行うようにサポートをしていくものである。ある一定の期間が経過しメンティが経験を積んでいくと，メンティが次のメンターとなって新たなメンティを支援する側にまわることになる。このように，人のつながりを次々に形成していくことをメンタリングチェーン（mentoring chain）という。日本においては，職場におけるOJT（on-the-job training）と呼ばれる制度がもとになっている。 (當間)

メンタルヘルス(mental health) メンタルヘルスとは，心の健康のことである。仕事に関連するさまざまなストレスなどから心の健康が損なわれないよう，企業はメンタルヘルスに対する対策を講じる必要が高まっている。平成23年には厚生労働省が「労働安全衛生法の一部を改正する法律案」を国会に提出した。これによれば企業は，医師または保健師による労働者の精神的健康の状況を把握するための検査の実施義務，検査の結果を通知された労働者が面接指導の申出をしたときは，医師による面接指導の実施義務，必要な場合には作業の転換，労働時間の短縮その他の適切な就業上の措置を講じなければならない。また厚生労働省は，企業がメンタルヘルス対策を実施する指針として，セルフケア，ラインによるケア（職場環境改善や職場復帰支援など），事業場内産業保健スタッフ等によるケア，事業場外資源によるケアを進めることが重要だとしている。メンタルヘルスケアを実施する際の留意事項として，①心の健康問題の特性，②労働者の個人情報の保護への配慮，③人事労務管理との関係，④家庭・個人生活等の職場以外の問題，⑤メンタルヘルスケアの教育研修・情報提供，⑥職場環境等の把握と改善，⑦メンタルヘルス不調への気づきと対応，⑧職場復帰における支援，といったことを挙げている。 (那須)

目標管理制度 (management by objective ; MBO)

目標管理制度とは、組織目標と個人目標を統合して目標を設定し、この目標を基準にして、評価期間中の業績の達成度を評価する人事考課の方法である。これにより組織が目的に向かって行動するとともに部下の自主性を引き出し、効率的な組織運営を実現することを目的とする。目標管理制度の手順は、①評価期間のはじめに上司と部下の間で業務目標を決める、②期の途中で経営目標の変更があれば、それに合わせて業務目標を修正する、③評価期間の最後に、業務目標に対する達成度によって業績を評価する、である。また目標を設定する際には、個人の目標が経営目標と関連していること、目標の内容が明確・具体的であること、目標の達成度が計測可能であること、達成可能で適切なレベルの目標であること、時間軸の設定があること、達成方法を明記できること、などを考慮する必要がある。業績評価では、目標の達成度と困難度の2つの要素を組み合わせて評価することとなる。目標管理制度は、組織内のコミュニケーションを強化するといった利点もあるが、問題点としては、①評価期間で確実に達成できると思われる目標をあらかじめ設定してしまうこと、②管理部門のように目標や達成度を設定しにくい部署があること、が指摘されている。

(那須)

持株会社 (holding company)

複数の企業の株式を保有することによって、それらの企業の事業活動を支配することを主な事業目的として設立された会社のことをいう。欧米では一般的な事業形態として利用されている持株会社は、傘下にある事業会社の経営戦略の立案に携わり、自らは事業を行わないのが特徴である。その類型は、事業を行わない純粋持株会社と、事業を行う事業持株会社に大別される。この制度は、比較的に小額の資本で大規模の事業会社を支配できる点、傘下企業の独立性を維持しながらグループ全体の統一的支配が可能な点などのメリットがあり、19世紀末以降、米国においては急速に普及していた。日本において純粋持株会社は、戦前、三井や三菱などのオーナー一族が支配する財閥本社がこれらの機能を担当したが、戦後、財閥は解体され、純粋持株会社も独占禁止法によって全面禁止された。独占禁止法の改定により、事業持株会社の株式保有も制限された。その後、持株会社の設立が解禁されたのは1997年12月であった。近年、日本では、銀行や証券など事業区分の垣根を越えた再編が加速する金融機関を中心に持株会社の導入が進められているが、今後は、さまざまな事業を営む電機や商社分野においてもその導入の本格化が予想される。

(文)

持分会社 (equity company)　持分会社とは，会社法によって規定されている企業形態のうち，合名・合資・合同会社のことをいう。株式会社が，出資者である株主が持っている権利のことを株主権と呼ぶのに対し，これらの3つの企業形態では社員の地位のことを持分という。人的集約企業と資本集約企業の場合は，個人企業の限界を克服するために，共同出資者からの出資を受け入れることができる。前者の人的集約企業は持分会社ともいわれ，合名会社・合資会社・合同会社という3つの形態間では組織変更が柔軟に行えるようになっている。しかし，その分，企業の運営に関しては，共同出資者間の話し合いで決定しなければならない「合議制」へと移行するような制約も生じる。合名会社と合同会社は一人会社（出資が一人）としての設立が許可されるのに対し，合資会社は一人会社の設立は認められないことが，会社法で定められている。そういった意味では，所有と経営の一致が見られる。また，会社運営に関しては，人的集約企業が会社内の成員間で定めた定款によって自由に運営ができるのに対し，資本集約企業は会社法によって定められている規定によって運営が制約されている。　　　　　　　　（文）

モノのサービス化　ワープロ専用機のように単機能の機器（物理財）が，汎用機の一アプリケーション（情報財）に代替され，それがクラウド「サービス」として提供されるようになった。このように，元々モノとして供給されてきた便益がサービスによって代替される現象が，モノのサービス化である。スマートフォンやタブレットといった安価かつ操作が安易な汎用機の普及により，キャッシュレジスターなど多様なモノがサービスへと置き換わっている。また従来，カセットテープやCDなどのパッケージに収録されたモノとして供給されてきたコンテンツも，ストリーミング「サービス」として供給されるようになっている。供給形態の変容は，都度買い切りという収益スキームを，月額課金等のサブスクリプションモデルへと転換させている。この変化により，ユーザーは少ない初期費用で利用を開始できる。また供給者は，継続的に収益を得ることが可能になると同時に，継続的にアップデートを実施することで競争優位性を高め続けることができる反面，運用コストを継続的に負担しなければならない。インターネットを介した供給が可能になることにより物流コストが小さくなることから，供給に対する参入障壁が下がり，多様な主体が供給を担うようになる傾向が生じる。　（深見）

最寄り品／買回り品／専門品 (convenience product／shopping goods／specialty goods)

最寄り品とは，購買頻度が高く，習慣的に購入するものであり，単価は小額で，購買のための時間に長時間かけることはしない商品をいう。最寄りの商店で購買される商品で，タバコ，新聞・雑誌，食料品，薬・化粧品など，普通の日常用品を指す。買回り品は，購入の過程で，品質や価格，商品特性などを比較検討して各店を買い回るような商品で，購買計画を立てて購買される特徴がある。家具や衣料品，家電製品などが買回り品に分類される。流通量は最寄り品ほど多くなく，少数の店舗で選択的に販売される。価格やデザイン，性能，品質など顧客の好みは多様なため，専門知識や技術を持つ販売員が顧客の相談に乗れるような人的販売が有効である。専門品とは，独自のブランド・アイデンティティを持ち，高単価で消費者は購買まで十分な努力をかけようとし，特別な好意を抱く商品のことをいう。高級自動車や高級ファッションブランドなどが専門品に分類される。専門品は，商品の物理的特性で選択されることは少なく，ブランドが創出する世界観に共感する消費者にプロモーションをすることによって，高いロイヤルティを得ることが求められる。

(馬場)

モラル・ハザード (moral hazard)

モラル・ハザードは，本来は道徳的危険という保険用語で，被保険者の保険加入によって危険事故の発生する確率がかえって増大することを表している。モラル・ハザードは，経済学のプリンシパル・エージェント理論（principal-agent theory）で，「情報の非対称性」からおこると説明されている。つまりプリンシパルである本人，株主，労働者，患者などの利益の実現をエージェントである経営者，使用者，医療サービス提供者などにゆだねる際，プリンシパルが知り得ない情報がある場合，エージェントの行動が，プリンシパル本位のものでなくなり，資源配分が非効率になる現象をさす。保険分野では，契約によって損害を避けられるため，かえって被保険者のリスク回避行動を鈍らせる現象をさす。例えば，医療保険に加入していることから，自己負担額が少ないため体調の軽い変化でも病院にかかる行動や，自動車保険に加入したため運転時の注意を怠りがちになるなどのケースがモラル・ハザードに該当する。一方，日本では，1998年の金融危機時にモラル・ハザードが盛んに使われたことから，金融分野の「倫理欠如」の意味で使われることも多い現状にある。

(羽田)

有機的組織 有機的組織は，企業を取り巻いている環境の変化が激しく不確実な環境下では有効な組織で，機械的組織と対比される。有機的組織は，①企業の全体的な状況から，個々の職務が，現実的に設定される，②他の構成員との相互作用を通じて，個々の職務が絶えず調整され，再設定される，③責任が共有されている，④各自の職務や所属の部門に対する責任感というよりも，企業の目的達成への責任感が強い，⑤統制，権限およびコミュニケーションは，階層型の関係ではなく，ネットワークを成している，⑥横のコミュニケーションがよく用いられ，上下の地位の間のコミュニケーションも命令よりは相談である，⑦企業全体の職務や進歩および成長に対する責任感に，上司への忠誠心や服従より，高い価値が置かれている，⑧企業の技術的および経済的環境に対する専門的知識や技術が重要視され，高く評価される，⑨現行の職務についての知識は，ネットワークのいたるところに存在し，権限の源泉は知識の存在するところとなる。したがって，職務が変われば，権限の源泉も変わるなどの特徴を持っている。以上の特徴から有機的組織は，流動的で適応的な組織の特徴を持っており，不確実な環境に対して，有効な組織である。

(郭)

ユーザーイノベーション　ユーザーイノベーションとは，製品・サービスの利用者自らが創造するイノベーションである。マーケティングや製造に関するノウハウを持たない利用者による創造であるため，生み出されたものは完成度が低かったり，利用者本人以外が受容するに至らないレベルであったりすることも多いが，ノウハウを持つ企業が完成度を高めることで大きな売上を生み出す事例も存在する。ユーザーが生み出したイノベーションを採用し，量産製品・サービスに仕立て上げる役割を担う企業は「プロデューサー」と呼ばれる。ユーザーイノベーションを収益化するには，ユーザーからプロデューサーへのイノベーションの移転を実現し，市場に受け入れられるよう洗練させることが求められる。ユーザーイノベーションが成立する要因は，先進的なユーザー（リードユーザー）が持つ移転が難しい知識（情報の粘着性）であるとされてきた。だが近年は，非リードユーザーのイノベーションをいかにして拾い上げ，成果を広く社会に普及させるかという観点が注目されている。長期療養患者によるQOL向上を実現するためのイノベーション（患者起点イノベーション）など，一般的な消費者や弱者とされる消費者もイノベーションの源泉と捉えることにより，これまで見過ごされてきた価値が創造されようとしている。

（深見）

予算統制　企業は，経営方針に従って設定された利益計画を具体的に展開するため，予算数値による目標を各部署へ伝達する。各部署は，設定された目標の達成に向けて活動を行う。予算統制は，予算の計画立案，編成，伝達，予算実績差異分析のプロセスを総称する用語である。このうち重要なのは，予算と実績の差異分析を通して経営能率を測定し，不能率の原因や対象を明らかにして，問題点の解決をはかることにある。利益は収益と費用の差額であることに着目すると，利益の予算と実績の差異は，収益の差異と原価・費用の差異に分解できる。収益は販売価格と販売数量の積により求められることから，収益の差異は販売価格差異と販売数量差異に分けられる。さらに，販売数量差異は市場総需要量によるものか，市場占有率によるものかに分けて分析を進めることができる。原価・費用差異もまた，仕入価格差異と仕入数量差異，賃率差異や時間差異，操業度差異といった差異により認識が可能である。差異の発生原因が明らかになれば，利益の改善策の検討や戦略変更の検討につながる。

（青淵）

4P（product, price, place, promotion）

4Pとは，product（製品・サービス），price（価格），place（チャネル・拠点），promotion（広告・宣伝）という4つの領域を指す。それぞれの頭文字がPであることから4Pと呼ばれている。これらを組み合わせて計画・実施していくことをマーケティング・ミックスという。product（製品・サービス）は「どのような製品・サービスを開発するか」，price（価格）は「どれくらいの価格に設定するか」，place（チャネル・拠点）は「どのような手段で，どこで販売するか」，promotion（広告・宣伝）は「どのようなプロモーション（広告・宣伝）により，製品・サービスの価値を伝えるか」といった視点で4Pが策定される。4Pはマーケティング活動における具体的な戦術という位置付けであるため，STP（segmentation・targeting・positioning）という戦略部分，つまり同質で満たされないニーズを持つ顧客を細分化するセグメンテーション（市場細分化），その中から特定の顧客をターゲットとして設定するターゲティング（標的市場の絞り込み），差別化された価値を提供するための立ち位置を決定するポジショニング（提供価値の決定）を定義してから策定する必要がある。

（小具）

ら

ライン・アンド・スタッフ組織 (line and staff organization)

ライン・アンド・スタッフ組織とは、ライン組織（line organization）とファンクショナル組織（functional organization：職能別組織）の両面を併せ持つ組織で、直系参謀組織とも呼ばれている。ライン部門は、企業経営における基本的職能で、経営目的の達成に直接関連した職能である。製造業では購買、生産、販売などがこれに当たる。ライン部門の命令権限は一元化されており、スタッフ部門はラインへの命令権限は持たない。それに対して、スタッフ部門は、ラインの管理職能を側面的に補佐し助言することを通じて、間接的に経営目的の達成に寄与する職能である。スタッフ部門は、トップへの助言を通じて、組織全体への命令権限的影響を行使する。長所としては「指示命令系統が統一されているため、統一的な行動を取ることができる」、「専門知識の有効活用」、「スタッフの専門性を活用することでラインの生産性向上」、「同じ組織で多様な人材（ゼネラリスト、スペシャリスト）を育成できる」などが挙げられる。短所としては「ラインとスタッフのバランスが崩れると組織の混乱や派閥を生じる」、「ラインとスタッフの調整に時間がかかる」、「スタッフ部門の増大に伴う間接費の増加」などが挙げられる。ライン・アンド・スタッフ組織は、一般的な企業に適しているといえる。　　（大杉）

ライン権限

ライン権限は、業務に関する決定や部下に対する命令をする権限であり、専門的見地から支援や助言をするスタッフ権限と異なる。ライン権限に基づくライン部門は、メーカーであれば、購買・製造・販売といった部門のことを指し、直接的に製品・サービスに関わって執行的な機能をはたすものである。これに対して人事・経理・総務といった部門は、ヒト、モノ、カネ、情報を通して間接的に製品・サービスに関わり、補佐的な機能をはたすスタッフ部門である（スタッフ権限に基づく）。一般的に組織の規模が小さい場合、ライン部門はあってもスタッフ部門はなく、上記のスタッフ部門に相当する機能は、リーダー（経営者）やその関係者によって引き受けられていることが多い、未分化状態である。規模が大きくなるにつれて取り扱う業務の量・質ともに高い水準が求められるようになり、ライン部門を補佐するスタッフ部門が形成され、分化されていく。いわゆるライン・アンド・スタッフ組織である。しかし、ライン部門による決定や命令に対してスタッフ部門が介入・干渉したりすれば、命令一元化の原則が侵され、組織に混乱をきたしてしまう。その逆にスタッフ部門が軽視されると、専門性が損なわれてしまう。権限を意識し、逸脱しないよう注意することが肝要である。

(松村)

ライン生産方式

製造工程において、各作業者が少数の比較的単純な工程を担当し、流れ作業で連続的に製品をつくる生産方式をライン生産方式と呼ぶ。ライン生産方式に、ベルトコンベヤーを結合させたのがフォード・システムである。フォード・システムの導入により、製品の組立時間は劇的に短縮され、大量生産と原価の引き下げが可能となった。このライン生産方式においては、従来、ラインをストップさせることは悪であると考えられてきた。ラインの停止は、全生産工程における作業の停止を意味したからである。ラインをストップさせることができないため、各作業者は作業が終わらないまま製品をラインに流す事態が生じ、結果的に不良品の増加につながっていた。これに対して、トヨタ生産方式では、ラインに問題が生じたときに、作業者がいつでもラインを止め、原因追求と再発防止を徹底しながら問題が生じないラインづくりを行ってきた。これが、高い品質の製品づくりを可能にしてきたのである。また、生産品目を変える際のラインの変更に時間を要するというライン生産の課題を克服するために、特に製品ライフサイクルが短期の製品の生産には、セル生産方式と呼ばれる生産システムが導入されるようになってきている。

(金綱)

🔴**ライン組織**　ライン組織は，最も古くから存在し，基本的なライン権限を中心に形成された単純な組織形態である。ライン組織は直系組織とも呼ばれ，すべての職位が最上位層から最下位層まで，単一の命令系統によって直線的に結ばれており，各職位は常に特定の上位者からだけ命令を受ける組織形態である。また水平的には，研究開発・製造・販売などの職能別・機能別に単位組織が並んでいるのが特徴である。このようなライン組織は，組織の管理原則のうち，「命令一元化の原則」，「統制範囲の原則」が厳密に適用されている組織形態である。ライン組織は，経営規模が小さくて，職務内容が単純である場合に有効であり，トップダウン式のリーダーシップのもとで，組織全体を統一的に行動させることが可能であることも特徴である。メリットは，①命令が迅速に伝達できる，②権限と責任が明確である，③組織の規律や秩序を維持・管理しやすい，などが挙げられる。一方，デメリットは，①下位者から上位者へのコミュニケーションや横のコミュニケーションが取りにくい，②１人の上位者に権限と権力が集中しやすい，③下位者への権限委譲が行われにくいために，上位者に過度の負担がかかる，④組織の規模が拡大すると多層化し，情報伝達に遅れや歪みが生じ，意思決定に時間がかかるなどが挙げられる。

(郭)

🔴**ランチェスター戦略**　第一次世界大戦中に英国の航空工学の研究者であるランチェスター（Lanchester, F.W.）は，兵隊や戦闘機などの兵力数と兵器の性能が戦闘力を決定するという２つの方程式を示した。この方程式は，第１法則（一騎打ちの法則）と第２法則（集中効果の法則）と呼ばれるランチェスターの法則となる。第１法則は，一対一が戦う一騎討ち戦で，狭い局地戦や接近戦などの原始的な戦いの場合に適応される。刀や槍，鉄砲などの戦闘である。この法則の結論は，戦闘力＝兵器効率×兵力数となる。兵器の効率が同じであれば兵力数の多い方が勝ち，兵力数が同じであれば優れた兵器を持つ方が勝つという単純なものである。第２法則は，マシンガンや爆撃機など近代兵器を使い，集団が複数の敵を攻撃する確率戦に適応する。この戦闘は，広域戦であり，遠隔戦である。第２法則は，戦闘力＝兵器効率×兵力数の２乗と示される。確率戦であるため，兵力数に勝る方が圧倒的有利となる。日本では，コンサルタントの田岡信夫（1927〜1984）が営業・販売競争のモデルとして応用し，1972年〜73年に『ランチェスター販売戦略』全５巻を出版し，ランチェスター戦略を普及させた。

(大杉)

利益計画

利益計画は企業における経営計画の1つであり，目標利益の設定とそれに伴う収益と費用を計画することである。予想される市場環境から収益や費用を見積もり，損益分岐点分析（CVP分析）や感度分析，リニア・プログラミング（線形計画法）などの手法を用いて，短期的な利益計画を立案する。ただ今日では，収益と費用の計画から結果的に利益を計画するのではなく，目標利益と予定収益が先に示され，それを達成するために費用計画の作り込みが行われる。つまり予定収益－目標利益＝許容費用という考え方である。企業の各部門はゼロベースで費用の発生を吟味し，許容費用の枠に入るように計画する。それが資材や部品，製品の調達方法，購入価格の交渉，新しい技術やしくみの導入など効率的な活動の模索につながる。費用は与えられるものではなく，自らの意思で許容範囲内に収めていくという姿勢が，結果的に利益を創り出すことにつながる。トヨタ自動車では，1960年代より新製品開発の際に製品の目標利益から逆算し，その製品に要求された品質や機能，原価を達成させるための原価企画を実践している。 〈青淵〉

リスク・マネジメント （risk management）

プロジェクトの計画が重要な意味を持つのは，結果に影響を及ぼす多様な要素が存在するためであり，最善の結果をもたらすには管理が必要になる。起こりうる結果が1つでないことをリスクという。企業の意思決定は決定論ではなく確率論となるが，確率で捉えられない事象を不確実性という概念で説明することもある。また，リスクは，損失のみの結果となる純粋リスクと利益と損失の両方が起こる投機的リスクに分けられる。日本ではリスクを危険（danger）や危機（crisis）という意味で使用することがある。これは純粋リスクのような好ましくない結果を想定するためである。リスク・マネジメントは，結果にマイナスの影響を及ぼす要因を管理し，企業価値最大化を図る経営手法である。管理すべき要因は，偶発的に発生するリスクや人間の恣意的行動により発生するリスクである。リスクをなくすことはできないが，リスクが顕在化した場合の損失を軽減することは可能である。それゆえ，リスクを認識し，評価・分析し，その削減のための対策と管理にかかるコストを測定しなければならない。一般的に，高いリスクは高いリターンを期待できる。リスクとリターンには相関関係があるものとして位置付けられている。企業価値を最大化するためには，総合的な視点でリスク・マネジメントのコストとリターンを比較考量しなければならない。 〈森谷〉

リストラクチャリング

リストラクチャリングとは，企業が事業や製品の構成を見直し再構築することである。それは，成長戦略の中で企業環境の変化に対応して不採算部門の事業縮小や撤退，統廃合といった不採算事業などの整理とともに，成長事業や高収益事業へ経営資源を集中することにより収益構造の改善を図ることである。主な形態には，新事業・新分野への参入，既存事業の合理化と拡充，成長性のより高い事業を営む企業のM&A（合併・買収）による獲得，収益性や成長力に問題のある事業の整理・撤退などがある。また，リストラクチャリングにおける基本原則は，コア・コンピタンスを中心とした事業再構築にあるといえる。それには，徹底した合理化，ダウンサイジングを行うことで事業の競争力を強めようとする本業強化型と企業構造そのものを複合化して環境変化に対応しようとする多角化型に分けられる。アメリカでは1980年代にグローバル競争に直面し，M&Aが急増することでリストラクチャリングが行われた。日本では1985年後半から急激的な円高をきっかけに広がった。日本では，「リストラ」と省略して，主に人員削減や事業縮小というダウンサイジングの意味で用い，事業の再構築や成長事業への資源集中は「リストラ」と分けて考慮されることが多い。 （郭）

リーダーシップ

リーダーシップとは，集団に目的達成を促すよう影響を与える能力である。効果的なリーダーシップがどのようなものかに関してはさまざまなアプローチがある。特性理論は，リーダーには指導者にふさわしい資質があり，リーダーと認められる人間を取り上げその資質を特定しようとした理論であるが，科学的根拠が立証されなかった。行動理論は，リーダーシップ・スタイル，つまり，リーダーがとる行動によって有効性に差があるという理論である。重点は，リーダーシップの有無は特定の行動に基づくために，リーダーシップは教え込むことができるという点であり，代表的な研究として，オハイオ州立大学の研究とミシガン大学の研究がある。これらの研究の共通点は，リーダーシップ・スタイルを仕事やタスクを重視する生産志向型と人間関係を重視する従業員志向型の2つに分けていることである。どちらの類型が良いかについては研究によってやや異なるが，両方の要因を持つ程度が高いリーダーが最も高い成果を上げているとされている。条件適応理論は，リーダーの行動のみで決まるのではなく，有効なリーダーシップが実現する条件を重視するもので，リーダーの置かれた条件に応じて有効なリーダーシップ・スタイルは変わるという理論である。現代では，現実の複雑さに対応できるように，より多次元のアプローチが求められる。 （郭）

リバース・イノベーション

従来,イノベーションは先進国で発生し,それが新興国のニーズに合った形にローカライズされて販売されてきた。これに対して,新興国のニーズに合致するように開発された製品が,後から先進国に適用されていくというイノベーションも存在する。こうしたイノベーションを,リバース・イノベーションと呼んでいる。この用語は,ゴビンダラジャンとトリンブル(Govindarajan, V. & C. Trimble)の研究によって広く知られるようになった。リバース・イノベーションとして知られるのが,GEヘルスケア(米)によるインドでの心電計開発の事例である。これまでインドでは,心電計を利用するのは都市部のみであり,地方ではほとんど利用されなかった。それは,心電計が高価格であり,修理や交換費用も高かったためである。こうした中,GEヘルスケアのバンガロール拠点のスタッフによって,インドの地方の診療所でも利用可能な低価格で携帯可能な心電計が開発された。この心電計はインドの地方向けに開発されたものであったが,後にその売上高構成で欧州が約半分を占めるようになる。それは,この製品が大きなシステムを買う余裕がない先進国の開業医にも適合したからである。こうした従来とは逆方向で普及するイノベーションが,リバース・イノベーションである。

(金綱)

リモートワーク

リモート(remote)は,距離や時間的に離れていることを意味する言葉である。リモートワークは,英語で遠隔作業を意味するが,日本では,remote workingを省略して使用している。単にリモートと略すこともある。リモートワークもしくはリモートは,会社のオフィスではなく,自宅やコワーキングスペースなど,職場と離れた従業員の都合の良い場所で業務を行う勤務形態を指す。情報通信技術の未発達な段階では,コミュニケーションツールが電話などの活用に限られていたため,テレワークや在宅勤務と同義として解釈される。しかし,情報通信技術が高度化した現代では,コミュニケーションツールが多様化したため,従業員がさまざまな場所を選んで勤務できる状態となった。従業員にとってオフィスへの出勤にかかる時間や労力は大きな負担であり,住宅環境によっては従業員間の負担に格差を生み出す要因となる。ワーク・ライフ・バランスの観点からも,従業員個々人が最適な業務遂行の場所を選択することは重要である。自由な勤務場所を選択することは,同時に時間による管理から職務の内容や成果に依存した人事考課を必要とする。したがって,リモートワークは,企業の労務管理や人事戦略そのものに影響を与えることになる。

(大杉)

リレーションシップ・マーケティング (relationship marketing)

企業活動に直接的ないしは間接的に影響を与えるさまざまな利害関係者（株主・債権者等の財務パートナーや顧客・従業員・供給事業者等のビジネスパートナー）との間で，長期的かつ継続的な関係を構築・維持するために行われるマーケティング活動のことである。関係性マーケティングとも呼ばれる。主に1980年代に先駆的な研究が現れ，1990年代にかけて発展したマーケティング理論である。リレーションシップ・マーケティングの基本的な考え方としては，顧客を対象として考えれば，市場における不特定の新規顧客を開拓するよりも，すでに取引のある既存顧客との関係性を高めて維持していく方が，投下コストがかからないといった点が基底にある。また同時に，1人の顧客との取引によって獲得される価値の合計を表す顧客生涯価値 (LTV : life time value) を重視し，既存顧客との関係性を構築することにより，顧客基盤の安定にもつながるという点も根底を支える考え方である。特に企業や製品・サービスに対する既存顧客の満足度やロイヤルティ（忠誠心)，再購入意思などの向上により，関係性を構築・維持していくというリピーターの確保に重点が置かれている点に特徴がある。　　　　（小具)

ルースリー・カップルド・システム

ルースリー・カップルド・システムとは，「ルース・カップリング」（緩やかな連結）されたシステムのことであり，組織をこうしたシステムとして捉えることができる。ワイク (Weick, K.E.) によれば，2つのシステムの間の共通の変数がわずかであるか，共通の変数があってもそうした変数の作用が当該システムに作用する他の変数よりも弱いような場合に，ルースに連結されているといわれる。こうしたシステムにおいては，ある1つの変数が攪乱されたとしても，緩やかにしか連結されていないため，その攪乱作用は他の変数に影響を及ぼすことなく閉じ込められるか，影響したとしてもその効果は小さいか，影響が波及するまで時間がかかる。そのため，環境からの影響がシステム全体に波及することを遮断したり，部分が自律的に適応したりすることで，適応可能性とシステムとしての安定性や信頼性を高めることができる。組織における人々の活動や相互作用は相当程度ルース・カップリングである。諸個人は相互に持続的な関係を維持しているが，それは他者の喜怒哀楽など個人的な感情にその都度反応することを差し控え，むしろ人々の平均的行動に反応することで安定的，持続的な行動が可能となる。他者の行動と緩やかにしか連結されていないために，通常であれば攪乱するような変動に直面しても組織は維持できる。（山中)

ルーティン

ルーティンとは，一般的には「一連の決められた方法や動作」であり，ここから派生して定型的な意思決定に基づいて日常的に繰り返され，反復される予測可能な行動パターンを意味するが，経営学や進化経済学，組織研究において企業の発展や進化を説明するうえでの重要な概念となっている。反復的行動は，相互の行為に対する予測可能性を高め，行為にあたって過去の経験を活用することができるため，限定された合理性しか持たない経済主体の適切な判断や行為を可能にするという点で，組織にとって重要である。組織がシステムとして安定的かつ連続的な作動を確保できるためには，ある種の不変性が維持されるメカニズムが必要である。こうした不変性を確保するうえで欠くことができないのが，複製，転写，翻訳が可能であるような情報のストックであり，組織の過去の経験や学習，知識が蓄積され，構成員によって継承される組織のルーティンである。ネルソンとウィンター（Nelson, R.R. & S.G. Winter）は，経済主体の経済行動は最適化行動によって導かれるのではなく，むしろこうしたルーティンによって導かれると考え，こうしたルーティンを生物進化における「遺伝子」と捉え，経済変化の進化的理論を構築した。

(山中)

レギュラー・チェーン

レギュラー・チェーンとは，資本的に単一の小売業者によって，チェーン・オペレーションを採用して複数店舗が展開される小売業の経営形態をいう。チェーンストアのことを指すが，フランチャイズ・チェーンやボランタリー・チェーンと区別するために，日本ではレギュラー・チェーン，米国ではコーポレート・チェーンと呼ばれている。レギュラー・チェーンは，本社の統一的な方針のもとに管理，運営される小売業の直営店であり，効率的な運営やイメージの統一のために，単位店舗の規模，外観，レイアウト，陳列方法，作業方法などが標準化されており，マニュアルが整備され，店舗では販売業務に集中している。本部も店舗も同一資本であることから，すべて自社の従業員で，売上や経費もすべて自社の管理によって行われ，商品の集中仕入れ，販売促進活動の統合化，商品管理システムの一元化などのチェーン・オペレーションにより，各地に分散しながら中央の本部によって統一的に管理されている。レギュラー・チェーンは，店舗収益がそのまま会社の収益となり，直接雇用によりマネジメントが徹底できる一方で，多店舗展開するための資金調達力が求められるリスクや，人的資源の確保や育成が困難であることからスピード経営の限界といったリスクが存在する。

(馬場)

レッドクイーン理論

レッドクイーン理論とは，企業の競争における共進化を説明する理論である。『鏡の国のアリス』に登場する赤の女王（レッドクイーン）が発した，「思いっきり走ったとしても同じ場所に留まることしかできない」という趣旨の言葉に端を発する理論であることからレッドクイーン理論と呼ばれる。この理論は，企業間の競争による共進化を企業の「サーチ行動」によって説明する。サーチ行動とは，従来の認知範囲を超えて新しい知見を学習する行動のことで，研究開発活動や競合分析など，企業のさまざまな活動が含まれる。企業間競争を例に考えると，企業Aがサーチ行動をすることで進化すれば，競争優位性を獲得して企業Bの業績に悪影響を与えることが想定される。そこで企業Bもサーチ行動を行うことで，自社を進化させる。すると，企業Aがさらなるサーチ行動を取る。この循環によって両企業が共進化していくと考えられている。つまり，レッドクイーン理論は競争による切磋琢磨が企業を進化させることを主張する。ポーター（Porter, M.E.）が提示した差別化戦略は，他社と差別化したポジショニングを取ることで競争優位を獲得することを主張する。それに対してレッドクイーン理論は，競争行動を取ることが競争優位につながる可能性を指摘するのである。　（安田）

レバレッジ効果 (leverage effect)

レバレッジ効果とは，てこの原理によって，少ない資金で大きなリターンが期待できる効果のことであり，財務レバレッジと営業レバレッジがある。財務レバレッジは，企業財務において設備投資を行う際に社債や銀行借入金などの負債を利用することによりすべて自己資本で調達した時よりも，自己資本に対する投資利回りが向上する効果のことである。具体例として，年間収入10百万円の不動産を自己資金50百万円，借入金100百万円で購入した場合の表面利回りは6.6%となるが，借入金利息を2％とした場合の利子2百万を差し引いた収入8百万円を自己資本50百万円で割ると，自己資本に対する投資利回りは16%に跳ね上がる。この場合は有利子負債を活用することにより，企業の自己資本利益率（ROE）の水準を向上させたことにつながる。営業レバレッジは，企業経営における固定費の利用度合いを測定する指標のことである。売上高の増減に応じて固定費がてこの支点のような働きをして，営業利益の増減率を増幅させることである。費用は固定費と変動費からなり，変動費は生産高に比例して増減するが，固定費は生産量とはかかわりなく発生するので，総費用に占める固定費の割合が高ければ利益は出にくくなる。営業レバレッジ（倍）＝限界利益（営業利益＋固定費）÷営業利益で表される。　（羽田）

レファレント・パワー

フレンチとレイヴン（French, J.R.P. & B.H. Raven）によって提示された社会的権力の基礎の1つであり、参照権力や同一性権力とも呼ばれる。彼らは、権力を、心理学的変化をもたらす影響という観点から、ある行為者が他の行為者に対して影響を与えうる潜在的な能力として定義している。参照権力（レファレント・パワー）とは、ある行為者Aが他の行為者Bを自己と同一視することによって、行為者Bが行為者Aに対して有する影響力である。ここでいう同一視（identification）とは、Aが抱く自己とBとの一体感、あるいはそうした同一性や一体感を願望することである。こうした同一視の感情は、Aに対しBとより密接な関係を持ちたいという願望をもたらし、Bが知覚し、信じ、行動するのと同様のあり方で自己も知覚し、信じ、行動したいという願望をもたらす。こうして、AのBに対する同一視の願望は、Bがそれと気づいていなくともAの行為に影響を及ぼすこととなるのである。こうした同一視の願望が強ければ強いほど、参照権力はより強いものとなる。周囲の人々を惹きつける人格的な魅力や憧れの対象となっているような人物は、周囲の人々に対するある種の参照権力を行使し得ると考えることができる。

(山中)

レベニューマネジメント

レベニューマネジメントは、顧客層別に商品の提供数と価格をコントロールすることで売り上げ増を実現する手法のことである。売上高の最大化を目的として、多くのサービス産業で導入されている。ある商品に対する需要を操作する最もわかりやすい方法は、価格を変動させることである。とりわけ需要の価格弾力性が大きい業界では、価格を引き下げると多くの顧客を誘引できる。一方で繁忙期は値引きする必要がなく、定価近くまで価格を上げて売上高の向上を図る。同時に、顧客層別に異なる商品プランを用意し、早期割引や商品プランの提示で顧客を誘引しながら、目標に向けて売り上げを積み上げていく。この際に、短期的な売上高の最大化ではなく、長期的な成長に向けて顧客からの評判にも配慮する必要がある。このような体系的な施策を、レベニューマネジメントと呼んでいる。レベニューマネジメントは、航空業界や宿泊業界などさまざまな分野に広がっている。レベニューマネジメントが宿泊業界に普及した背景には、オンライン旅行会社（OTA＝online travel agent）の拡大がある。OTAはインターネット上で販売し、旅行者と宿泊施設をマッチングさせる場（プラットフォーム）を提供する。OTAは購入者にとって利便性が高く、宿泊施設が支払う手数料も低いため急速に発展した。

(大杉)

レントシーキング (rent seeking)

企業活動は，さまざまな法律によって規制されている。こうした法規制は，企業の競争ルールとなるため，新たな法律の施行や改正は企業の競争上の優劣に影響を及ぼす。例えば，自動車の排ガス規制が強化されると，大型のガソリン車を生産する自動車会社にとっては不利になる。また，EV（電気自動車）の生産メーカーやその部品を生産する会社には追い風となる。自動運転は，AIやIoTなどの情報関連事業のみならず，自動車運転免許のあり方や自動車保険にも関わる。これらに関連する企業にとっては，自社の存続にも影響を及ぼし，事業の方向性を決めねばならない重要な問題である。そのため，各企業は，自社に有利になるように政府等に働きかける。企業は，政府等への働きかけによって，自社の活動を拘束する規制の緩和や，新たな企業や産業の参入を防ぐために，規制強化による参入障壁の構築を試みる。また，法律等による規制面への働きかけのみならず，減税や補助金などの支援策によって，自らの事業を有利にしようとする。特定の産業と政党がつながるのは，政治が経済的利害に密接に結び付いているためである。このような企業の政治的な諸活動により，自社に有利な状況を作り，超過利潤（レント）を得る活動をレントシーキングという。

(大杉)

ロイヤルティ (loyalty)

ロイヤルティとは，忠誠，忠義，義理，誠実などの意味があり，消費者や従業員が特定の組織や製品に対して抱く愛着やこだわり，愛社精神や忠誠心などの好意的感情や精神的つながりを意味する言葉として使われる。ロイヤルティは，組織と対象者との関係性によって，顧客ロイヤルティと従業員ロイヤルティに大別される。前者は，顧客やユーザー，消費者，サプライヤーなど組織が提供する商品やサービスを購入する人物や団体が，組織や製品に対して抱く好意的感情や精神的つながりを指す。一方，後者は，社員やスタッフ，現場作業員など組織の一員として働く労働者が，組織に対して抱く好意的感情や精神的つながりを指す。ロイヤルティは，スイッチング行動を引き起こす可能性が存在するにも関わらず，将来も継続的に製品やサービスを好んで再購入，再利用するような深いコミットメントを伴い，反復的に同じブランドまたは同じブランド集合の購入を引き起こすものである。また，ロイヤルティ形成とは，信念・態度・意図という伝統的な態度構造に準拠した認知的ロイヤルティ，感情的ロイヤルティ，意欲的ロイヤルティ，行動的ロイヤルティの各段階においてロイヤルになるとされ，すべての段階を踏まえた状態が真のロイヤルティとなる。

(馬塲)

ローカライゼーション（localization） ローカライゼーションとは，国境を越えて事業展開する企業が，海外に移転した自社の経営システム，組織，経営資源，経営活動，ビジネスモデル，製品・サービスなどを進出国や進出地域の異なる経営環境に対応して修正し，現地特有のニーズに現地適応化することをいう。これは，グローバル戦略論のフレームワークにおけるグローバル統合（global integration）に対する現地適応あるいはローカル適応（local responsiveness）という概念に相当する。グローバル競争が激しい産業では，グローバル統合による経営の効率化とローカル適応を同時に進めるグローカル（global-local）戦略が求められている。一方，ローカライゼーションには現地化という側面もある。現地化とは，海外子会社が進出国や進出地域の経営資源を利用する比率を高めて，現地企業の性格を強めることをいう。人的資源の現地化は，経営の現地化であり，海外子会社の経営幹部に現地採用の人材を登用する比率を高めることである。物的資源の現地化は，現地生産の原材料や部品の現地調達率（ローカル・コンテント）を高めることである。資金的資源の現地化は，資本の現地化であり，現地の出資者の出資比率を高めることである。

（大野）

ローカル・コンテント（local content） 海外進出した企業が製品等を現地で生産するとき，原材料や部品などを現地で調達すること，または原材料や部品などのうち，現地で調達する割合（現地調達率）のことをいう。一定比率以上の自国産部品の使用を義務づけることを，ローカルコンテント要求という。ローカルコンテント規制とは，ローカルコンテント要求を義務づける政策であり，代表的な規制にTRIMs（Trade Related Investment Measures）がある。一般に，外国企業による現地生産（直接投資）の受け入れは，自国の経済の発展，国内産業の保護・育成，技術の導入，雇用の促進，水平・垂直分業の促進，貿易不均衡の是正等につながるが，外国企業による市場支配や国内企業の衰退など負の側面も持っている。途上国や新興国だけでなく先進国の政府も要求するケースがあるが，ローカル・コンテント要求は，GATTの内国民待遇や数量制限の禁止の原則に反し，自由な多国間貿易を規制し，世界の自由貿易体制を損なうことになることから，「貿易に関連する投資措置に関する協定」（TRIMs協定第2条及び例示表）において明示的に禁止されており，「関税及び貿易に関する一般協定」（GATT）第3条第4項にも抵触するものである。

（大野，高垣）

ロジスティクス・システム ロジスティクス（logistics）とは，もとは軍事用語で兵站の意味だが，原材料調達から生産・販売に至るまでの物流，またはそれを管理する過程やシステムをいう。主な機能として，輸送・配送の他，保管・荷役・包装・流通加工・物流情報処理がある。生産活動を営む者の視点により，調達物流，販売物流，場内物流，返品物流，末端物流など対象領域を定義した言葉を用いることがある。一般的に「調達物流」，「販売物流」，「社内物流」，「返品物流」という物流4領域に分けられる。この概念が1960年代の米国ビジネス界で採用され，物の流れを経済的に合理化することを目的とした組織的マネジメントを指すようになった。特に1970年代以降，販売物流の領域として，より効率的にニーズにあった生産物を消費者に届け，新鮮・低価格といった付加価値を提供するための活動が産業界で盛んになっている。物流が生産物の移動・保管に主軸を置いた言葉であるのに対し，原料生産者・加工者・販売者を密につないだ供給主体のより包括的な経済行為をマネジメント面から強調する言葉として，サプライチェーン・マネジメントがある。最近は，情報システムと密接に連動した効率的物流への関心が高まっている。 (高垣)

ロジスティクス・パフォーマンス指標 ロジスティクス・システムの効率を示す指標で，個別企業での「ロジスティクス・パフォーマンス指標（LPI：logistics performance index）」を把握する動きがある。もともとLPIは，世界銀行グループの国際貿易ユニットが2007年以降，ほぼ2年ごとに発表している。各国ごとに，税関の効率性，インフラの質，輸送の適時性など，7つの指標ごとに得点をつけて160カ国をランク付けしている。このデータは1,000人以上の物流事業者を対象とする調査をもとにしている。近年，関税の世界的な引き下げを受け，物流など貿易円滑化の各種の要素が貿易コスト削減に貢献するとして注目を浴びている。物流の効率性を改善するには，低所得国では一般に，インフラと基本的な国境管理の改善が原動力になる。そのためには，税関当局の改革が必要だが，それ以外にも，動・植物検疫などを行う他の国境管理当局の効率性改善が求められる。中所得国では，インフラや国境管理が比較的，円滑に機能している。こうした国では，物流サービスの改善，特に輸送，貨物取扱，倉庫保管といった専門機能をアウトソースすることで最大の成果が得られる。また高所得国では，「グリーンな物流」（環境にやさしい物流サービス）に対する認識と需要が高まりつつある。 (高垣)

ロット生産（lot production） ロット生産とはJISによれば，「品種ごとに生産量をまとめて複数の製品を交互に生産する形態。断続生産ともいい，個別生産と連続生産の中間的な生産形態。」のことである。ロット生産を行うためには，何個ずつ生産するか（ロットサイズ）を決める必要がある。ロットサイズが大きければ，生産するものを切り替える際に行われる「段取り替え」の回数を減らすことができるため，生産効率は向上する。またロットが大きいと品質も安定しやすい。しかし前工程から来る部品の生産完了を待つ必要が生じることにより生産リードタイムが長引いたり，仕掛品や半完成品が工程の間で滞留して増大したりするなど，生産効率の低下につながる問題点が生じることもある。さらに大ロットを処理する設備を導入するための初期投資費用も高価になりやすく，段取り替えなどで設備が運転を止めている時間にかかるコストが高くなってしまう。ロットサイズが小さいと，仕掛品や生産リードタイムは縮小するなど，大ロット生産の問題点を解決することができるが，段取り替えの回数が増えて生産効率が低下することとなる。小ロット生産を導入するためには，段取り替えの標準化や外段取り化による設備停止時間の短縮などの生産改善に取り組むことが必須となる。

（那須）

ワークシェアリング　ワークシェアリングとは，社員1人当たりの労働時間を調整することで，より多くの労働者の間で仕事を分かち合うことである。厚生労働省は，ワークシェアリングを以下の4タイプに類型化している。①雇用維持型（緊急避難型）。景気悪化時の対応措置として，社員1人当たりの労働時間を短縮し，社内でより多くの雇用を維持するもの。②雇用維持型（中高年対策型）。中高年層にターゲットを絞り，中高年層の従業員を対象に社員1人当たりの所定内労働時間を短縮し，社内でより多くの雇用を維持するもの。③雇用創出型。失業者に新たな就業機会を提供するために，国または企業単位で労働時間を短縮し，より多くの人々に雇用機会を与えるもの。④多様就業対応型。正社員について，短時間勤務を導入するなど勤務の仕方を多様化し，女性や高齢者などの多くの人々に雇用機会を与えるもの。①のタイプのワークシェアリングが，景気悪化時の緊急避難対策として行われるのに対して，④のタイプのワークシェアリングは，恒常的な働き方改革の側面を有している。ワークシェアリングは，これまでドイツ，フランス，オランダなどで導入されてきた。特にオランダでは，パート労働者の均等待遇を実現し，パート労働者へのシフトを推進しながら，ワークシェアリングを進めてきた。

（金綱）

ワーク・ライフ・バランス（WLB）　ワーク・ライフ・バランスとは，仕事と生活が調和し，両者が互いに悪い影響をもたらさず，互いに高めあうことを指す。経済界，労働界，地方の代表者，関係会議の有識者から構成された「仕事と生活の調和推進官民トップ会議」の議論に基づき，2007年12月に策定された「ワーク・ライフ・バランス憲章」によれば，ワーク・ライフ・バランスが実現された社会とは，「国民1人ひとりがやりがいや充実感を感じながら働き，仕事上の責任を果たすとともに，家庭や地域生活などにおいても，子育て期，中高年期といった人生の各段階に応じて多様な生き方が選択・実現できる社会」である。出生率の低下や，過労死や脳心臓疾患，精神疾患につながる過重労働の問題，働く人々の多様化，育児や介護をはじめとする仕事以外の活動のために，労働時間に制約のある従業員が増加してきた中で，ワーク・ライフ・バランスは近年注目を集めている。企業等の組織では，従業員のワーク・ライフ・バランスを支援する取組みである「ワーク・ライフ・バランス支援制度」の整備が進んでいる。「ワーク・ライフ・バランス支援制度」は，長時間労働の抑制や年次有給休暇の取得促進，育児，介護，自己啓発，社会活動などに関連する支援制度が含まれる。（大杉）

索　引

A-Z

ABC管理方式	1
ABC分析	1
AI	2
AISAS	2
APIエコノミー	3
BMO法	3
BOPビジネス	4
BPR	206
CAM	4
CE	99
CS	5
CSR	5
CSV	6
DCF法	6
DSS	34
EDI	7
EDPシステム	7
EMS	8
EOQモデル	8
EPQモデル	9
ERP	9
ESG	10
EUC	10
FA	11
GitHub	11
HRM	140
ICT	12
IMC	12
IoT	13
IPコア	13
IPO	52
I-Rグリッド	14
JIT	62
LBO	14
M&A	50
MBO	15
MIS	15
MOT	16
MRP	16
NPO	188
OLIパラダイム	154
OR	17
PER	17
PEST分析	18
PPBS	18
PPM理論	19
QCサークル	19
QCD	20
QWL	20
REIT	21
ROA	21
ROE	22
SBU	22
SCM	23
SCPパラダイム	23
SCP分析	23
SCPモデル	23
SDGs	24
SPA	24
SPC	25
SRI	127
SWOT分析	25
TOB	26
TQC	26
TQM	27
VE	27
VMI	28
VR	28
W/R比率	29
X理論	29
Y理論	29

ア

アーキテクチャー	30
アジャイル生産	31
アドテクノロジー	31
アメーバ経営	32
アライアンス戦略	32
安定株主工作	33
アンラーニング	33
意思決定支援システム	34
一店一帳合制	34
イノベーションのジレンマ	35
異文化マネジメント	35
イメージ戦略	214
インキュベーター	36
インダストリー4.0	36
インフルエンサー	37
衛生要因	187
エクイティ・ファイナンス	37

エコシステム	38
エージェンシー理論	38
エンジェル	39
エンパワーメント	39
エンプロイヤビリティ	40
オーバーボローイング	40
オプション取引	41
オフバランス	41
オープン&クローズ戦略	42
オープンイノベーション	42
オープンシステム／クローズドシステム	43
オープンデータ	43
オペレーションズ・リサーチ	17
オムニチャネル	44
オンバランス	41

カ

会社分割	45
外部経済	46
外部不経済	46
開放的チャネル政策	46
買回り品	240
価格カルテル	47
価格戦略	47
———の分類	48
科学的管理システム	48
拡散型多角化	129
学習する組織	49
過重平均資本コスト	123
仮想現実	28
価値創造	49
価値連鎖	204
合併&買収	50
カテゴリー・キラー	50
カニバリゼーション	51
株式会社の機関	51
株式会社の形態	52
株式公開	52
株式上場	52
株式相互持合い	53
株式非公開化	53
株式分割	54
株式報酬（制度）	54
株式保有比率	55
株主価値	55
株主権	56
株主総会	56
株主代表訴訟	57
可変的生産係数	57
環境経営	58
環境保全投資	58
環境マーケティング	59
監査等委員会設置会社	59
監査役会設置会社	60
患者起点イノベーション	60
間接金融	173
間接費	174
感度分析	61
カンパニー制	61
かんばん方式	62
管理職能	62
官僚制組織	63
機械的組織	63
機会費用	64
機関投資家	64
危機管理	75
企業家精神	65
企業形態	65
企業市民	66
企業集団	66
企業集中	67
企業統治	93
企業文化	67
企業倫理	68
キーストーン戦略	68
期待理論	69
機能別組織	134
キャズム理論	69
キャッシュ・フロー経営	70
キャリア・アンカー	70
キャリア開発	71
キャリア・ダイナミクス	71
キャリア・ビジョン	72
キャリア・プラン	72
業界セグメント	73
協働システム（体系）	73
業務提携	74
組合せ最適化アルゴリズム	74
クライシス・マネジメント	75
クラウドコンピューティング	75
クラウドファンディング	76
クラスター	76
グリーン調達	77
グリーン・マーケティング	59
グリーンメーラー	77
グループ・ダイナミクス	78
クローズド・システム	78
グローバル・マーケティング	79
経営・管理原則	79
経営管理者の意思決定	80
経営者支配	80

索　引

経営者報酬制度	81
経営情報システム	15
経営分析	105
経営理念	81
経験価値マーケティング	82
経験曲線	82
経済エコシステム	83
ゲーム理論	83
限界利益	84
権限委譲	84
減損	85
限定合理性	85
コア・コンピタンス	86
公開買付	86
貢献意欲	87
貢献利益	84
公式組織	87
公正価値	88
合同会社	88
合弁（会社）	89
５Ｓ	89
顧客満足度	5
個人企業	90
個人情報	90
コストプラス方式	91
コスト・リーダーシップ戦略	91
コース別人事管理	92
コネクティッド・インダストリーズ	92
コーポレート・アイデンティティ	93
コーポレート・ガバナンス	93
──（日本の企業統治）	94
──・コード	94
コーポレート・コミュニケーション	95
コーポレート・ストラテジー	95
コーポレート同形化	96
コーポレート・ブランド	96
ゴミ箱モデル	97
コミュニティ・ビジネス	97
コモディティ化	98
コラボラティブ・イノベーション	98
ゴールデンパラシュート	99
コンカレント・エンジニアリング	99
コングロマリット	100
コンシューマリズム	100
コンソーシアム	101
コンティンジェンシー理論	101
コンテスタブル市場	102
コンピテンシー	102
コンピュータ支援製造	4

サ

最低資本金制度	103
最適資本構成	104
差異分析	104
財務分析	105
財務レバレッジ	105
最有利操業度	106
裁量労働制	234
サービス・ドミナント・ロジック	106
サプライチェーン・マネジメント	23, 107
差別価格政策	107
差別化戦略	108
差別的選好	108
産業クラスター	109
産業再生法	109
産業財マーケティング	110
産業集積	109
産業立地	110
３Ｃ分析	111
参入障壁	111
シェアリングエコノミー	112
シェアリング・ビジネス	112
時間研究	112
指揮の一元性	113
事業環境分析・予測	25
事業承継	113
事業戦略	114
事業部制組織	114
事業別セグメント情報	115
事業持株会社	115
資源依存理論	116
資源ベース理論	116
自己実現欲求	117
市場価格政策	117
市場ニーズ	118
市場の不完全性	118
シックス・シグマ	119
実践知	119
実装主義	120
自動運転車	120
シードキャピタル	121
シナジー効果	121
資本係数	122
資本系列	122
資本コスト	123
資本市場理論	123
資本調達	124
資本予算	124
指名委員会等設置会社	125
社会関係資本	125

社会資本	126
社会人モデル	126
社会的責任投資	127
社会的費用	127
社外取締役	128
社内ベンチャー	128
集中戦略	129
集約型多角化	129
受託責任	130
純粋持株会社	130
純粋リスク	131
上場基準	131
情報銀行	132
情報セキュリティ	132
情報の非対称性	133
常務会	133
消滅会社	167
職能	134
───別組織	134
職務拡大	135
職務権限	135
職務充実	136
職務設計	136
職務等級制度	137
職務満足	137
ジョブ・ローテーション	138
所有と経営の分離	138
シンクライアント	139
人工知能	2
人材戦略	139
人事考課	140
人的資源管理	140
人的販売	141
シンボリック・アクション（行動）	141
信用スコア	142
垂直的統合	142
スイッチング・コスト	143
水平的統合	142
スキャンロン・プラン	143
スタートアップ	219
スチュワードシップ・コード	144
ステークホルダー	144
ステージゲート法	145
ストック・オプション	81
ストック調整原理	145
ストライク・プライス	146
スピンアウト	146
スピンオフ	146
スワップション	147
成果主義	147
生産管理	148
生産時点情報管理	221
生産性	148
───のジレンマ	149
生産モジュール	149
製造物責任	150
制度理論	150
製販統合	151
製販同盟	151
製品アーキテクチャ	151
製品─市場マトリクス	152
製品ライフサイクル	152
セオリー Z	153
セキュリタイゼーション	153
セグメンテーション	154
折衷理論	154
セル生産	155
先行者利益	155
専門業務型裁量労働制	156
専門経営者	156
専門品	240
戦略グループ	157
戦略事業単位	22
創業者利益	157
総合的品質管理	26
相互会社	158
創発戦略	158
ソサエティ 5.0	159
組織エコロジー理論	159
組織学習	160
組織慣性	160
組織コミットメント	161
組織シンボリズム	161
組織スラック	162
組織セット・パースペクティブ	162
組織的怠業	163
組織デザイン	163
組織の3要素	164
組織文化	164
ソーシャルキャピタル	125
ソーシャルビジネス	165
ソーシャル・マーケテング	165
損益分岐点（分析）	166
損金法	166
存続会社	167

タ

第三者割当増資	168
ダイナミック・ケイパビリティ	169
ターゲティングとセグメンテーション	169
ターゲティングとポジショニング	170

ダブル・ループ学習	170
多面市場	171
チェーンストア	171
知的財産(権)	172
知的熟練	172
知の深化	173
知の探索	173
直接金融	173
直接費	174
地理空間情報	174
定期発注方式	177
テイク・オーバー・ビッド	26
逓減費	175
ディシジョン・ツリー	176
ディスカウント・キャッシュフロー法	6
逓増費	175
ディープラーニング	175
ディーラー・プロモーション	176
定量発注方式	177
ティール組織	177
手形・債券オペレーション	178
敵対的買収	178
テクノストラクチュア	179
テクノロジー・アセスメント	179
デザイン・ドリブン・イノベーション	180
デジタルトランスフォーメーション	180
デジタル・マーケティング	181
デジュール・スタンダード	183
デュポンチャート	184
データエコノミー	181
データサイエンティスト	182
データマイニング	182
データ連携	183
デファクト・スタンダード	183
デューディリジェンス	184
デュポンシステム	184
デュポンチャート	184
テリトリー制	185
電子決済	185
当期業績主義	186
動機づけ	186
───要因	187
投機的リスク	131
動作研究	112
投資の経済計算	187
特定非営利法人	188
特例有限会社	188
トップ・マネジメント	189
ドメイン	189
トヨタ生産方式	62, 190
取締役会	190
取引コスト	191

ナ

内部統制システム	192
ナショナル・ブランド	193
ナッジ	193
成行管理	194
ナレッジ・マネジメント	194
ニッチ市場(戦略)	230
人間関係論	195
認知バイアス	195
ネオ・コーポラティズム	196
ネットワーク外部性	196
ネットワーク理論	197
年功賃金	197
のれん	198

ハ

買収防衛策	199
配当政策	200
ハイパーテキスト型組織	200
バウンダリーレス化	201
破壊的イノベーション	201
パーソナル・マーケティング	202
バッチ生産	202
パブリシティ	203
パブリック・リレーションズ	203
バランスト・スコアカード	204
バリューエンジニアリング	27
バリュー・チェーン	204
ハロー効果	205
非市場戦略	205
ビジネス・エコシステム	83
ビジネス・プロセス・リエンジニアリング	206
ビジネス・リスク	206
ビジョナリー・カンパニー	207
ビッグデータ	207
ヒューマニスティック・マーケティング	208
ファイナンシャル・リスク	208
5フォース分析	209
ファクトリー・アウトレット	209
ファクトリー・オートメーション	11
フィランソロピー	210
フォーマル組織	87
付加価値(率)	210
不動産投資信託	21
部門横断型組織	211
プライバタイゼーション	211
プライベート・ブランド	212
プラス・サム交渉	212
プラットフォーム・ビジネス	213
フランチャイザー	213

フランチャイジー	213
フランチャイズ・チェーン	213
ブランド戦略	214
ブランド評価	214
フリー・キャッシュフロー	215
不良債権	215
フリンジ・ベネフィット	216
ブルーオーシャン戦略	216
プロスペクト理論	217
プロダクト・ライフ・サイクル	217
ブロックチェーン	218
プロモーション・ミックス	218
ベンダー管理在庫	28
ベンチャー・キャピタル	219
ベンチャー・ビジネス	219
変動費	220
ポイズンピル	220
ポイント・オブ・プロダクション	221
ポジショニング	221
募集設立	222
ホスピタリティ・マネジメント	222
発起設立	222
ホラクラシー	223
ボランタリー組織(チェーン)	223
ホワイトカラー・エグゼンプション	224
ホワイトナイト	224

マ

マクロ組織論	225
マーケットセグメンテーション	226
マーケティング・オートメーション	226
マーケティング戦略	227
マーケティング・ミックス	227
マーケティング・モデル	228
マーケティング・リサーチ	228
マザー工場	229
マザー・ドーター組織	229
マス市場	230
マーチャンダイザー	230
マーチャンダイジング	230
マトリックス組織	231
マネジメント・コントロール	231
マネジメント・プロセス	232
マネジリアル・マーケティング	232
マン・マシン・システム	233
ミクロ組織論	233
みなし労働時間制	234
民営化	211
ムーアの法則	234
無限責任	235

無体財産権	235
メセナ	236
メタナショナル経営	236
メンター	237
メンタルヘルス	237
目標管理制度	238
持株会社	238
持分会社	239
モノのサービス化	239
最寄り品	240
モラル・ハザード	240

ヤ

有機的組織	241
有限責任	235
ユーザーイノベーション	242
予算統制	242
4P	243

ラ

ライン・アンド・スタッフ組織	244
ライン権限	245
ライン生産方式	245
ライン組織	246
ランチェスター戦略	246
利益計画	247
リスク・マネジメント	247
リストラクチャリング	248
リーダーシップ	248
リバース・イノベーション	249
リモートワーク	249
リレーションシップ・マーケティング	250
リーン生産方式	62
ルースリー・カップルド・システム	250
ルーティン	251
レギュラー・チェーン	251
レッドクイーン理論	252
レバレッジ効果	252
レファレント・パワー	253
レベニューマネジメント	253
レントシーキング	254
ロイヤルティ	254
ローカライゼーション	255
ローカル・コンテント	255
ロジスティクス・システム	256
ロジスティクス・パフォーマンス指標	256
ロット生産	257

ワ

ワーク・ライフ・バランス(WLB)	259
ワークシェアリング	258

執筆者一覧 (50音順)

青淵正幸（あおぶち・まさゆき）
立教大学（経営学部）大学院ビジネスデザイン研究科准教授

粟屋仁美（あわや・ひとみ）
敬愛大学経済学部教授

大杉奉代（おおすぎ・ことよ）
香川大学経済学部准教授

大野和巳（おおの・かずみ）
文京学院大学経営学部教授

小具龍史（おぐ・たつし）
二松学舎大学国際政治経済学部准教授

小野瀬拡（おのせ・ひろむ）
駒澤大学経営学部教授

郭　智雄（かく・じうん）
九州産業大学経済学部教授

金綱基志（かねつな・もとゆき）
南山大学総合政策学部教授

高垣行男（たかがき・ゆきお）
駿河台大学経済経営学部教授

當間政義（とうま・まさよし）
和光大学経済経営学部教授

那須一貴（なす・かずたか）
文教大学国際学部教授

羽田明浩（はねだ・あきひろ）
国際医療福祉大学医療マネジメント学科教授

馬場晋一（ばば・しんいち）
長崎県立大学経営学部専任講師

馬場正実（ばば・まさみ）
桜美林大学ビジネスマネジメント学群准教授

深見嘉明（ふかみ・よしあき）
立教大学大学院ビジネスデザイン研究科特任准教授

松村洋平（まつむら・ようへい）
立正大学経営学部教授

文　載皓（むん・ちぇほー）
常葉大学経営学部准教授

森谷智子（もりや・ともこ）
嘉悦大学経営経済学部教授

安田直樹（やすだ・なおき）
東京理科大学経営学部講師

山中伸彦（やまなか・のぶひこ）
立教大学（経営学部）大学院ビジネスデザイン研究科教授

米岡英治（よねおか・えいじ）
茨城キリスト教大学経営学部准教授

《編著者紹介》
亀川雅人(かめかわ・まさと)
　立教大学経営学部(大学院ビジネスデザイン研究科)教授
　日本マネジメント学会会長，経営行動研究学会副会長

【主要著書】
『ビジネスデザインと経営学』創成社，2016年
『ガバナンスと利潤の経済学』創成社，2015年
『大人の経営学』創成社，2012年
　その他著書論文多数

（検印省略）

2019年10月25日　初版発行　　　　　　　　略称―経営ハンド

最新500項目
経営学用語ハンドブック

編著者　亀川雅人
発行者　塚田尚寛

発行所	東京都文京区 春日2-13-1	株式会社　創成社

電　話　03 (3868) 3867　　ＦＡＸ　03 (5802) 6802
出版部　03 (3868) 3857　　ＦＡＸ　03 (5802) 6801
http://www.books-sosei.com　　振　替　00150-9-191261

定価はカバーに表示してあります。

©2019 Masato Kamekawa　　組版：緑舎　印刷：エーヴィスシステムズ
ISBN978-4-7944-2554-6 C3034　製本：宮製本所
Printed in Japan　　　　　　　落丁・乱丁本はお取り替えいたします。

―――――― 経 営 選 書 ――――――

最新500項目 経営学用語ハンドブック	亀 川 雅 人	編著	1,200 円
ビジネスデザインと経営学	立教大学大学院 ビジネスデザイン 研究科	編	3,000 円
大 人 の 経 営 学 ― MBA の 本 質 に 迫 る ―	亀 川 雅 人	著	1,600 円
イチから学ぶビジネス ―高校生・大学生の経営学入門―	小 野 正 人	著	1,700 円
働く人のキャリアの停滞 ―伸び悩みから飛躍へのステップ―	山 本　　寛	編著	2,650 円
昇 進 の 研 究 ―キャリア・プラトー現象の観点から―	山 本　　寛	著	3,200 円
転職とキャリアの研究 ―組織間キャリア発達の観点から―	山 本　　寛	著	3,200 円
働く人のためのエンプロイアビリティ	山 本　　寛	著	3,400 円
豊かに暮らし社会を支えるための 教養としてのビジネス入門	石 毛　　宏	著	2,800 円
テキスト経営・人事入門	宮 下　　清	著	2,400 円
東北地方と自動車産業 ―トヨタ国内第3の拠点をめぐって―	折 橋 伸 哉 目 代 武 史 村 山 貴 俊	編著	3,600 円
おもてなしの経営学［実践編］ ―宮城のおかみが語るサービス経営の極意―	東北学院大学経営学部 おもてなし研究チーム みやぎ おかみ会	編著 協力	1,600 円
おもてなしの経営学［理論編］ ―旅館経営への複合的アプローチ―	東北学院大学経営学部 おもてなし研究チーム	著	1,900 円
おもてなしの経営学［震災編］ ―東日本大震災下で輝いたおもてなしの心―	東北学院大学経営学部 おもてなし研究チーム みやぎ おかみ会	編著 協力	1,600 円
イ ノ ベ ー シ ョ ン と 組 織	首 藤 禎 史 伊 藤 友 章 平安山 英 成	訳	2,400 円

(本体価格)

―――――― 創 成 社 ――――――